Design Review 2024

デザインレビュー実行委員会

テーマ 『日の出』

新型コロナウイルスの荒波を乗り越え、少しずつ当たり前の日常が戻ってきました。
友達と会って会話して、行きたいところに行けるようになりました。
自分を表現できる機会も元に戻りつつあります。

Design Reviewで互いに行う議論が、自分の建築観について深く考える機会に
なるとともに、新しい考え方に出会える場になることでしょう。

たくさんの思考の先に生まれる想いや願いが詰まった力作が集まる本大会ですが、
これは私達学生のゴールではなくこの先へスタートを切るための通過点です。
ここから躍進する学生たちの未来を明るく照らす「日の出」となることを祈ります。

タイムテーブル

3月9日(土)

11:30 - 12:30	事前審査（出展者入室禁止）
13:00 - 13:20	開会式
― 第1部 ―	
13:30 - 14:05	セッション1
14:05 - 14:10	休憩
14:10 - 14:45	セッション2
14:45 - 14:50	休憩
14:50 - 15:25	セッション3
15:25 - 15:50	休憩
― 第2部 ―	
15:50 - 16:25	セッション4
16:25 - 16:30	休憩
16:30 - 17:05	セッション5
17:05 - 17:10	休憩
17:10 - 17:45	セッション6
17:45 - 18:00	休憩
18:00 - 18:25	閉会式・講評
19:30 -	懇親会

3月10日(日)

09:30 - 10:30	開会式・決勝選抜（10作品を選出）
10:30 - 11:15	休憩
11:15 - 14:05	決勝トーナメント（10作品）
14:05 - 15:10	お昼休憩
15:10 - 16:20	決勝ディスカッション（4作品）
16:20 - 17:00	休憩
17:00 - 17:20	閉会式・全体講評
17:20 - 17:40	授賞式

実行委員長あいさつ

今年で29回目を数えるDesign Reviewですが、数多くの企業様、個人様をはじめ予選・本選クリティークの皆様、池浦順一郎様をはじめとするJIA九州支部の皆様や本選会場を提供していただいた九州産業大学の矢作昌生先生、予選会場を提供していただいた福岡大学の四ヶ所高志先生など開催に向けて尽力していただいた皆様にこの場を借りて実行委員を代表し厚く御礼申し上げます。

今回で29回目を迎えた歴史あるDesign Reviewは最優秀作品を決めるためのコンペではありません。B1からM2まで、また専門学生を含む建築を学ぶ学生の作品を審査対象は広く、クリティークと多くの議論をすることに重点を置いております。そして今年も多くの熱い議論を行うことができたことを嬉しく思います。今年は予選応募作品が338作品、予選通過作品が62作品と言う盛況ぶりでした。昨年に引き続き対面での本選を開催し、ポスターセッションや懇親会などを通して出展者・クリティーク・実行委員など参加者全員の議論や対話を楽しんでいただけたのでしたら実行委員としては嬉しい限りです。特に懇親会では出展者がクリティークの先生方を捕まえてギリギリまで自分の作品などについて議論を交わしていた光景が見られ、非常に有意義な時間であったと思います。今年は福岡大学の学生を主体とし、他に九州産業大学、近畿大学、九州大学、麻生建築＆デザイン専門学校の学生からなる実行委員78名で大会をつくり上げました。慣れない運営でしたが本大会を無事に完遂できたことに感謝します。

今年は「日の出」と言うテーマを掲げて活動してまいりました。コロナによる規制が緩和され、今までの生活が戻りつつある中、自分の中の建築観や自己表現を見つめ直すいい機会になったと思います。全体的に今年の出展者の作品は生活を見つめ直すようなスケール感の作品が多かったように感じました。

最後になりますが、今年も多くの方々のご支援により本大会を開催することができました。来年度以降も変わらぬご支援・ご協力の程を頂戴したい所存であります。改めて感謝の意を表すとともに簡単ではありますがご挨拶とさせていただきます。

Design Review 2024 実行委員長
福岡大学　西岡 樹

目次

008　クリティーク紹介

010　受賞作品紹介

012　最優秀賞
　　　ID276　妹尾美希　日本大学理工学部建築学科B4
モノの住所「我思う、そのたび世界在り。」

018　優秀賞
　　　ID070　谷卓思　広島大学工学部第四類建築プログラムB4
天泣で紡ぐ　-遊緑民による砂漠緑化の提案-

024　優秀賞
　　　ID152　竹原佑輔　法政大学デザイン工学部建築学科B4
共編の詩　-建築の対話手法による非言語的空間の再編-

030　藤村龍至賞
　　　ID272　中川優奈　工学院大学建築学部建築デザイン学科B4
日常の死角に夢を見る。

034　秋吉浩気賞 / JIA賞
　　　ID295　先本凌　九州大学工学部建築学科B4
裂目にて生きるを紡ぐ　-荒廃し、自然を纏う砂防ダム-

038　野口理沙子賞
　　　ID133　野口舞波　大阪工業大学ロボティクス＆デザイン工学部空間デザイン学科B4
イキモノタテモノ　都市・ヒト・自然…量子物理の可能性とは。

042　塩崎太伸賞
　　　ID158　高田真之介　慶應義塾大学理工学部システムデザイン工学科B4
他なる空間のあわい

046　長坂常賞
　　　ID218　塚村遼也　広島大学工学部第四類建築プログラムB4
ソルトロード

050　**JIA賞**
　　ID007　志賀桜空　九州産業大学建築都市工学部住居・インテリア学科B4
治山ノススメ
-木こりと猟師による山の混交林計画と治山的建築の提案-

054　**JIA賞**
　　ID024　赤松里恵　福岡大学工学部建築学科B4
居植集　緑のあふれだしによる新しいコミュニティの形成

058　**JIA賞**
　　ID035　吾郷直哉　近畿大学産業理工学部建築・デザイン学科B4
建築的欲求解放宣言
-吐露する設計手法の思考実験と建築構想-

062　**JIA賞**
　　ID048　竹澤紀子　佐賀大学理工学部理工学科B4
antialiasing school　-壁が折りなす空間-

066　**JIA賞**
　　ID091　樋口夕季乃　九州大学工学部建築学科B4
Oyster Promenade
-牡蠣殻ブロックで紡ぐ糸島の持続可能性-

070　決勝選抜議論
075　決勝トーナメント
096　最終検討
102　予選審査コメント
104　出展作品紹介

106　ID002　米田律輝　九州大学芸術工学部芸術工学科B4
壱岐の断面
-山・街・海を紡ぎ直す一本の建築-

108　ID005　髙橋侑臣　日本大学理工学部建築学科B4
百鬼夜行
非在的空間との共存の可能性

110　ID011　渡邊晴哉　法政大学デザイン工学部建築学科B4
加速社会に於けるユートピア・幽霊とため息

112　ID022　金子豪太　京都工芸繊維大学大学院工芸科学研究科建築学専攻M1
赤い塔のゆくえ

114　ID038　藍野友輝　日本大学理工学部海洋建築工学科B4
便所的パラサイト　-トイレ的手法で都市構造を再解釈する-

116　ID042　中西さくら　芝浦工業大学建築学部建築学科B4
感性の眼と知性の眼　-心象と伏線の立体交錯駅-

118　ID050　河野裕翔　佐賀大学理工学部理工学科B4
Entrance City　-ショッピングモールから始まる地域再生-

120　ID057　齋藤巧　九州大学工学部建築学科B3
めぐる、学び舎　-菌糸と更新する小学校-

122　ID087　早坂秀悟　鹿児島大学工学部建築学科B4
水上ビルの終活　-川の上に建つビル群から農業公園への提案-

124　ID088　末松拓海、細田雅人　芝浦工業大学建築学部建築学科B3、B3
内窓の家

126　ID090　道祖浩満　九州大学芸術工学部芸術工学科B4
境界の融介

128　ID104　長野耀　近畿大学工学部建築学科B4
豊島事件を辿る　-ヴァイツゼッカー講演録を用いた過去の再生と再解釈-

130　ID114　神山響　大阪工業大学工学部建築学科B4
獅子と境棲する集落
-野生動物の行動特性と人間の振る舞いを掛け合わせることで生まれる新たな建築形態と暮らし方の提案-

132　ID128　鎌田悠斗　近畿大学工学部建築学科B4
つながり、ひろがる

134　ID132　酒井麻衣　千葉工業大学創造工学部建築学科B4
おばあちゃんが認知症になった
-バレバレ的認知症グループホーム-

136　ID144　金子真歩　福岡大学工学部建築学科B4
溜まり場　-水文化の再生と潤いのまちづくり-

138　ID182　田辺悠馬　東京理科大学工学部建築学科B4
冬の纏い方
-雪国における自然と人の関係を再構築する公共建築-

140 ID198 遠藤美沙　日本大学理工学部建築学科B4

スキマの住みかえ -隙間を介した機工商的設計-

142 ID205 古賀凪　熊本大学工学部土木建築学科B4

辿る資料館 -新しい記憶の継承-

144 ID212 中村優吾　岡山理科大学工学部建築学科B3

溶光炉

146 ID230 恵良明梨　法政大学デザイン工学部建築学科B2

豊かに廃れる幻庵に群がる生物たちへ

148 ID238 岡本哲平　近畿大学産業理工学部建築・デザイン学科B4

重複する境界 旦過市場に広がる境界の重ね合わせによる再整備計画

150 ID248 菅野大輝　工学院大学建築学部建築デザイン学科B4

額縁から見る -建築の作品化による街道沿いの分散型展示廊-

152 ID255 壹岐裕実子　奈良女子大学生活環境学部住環境学科B4

和紙の里 -地場産業のプロセスが生み出す建築と風景-

154 ID260 遠山大輝　京都工芸繊維大学大学院工芸科学研究科建築学専攻M3

越境する海辺暮らし 海の離れとしての郊外都市住宅群

156 ID264 乾翔太　京都大学工学部建築学科B4

生駒山タイムマシン計画 -土木的構築による日常と非日常のオーバーレイ-

158 ID277 神保太亮　日本大学理工学部建築学科B4

揺らぎ -残存と再生-

160 ID280 山田蒼大　法政大学デザイン工学部建築学科B4

都邑湊 -水上交通インフラを見据えた防災船着場の更新計画-

162 ID289 佐々木道啓　九州大学工学部建築学科B3

『小学校もツリーではない』 セミラティスな雑多さがつくる豊かな子どもの居場所

164 ID296 繋藤大地、野元那央、仮屋翔平、樋口紗矢
九州大学工学部建築学科B4、B4、M1、M2

結びの羽衣 -洗濯からはじまる交ざり合いの風景-

166 ID308 野村月咲　日本大学理工学部建築学科B4

変遷 -ホワイトビルディングが変わるとき-

168 ID329 富永玲央　日本大学理工学部海洋建築工学科B4

鉄の起水とアグリズム 水素製鉄による排出水を用いた未来の製鉄所の在り方

170 ID332 吉本佑理　大阪工業大学ロボティクス&デザイン工学部空間デザイン学科B4

織りひろぐ五重奏

172 ID338 服部廉　名古屋工業大学工学部社会工学科建築・デザイン分野B4

AIR TRANSPORT HUB

174 ID359 村井あすか　法政大学デザイン工学部建築学科B3

淡いままで -個性が混ざり合うパレットのような小学校-

176 ID372 畠山桃歌　福岡大学工学部建築学科B2

巡り巡る -育つ子ども・育つ植物・育つ建築-

178 ID376 織田奈々美　京都工芸繊維大学工芸科学部デザイン・建築学課程B4

還る家

180 ID377 本村祐樹　芝浦工業大学建築学部建築学科B4

第3のモビリティベース -自作ワンマイルモビリティを用いた多摩ニュータウンの分断解消-

182 ID379 青木仁志　東京理科大学工学部建築学科B4

みせとくらす -都市の記憶を継承する店舗併用住宅プロジェクト-

184 ID386 田邊琴音　法政大学デザイン工学部建築学科B4

彩色の診療録 -薬局と築くプライマリケア-

186 ID393 菊地瑛人　芝浦工業大学建築学部建築学科B4

伝統工芸の逆再生シアター -可視領域分析の演繹的手法による形態導出-

188 ID395 成田駿　法政大学デザイン工学部建築学科B4

風車が廻り続ける -鳥屋野潟の記憶と風景を読み解き、提案する新たな循環構想-

190 ID396 井上琴乃　工学院大学建築学部建築デザイン学科B4

GOCHA-GOCHA TOKYO -東京の魅力をつめこんだ新しい建築-都市複合体-

192 ID398 河本一樹　芝浦工業大学大学院理工学研究科建築学専攻M1

都市を象る -3段階の設計者による立体資本都市の構築-

194 ID400 原琴乃　日本大学理工学部建築学科B4

multiple sky -面の多層内で起こる空の錯綜空間-

196 ID418 山下将輝　福井大学工学部建築・都市環境工学科B4

群像建築永遠論

198 ID432 大坪橘平、京都市の小中学生30名
京都大学工学部建築学科B3、京都市の小中学生30名

心象のモワレ -京都市の小中学生と考える次世代の学校-

200 ID192 菰田伶菜　京都工芸繊維大学工芸科学部デザイン・建築学課程B4

丹波漆伝承物語 -漆の森の再生と伝統を受け継ぐ建築-

201 ID365 中澤凌大　名城大学理工学部建築学科B4

新宿ゴールデン街継承計画 -増殖する依存性-

202 **アンケート結果**

204 **全体講評**

208 **実行委員会**

222 **あとがき**

224 **協賛リスト**

CRITIQUE
クリティーク紹介

RFA 主宰
東京藝術大学准教授

藤村 龍至
Fujimura Ryuji

1976	東京都生まれ
2005-	藤村龍至建築設計事務所(現RFA)
2008	東京工業大学大学院博士課程単位取得退学
2016-	東京藝術大学准教授
2017-	アーバンデザインセンター大宮(UDCO)副センター長/ディレクター、鳩山町コミュニティ・マルシェ総合ディレクター

この10年、建築分野の卒業設計では「歴史的街並みや産業遺構の再生」「空き家を使ったまちの活性化」などのテーマが頻出する一方、AIで意匠を、トポロジー最適化で構造を設計し、3Dプリンターで模型を出力、という批評的な案も見られます。時流に敏感なアート分野では気候変動やジェンダー、ウクライナなど大きな主題が主となっているが、仮にそれらを扱うとしても、寸法や断面、説明文などから議論できそうな案に着目したいです。

VUILD CEO

秋吉 浩気
Akiyoshi Kouki

1988	大阪府生まれ
2013	芝浦工業大学卒業
2015	慶應義塾大学大学院修士課程修了
2017	VUILDを創業

学年不問・共同製作可・ジャンルレスという自由な場なので、学部1-2年生・学生団体・学生起業家などの幅広い方の応募と、いわゆる建築作品という既成概念にとらわれない技術提案や社会実践など幅広いデザイン提案と出会えるのを楽しみにしています。

ケンチクイラストレーター
イスナデザイン 主宰

野口 理沙子
Noguchi Risako

1987	京都府生まれ
2010	神戸大学卒業
2012	同大学院修士課程修了
2012-14	石本建築事務所
2015-18	永山祐子建築設計
2018-	イスナデザイン主宰

生きているうちに、何度かめちゃくちゃに頑張る瞬間があっていいと思います。わたしの卒業設計のラストスパート期間がまさにそうでした。その経験から、自分にできること・できないことを知り、大人になっていくのかなと思います。卒業設計では、創造力、表現力、想像力の中で突出している作品が気になります。なにより私の中の何かをがらっと変えてくれるような、そんな作品に出会えるといいなと思っています。楽しみにしています。

アトリエコ 共同主宰
東京工業大学准教授

塩崎 太伸
Shiozaki Taishin

1976	山口県生まれ千葉県育ち
2000	東京工業大学卒業
2001-02	オランダ・デルフト工科大学
2009	東京工業大学大学院博士（工学）
2015-	アトリエコ 共同主宰
2016-	東京工業大学 准教授

Design Reviewのクリティークにお誘いいただきありがとうございます。いつの時代であっても、長く生き疲れた者よりも今を生き急いでいる者のことばが、また、教える側よりも学ぶ側の思い描くイメージが、最も新しく、驚きに満ちて、長い射程をもっているのだと思います。次の時代の萌芽に気づけるように、注意深く、ことばと図画とに向き合って、なにかをいっしょに探り学びたいと思います。

スキーマ建築計画 代表

長坂 常
Nagasaka Jo

1998	東京藝術大学卒業
	スキーマ建築計画設立

楽しみにしています。

本選司会

JIA九州支部長
松山建築設計室 代表

松山 将勝
Matsuyama Masakatsu

1968	鹿児島県生まれ
1997	松山建築設計室設立
2015-19	福岡大学非常勤講師
2016-19	西日本工業大学非常勤講師
2020-	JIA九州支部長
2022-	JIA副会長

Design Reviewは作品の優劣をつける場ではなく議論をする場です。作品に込めた想いを全身全霊で語り尽くしてください。クリティークとの熱い議論を期待しています。

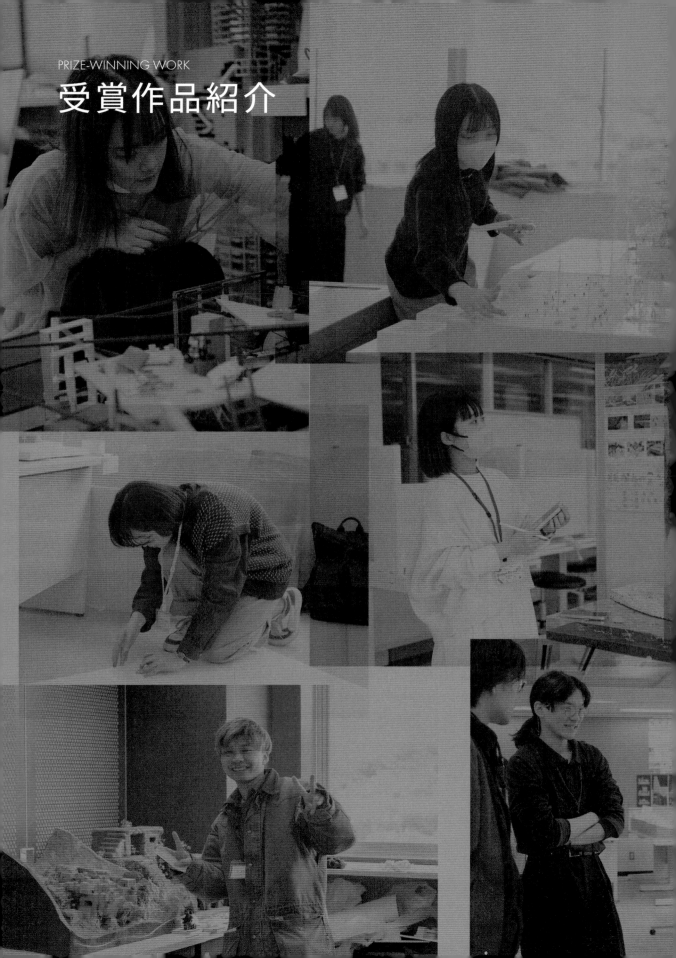

受賞作品紹介
PRIZE-WINNING WORK

出展者アンケート

Q.1 製作にどのようなソフトやツールを使用しましたか？
Q.2 作品の製作費用は？
Q.3 作品の製作期間は？
Q.4 模型材料はどこで購入していましたか？
Q.5 好きな建築家は？
Q.6 影響を受けた本は？
Q.7 設計や課題の息抜きは？
Q.8 建築以外で興味のあることは？
Q.9 今後の進路は？

FIRST PRIZE | 最優秀賞

モノの住所「我思う、そのたび世界在り。」

物には、自己の感性や愛着が投影されている。私は、手元を見つめる視点から都市を俯瞰する視点までのスケールで建築をモノ化する設計を試みた。私が物を知覚する環世界を共有する建築操作を通じ、住宅、まち、都市、世界までをも物のように愛していく暮らしを創造する。貴方の環世界は、どんなモノに溢れているだろうか。

ID.276

妹尾 美希
日本大学理工学部
建築学科B4

A1. Illustrator、Photoshop、Rhinoceros、Procreate **2.** 7万円程度 **3.** 1ヶ月未満 **4.** レモン画翠 **5.** 山田紗子 **6.** ミッケ！ **7.** 漫画を読む **8.** 音楽 **9.** 大学院等へ進学

その5、実践「展示模型をモノ化する」

モノ化への実践として、まずはこの展示そのものをモノ化していきたい。建築を示す展示模型をモノ化して見せるため、模型作成に用いた材料を正方形に切り取り、素材へと還元させてみる。還元された素材によって認識の中の模型は分解され、触覚的にも認識される。これらの模型は素材の集積としてモノ化していく。

妹尾　私は手元を見つめる視点から、都市や街を俯瞰していくまでのスケールで建築をモノ化する設計を行いました。住宅街の3軒の外構部分のデザインと新築住宅1棟の計画です。その全体を示したのがこちらの模型で、1/12の模型は、新築住宅のGL+3000mm〜6000mmの3m分を示した部分模型になっています。私は、人・建築・モノの3者の関係をずっと考えており、それは室内にとどまってしまう議論だと思っていたのですが、モノと建築という状態を相対化させていろいろな視点に適応させていくことで、モノを見つめるように街や都市、世界を見つめる視点を与えることができるのではないかという提案です。モノ化と言うとわかりづらいと思いますが、あらゆる存在と人の距離感を縮めることをモノ化と言っています。

藤村　家のような形がうっすら残っているのはなぜですか？

妹尾　この視点で言うと、建築という状態を建物が並んでいる街区という状態で捉えていて、それらを椅子とテーブルのような他を求めるような関係性にするため、既存の2棟をフレーム化して新築に適応させたり、既存部分の外壁や屋根を移築したりすることで住居同士の関係性を生むために……。

藤村　家という設定はあっても解体していくような関係なのですね。その場合3つで完結すればいいのか、それともこの感じで、すべてができている感じなのでしょうか？

妹尾　この感じで、より周りにも広がってほしいという思いがあります。これよりスケールアップすると街区ではなく地図のようになってしまう。実際に手を加えられないかもしれないけれど、自分ごととして捉え、自分の色を投影できるのではないかという視点を与えたいという提案です。

藤村　敷地が関係しているのではないかというところからスタートしているのが、なんとなく三次元に拡張しているように見えます。本当に拡張しているかを、もっと模型で表現できるとさらにいいのかなと思います。

松山　モノと建築の関係性は表せていると思いますが、外部と関係を持たすのはどのような行為で行われるのですか？

妹尾　それはこの視点における建築のモノ化で、一棟などではなく建ち並んで整列しているけれど塀で区切られている街区的な状態を建築として捉え、それを椅子とテーブルのように他を求め合うような関係性を生むことがモノ化だと捉えています。なので、既存住宅の形式をフレーム化して波及させていったり、既存の外壁や屋根を移築して玄関アプローチにしたり、屋根と壁をベンチにしたりという操作で、住宅同士に塀はありつつも繋いでいるという……。

松山　とても面白いと思います。

妹尾　本来、H鋼は構造的な物体であるけれど、構造を持っているのは鉄鋼で、H鋼は家具的な役割で構造は担っていません。

松山　強いものに持たそうとしていないところも面白いと思いました。

SECOND PRIZE | 優秀賞

天泣で紡ぐ －遊緑民による砂漠緑化の提案－

世界最大の水輸入国、日本。一見すると無縁に見える中国で起こる砂漠化と日本。しかし実は食物や服を中国から輸入することで同時に水を輸入し砂漠化を起こしている。砂漠化に悩む中国では生態移民政策によって遊牧が禁止された。4000年続く伝統が今途絶えようとしている。そんな時に砂漠化を防止するべく遊緑民が立ち上がる。

ID070
谷 卓思
広島大学工学部
第四類建築プログラムB4

A1. Illustrator、Photoshop、Rhinoceros、InDesign、Grasshopper 2. 10万円程度 3. 1〜2ヶ月 4. インターネット 5. アルヴァ・アアルト 6. なし 7. なし 8. アート 9. 大学院等へ進学

優秀賞 — SECOND PRIZE

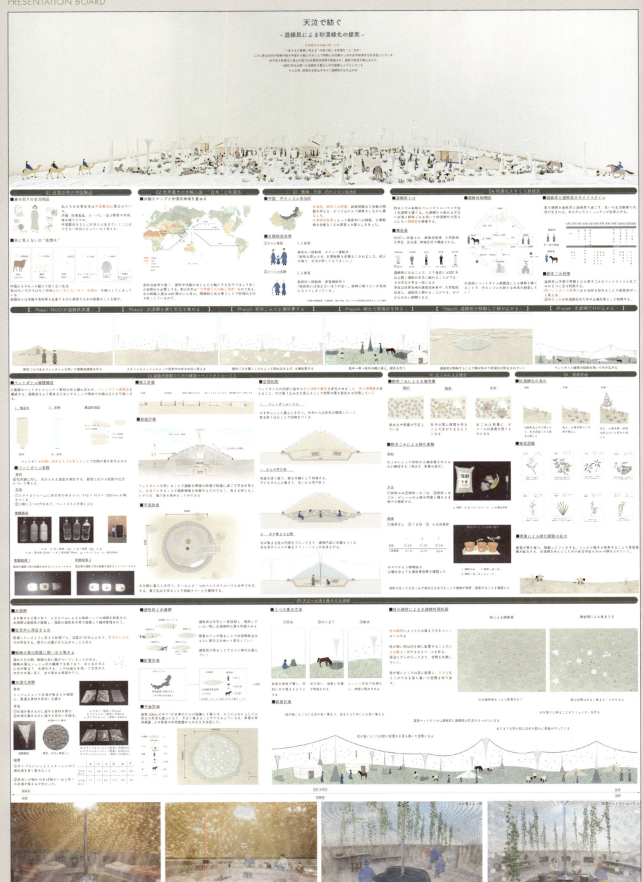

谷　一見すると無縁に見える中国の砂漠化と日本。しかし、実は食べ物や服を輸入すると同時に水を輸入しており、砂漠化を起こしています。中国では遊牧が禁止されて文化が失われたため、日本人が無意識に奪ってしまった遊牧という文化を再生するための建築をつくります。地域は中国の内モンゴルの砂漠化してしまった草原。まず"遊緑民"という人たちを提案します。遊緑民は都市ごみを用いて砂漠緑化を図ります。2つに分けて利用していきます。1つ目はペットボトル。ペットボトルを用いて拠点となる組積建築を建てます。中に詰めるものを変えることで空間の質を変えていきます。2つ目は生ごみ。生ごみを撒くことで土壌を改善します。実験を行って、砂漠の砂から発芽することを確認しました。最後に植物を育てるために水を集める水源郷を建てます。蜘蛛の巣に朝露がつく原理を用いて、ステンレス製のメッシュで空気中の水を水滴化します。柱1本から約100ℓの水分が取れます。柱の高さや密度を変えることで水の集まり方をデザインしました。

秋吉　現象としては面白いけれど、実際にこの高さで空気中に水はできるのですか？

谷　はい。砂漠の湿度は50％以上あり日本の冬と似ている気候のため、実際にメッシュを使って実験を行いました。

秋吉　それは何か特殊な材料なのか形なのか、何があればできるのですか？

谷　ステンレス製のメッシュでできています。すごく柔らかい素材で、普通の格子状には組まれていません。詳細はポートフォリオに描いています。

秋吉　このパースは、いろいろまとわりついたらこの空間になるということですか？

谷　ペットボトルで最初に建てる建築空間の内部パースです。珪砂と水を変えることで空間の質が変わります。

秋吉　住空間はペットボトルで、あくまでこのメッシュの屋根は水を取るためのものということですか？

谷　そうです。

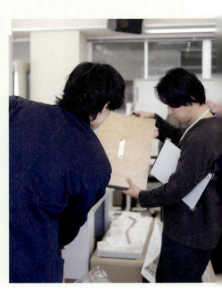

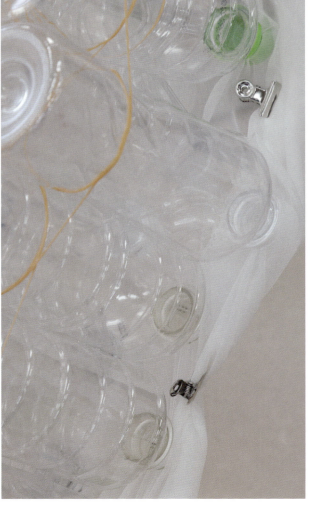

松山　この実験から本当にそのような結果が得られるのですか？

谷　ここでは簡易的に説明していますが、実際は新素材の提案をしております。現在、砂漠化している地域で使われている農業用のメッシュは、強度の弱さや意匠上の問題で建築資材としては使えないのですが、それらをステンレス製のメッシュに変えると意匠性も高く水もより集まる建築資材として使えるのではないかという提案です。

松山　根拠は実験データだけですか？

谷　はい。ポリプロピレンメッシュなどの素材の検討と目合いの検討を行っていて、素材はステンレス製だと水が一番集まることと、目合いが細かければ細かいほど水が集まることがわかりました。それらが屋根材として使われています。アイレベルで見ると、よりわかりやすいです。集まり方のデザインとしては、水の集まる量で空間をデザインしています。ここの場合は、疎密の疎として柱が配置されて大きな空間となり、高い柱があることで水がより多く集まります。逆に低い柱の小さな空間では、小さなコミュニティを形成できるし、水の集まりも少ないため動物や人の数も減っていきます。

松山　これは、循環型の提案ですか？

谷　はい。遊牧民は半年に一回ここに訪れるため、草や水の消費量から全体の大きさなどを設計しています。

SECOND PRIZE | 優秀賞

共編の詩
-建築の対話手法による非言語的空間の再編-

知的障害者との暮らしは理解者あってこその暮らしである。しかし現在の住宅において、共に暮らす上で不向きであり、私自身、知的障害のある姉や家族と向き合えていない。そこで知的障害と向き合うための手立てとして建築を媒体とした間接的、直接的な対話を通し、家族と暮らす上で「住まいが理解者」となるような住宅を提案する。

152
竹原 佑輔
法政大学デザイン工学部
建築学科B4

A1. Illustrator、Photoshop、Rhinoceros、InDesign、Procreate、手描き 2. 8万円程度 3. 2〜3ヶ月 4. レモン画翠 5. なし 6. 小さな家 7. 研究室のメンバーにちょっかい 8. 就活 9. 大学院等へ進学

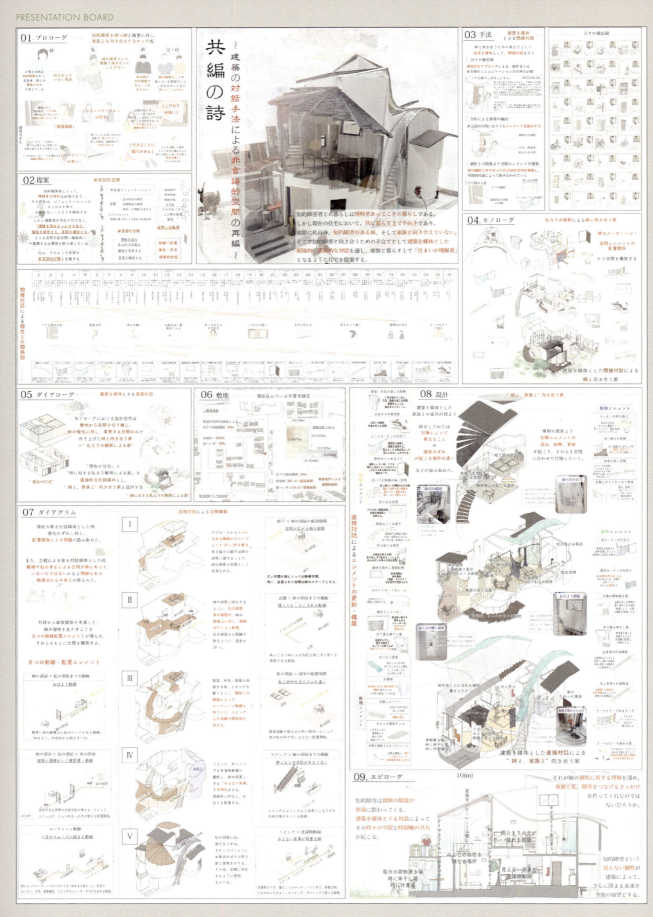

竹原 私には二個上の姉がいるのですが、知的障害を持っています。聴覚過敏やコミュニケーションが苦手という個性のズレから向き合えずにいました。知的障害者にとって理解者の存在は必須だと思いますが、住まい自体が理解者になるような住宅を提案します。手法としては、コミュニケーションが苦手ということから自宅を媒体とした間接的な対応を行いました。例としては窓を開けたままにしたり、レースカーテンを付けたりすることでどのような反応をするかなどです。そこから個性を享受するようなエレメントを抽出して関係図から20個の空間エレメントをつくりました。そこから構築し、私なりの解釈による姉の個性を享受する家をつくりました。家族とも話せていなかったので、これを一つのツール媒体として直接的な対話を行いました。そこから見えてきた姉の個性を生かすような8つのルーティーン動線。たとえばルーティーンが大事で、それがないと機嫌を損ねてしまうことから空間を構築していきました。この20個のエレメントは私と弟では異なり、そこから更新されたものがこちらで、自分の敷地において家族と向き合う家ということで再度構築しました。

塩崎 これとこれはどのような関係にありますか？

竹原 完全に敷地から建築を排除して、姉の個性を享受する20個のエレメントで……。

塩崎 敷地は関係なく想像でつくってみたということですか？

竹原 見えない個性を私が具現化して、一種の姉に対する理解を表現しています。

塩崎 それをもとにしてこちらを、実際の敷地で他の家族のことも考えてつくったということですか？ ここからここへのアップグレードで、模型で言うと特にどこに変化がありますか？

竹原 たとえば姉は表現が苦手なのですが、帰ってきたときには大きな独り言を言います。姉の部屋に続く道は1人になりつつも、反響空間で家族内に独り言が伝わるようになっています。ここには弟の部屋があるのですが、対話の中で弟は緩衝的な役割を担っているのが見えてきたので、家族関係が豊かになるように組み立てていきました。これらを姉のルーティーン動線の中で組み立てていきました。

塩崎 つくり方が非常に不思議でまだわからないところがあるけれど、魅力的な住宅だと見ています。ぜひお姉さんとつくり上げてください。

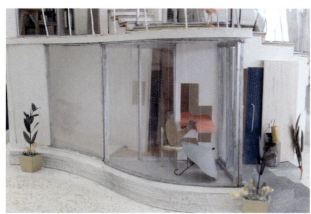

野口 いろいろなエレメントを合成する際のルールは、お姉さんの動線となりますか?

竹原 そうですね。姉のルーティーンや、空間エレメント同士の配置関係からつくったのですが、こちらは対話によって得られた姉の個性を生かせる動線配置です。姉は表現が苦手ですが、家に帰ったときに独り言を言うので1人になる動線が良いと考えて反響壁の空間エレメントをつくりました。それが家族内で緩衝的役割を持つ弟に伝わるよう、弟の部屋をそこに配置するなど組み合わせていきました。

野口 これは何になりますか?

竹原 これは最初に設計した、姉の見えない個性を僕なりに解釈した空間と個性の一対一の空間という感じです。

野口 これとこれでは空間が違うのですね?

竹原 そうですね。これは敷地を排除して僕なりに考えた姉の個性を享受する家です。これが初めて家族と対話した経験になります。今までで話せていなかったので、僕なりの1つのクッションになってくれた感じですね。

野口 お姉さんの苦手なことや、いつもの過ごし方からエレメントを出してきて、それを一度組み合わせたのですか?

竹原 組み合わせて1つの家をつくりました。

野口 これとこれはどのように変わりましたか?

竹原 たとえば3階に姉の部屋を設けたときにこもりがちになってしまうので、2階のほうがいいのではないかなど、僕の考えたこと以上に家族内で考え方が違うので、新たに自分の敷地内で僕だけではなく家族みんなで向き合う住宅を設計しました。

優秀賞 — SECOND PRIZE　029

PRIZE WINNER ｜藤村龍至賞

日常の死角に夢を見る。

ここは窓ひとつない高層ビルの9階、製図室。淀みきった空気と疲れ切った人々で溢れかえる。私をバカだと言う指導教員がうざい。自慢ばかりしてくる先輩がうざい。彼氏ののろけ話ばかりしてくる友達がうざい。なんだか息苦しくなっている自分がいた。「1人きりになりたい」。気がつけばトイレで1人時間を溶かしていた。

ID 272
中川 優奈
工学院大学建築学部
建築デザイン学科B4

A1. Illustrator、Photoshop、Rhinoceros、Lumion、Grasshopper、手描き、Google My Maps **2.** 8万円程度 **3.** 2〜3ヶ月 **4.** 世界堂、レモン画翠、Amazon **5.** なし **6.** 0円ハウス **7.** 映画鑑賞、ゲーム、睡眠、美術館めぐり **8.** 舞台芸術、アート全般 **9.** 大学院等へ進学

FUJIMURA COMMENT

余談ですが、審査員の野口さんに昔、とあるところで藤村龍至賞をお渡ししたことは実は忘れていました。毎年のようにたくさんの学生を藤村賞に選んでいますが、一つも覚えていません。ただ私は、どんな卒業設計展でも、その学年のなかで最も批評的なポジションを張っている人を選出するというポリシーがあります。なので今回、野口さんにお会いして、藤村龍至賞に選出された人の同窓会をしてみたら面白いのではないかと思いました。皆さん当時は最も批評的なポジションであったはずなので、批評的な仕事を世の中でしているに違いないと思っています。そういった思いを込めて、今年度最も批評的なポジションだった中川優奈さんを選びたいと思います。ちょっと意外だというツッコミもありましたが、コロナ世代ということもあり、すごく狭い空間で大学時代を過ごしたと思いますが、そこから突破したいというある種の衝動を入口にして、最終的に小田急線の沿線の街を変えていくという公共空間に対する提案をしています。全作品を振り返っても、一番批評的なポジションでこのコロナ世代ができる表現だと思ったので選出しました。

PRESENTATION BOARD

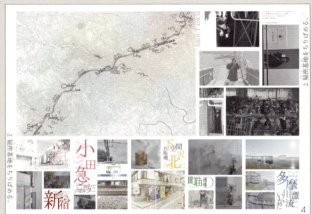
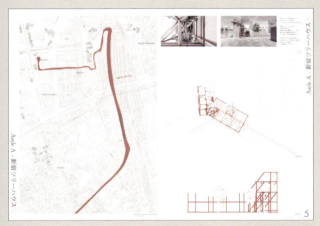
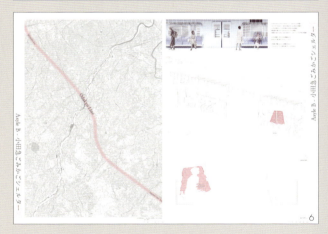

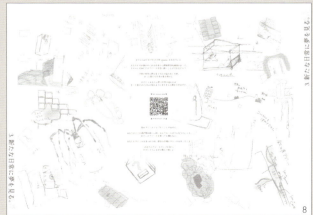

032　PRIZE WINNER ─ 藤村龍至賞

中川 最初に、端的に私の設計を説明すると、私の通学路という日常に、秘密基地のようなアジールをたくさん散りばめた卒業設計です。私の通っている学校は、新宿のど真ん中に立つ高層ビルの9階にあり、窓1つないどんよりとしたキャンパスで、疲れ切った建築学生が押し込められています。それがすごく嫌で私はトイレに籠ってしまっていました。私の家の前に空き地があり、そこに不法投棄のソファーがある日突然現れて、荒れ果てた空き地と不法投棄のソファーという悪いものの掛け合わせ

ですごくいいものができたように感じました。しかし、その空き地が10月末に無くなってしまい、私のオアシスが消えてしまったので、通学路である小田急線にアジールを散りばめました。ヨドバシカメラの看板の裏や電車の中、大衆居酒屋街のビルの隙間にビールケースをスタックして場所をつくったり、自販機に紛れ込んだり、川の上にデッキを浮かべてぷかぷかと浮かぶイカダをつくったりなど、そういった場所をたくさんつくり、マップ上にプロットして、同じような境遇の他者"コモラー"に共有することで、秘密基地が街に溢れてもっとキラキラした感覚で、街で暮らせるのではないかという卒業設計です。

藤村 衝動的なものは伝わってくるのですが、ロジックはどのようなところにあるのですか？一つひとつは個別に設計しているのですか？

中川 個別に設計してはいるのですが、私の最初のオアシスはトイレと空き地で、その2つの共通項に乗っ取るように、場所ごとに設計しています。その共通点は、簡単なところからだと、座れる、囲われている、自分のテリトリーのように感じられる、断絶せずどこか他人をほんのりと感じられる、という4つのルールに基づき

5つを設計しました。

藤村 模型で言うと、たとえばどの点ですか？

中川 この場合は、大衆居酒屋同士のビルの隙間にビールケースをスタックして家具のように振る舞っている様子が大衆居酒屋街ならではの姿であるので、それを乗っ取りビールケースで味を出しています。スタックして囲ったり階段をつくって中に洞窟をつくったりして、こちらでは4つのアジールが集結したような秘密基地の複合体のような空間をつくりました。

藤村 つくり込んでいて、とてもいいですね。

PRIZE WINNER | 秋吉浩気賞/JIA賞 |

裂目にて生きるを紡ぐ
-荒廃し、自然を纏う砂防ダム-

人間の活動は科学技術の発展とともに自然から離れていくのだろうか。私は建築と自然を結び付ける手法として、コンピュテーショナルアルゴリズムを用いた自然的空間の模倣と人間的建築行為（幾何学）への逆再生的手法を提案する。これは自然を淘汰してきた人間が、建築とその荒廃を通して、新たに自然と紡ぐ連関の話である。

ID295
先本 凌
九州大学工学部
建築学科B4

A1. Illustrator、Photoshop、Rhinoceros、Lumion、Procreate、Grasshopper、V-Ray、手描き、Houdini **2.** 20万円程度 **3.** 1ヶ月未満 **4.** Amazon **5.** ルイス・バラガン **6.** 動的平衡 **7.** 筋トレ **8.** なし **9.** 大学院等へ進学

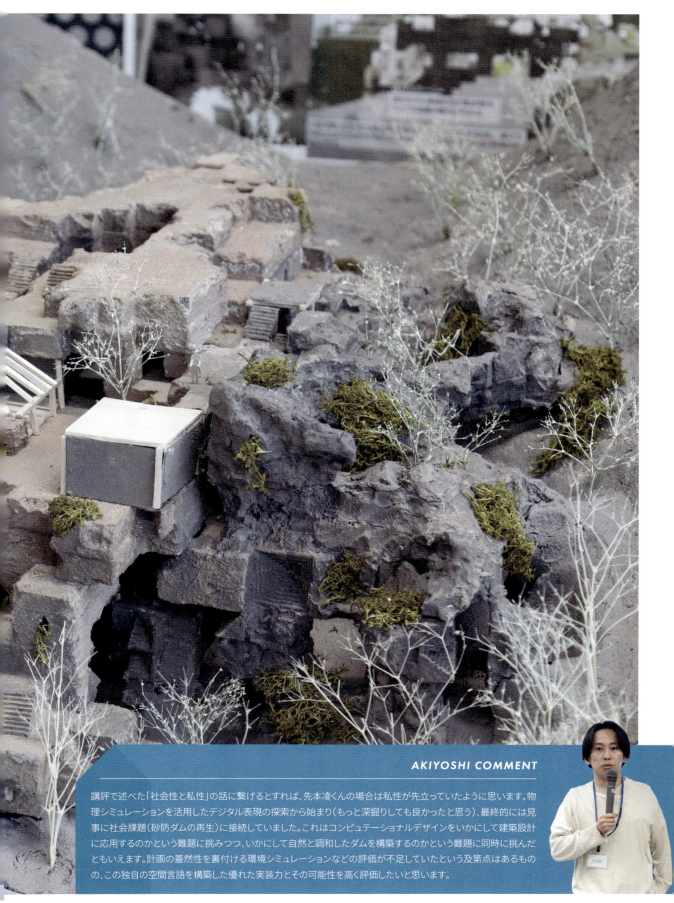

AKIYOSHI COMMENT

講評で述べた「社会性と私性」の話に繋げるとすれば、先本凌くんの場合は私性が先立っていたように思います。物理シミュレーションを活用したデジタル表現の探索から始まり（もっと深掘りしても良かったと思う）、最終的には見事に社会課題（砂防ダムの再生）に接続していました。これはコンピュテーショナルデザインをいかにして建築設計に応用するのかという難題に挑みつつ、いかにして自然と調和したダムを構築するのかという難題に同時に挑んだともいえます。計画の蓋然性を裏付ける環境シミュレーションなどの評価が不足していたという及第点はあるものの、この独自の空間言語を構築した優れた実装力とその可能性を高く評価したいと思います。

裂目にて生きるを紡ぐ
-荒廃し、自然を纏う砂防ダム-

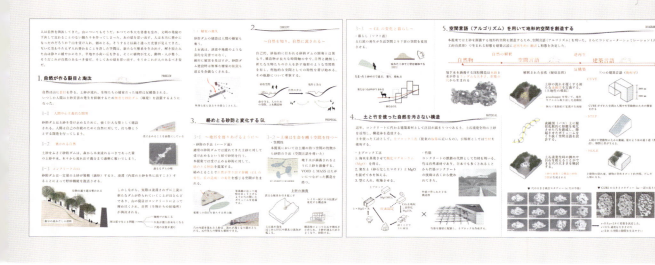

先本 私は生物にとっての根源的な空間は裂目であると考えました。建築も含め、自然界にあるあらゆるものは時間軸の中で荒廃し裂目を見ます。しかしながら今の建築は高耐久や高寿命が謳われることで裂目が生まれないような構造になっています。自然界に生まれる大きな裂目である、土砂災害によって生まれる砂防ダムに着目して設計していきました。具体的には、コンピュテーショナルアルゴリズムを使って土壌の団粒構造を模倣するところから始めました。地下水を涵養する団粒構造を、水路と水がつくるランダムな大きさの穴から生まれると解釈し、それをさらに建築言語に置き換えてよりつくりやすいキューブや階段、ホールといった空間に置き換えて逆再生的にトレース、翻訳をしていくことから始めました。最初につくられた構造が徐々に荒廃してGLも変化し、新たな繋がりなどの可能性が生まれると考えています。

秋吉 個人的にはこちらのほうが興味ありますが、これは何ですか？

先本 堀川淳一郎さんが使われている"Houdini"で自然物を模倣する言語を考え、変数を定義してつくっていきました。

秋吉 "Houdini"も物理シミュレーションなので、何を評価しているのですか？

先本 穴の大きさで評価しています。土石流で流れてくる巨石の平均的な大きさがおよそ2m近くあるので、それがうまく引っかかって徐々に穴を塞いでいくような形で土砂が涵養されていくようにしています。

秋吉 そういうアルゴリズムで組んでいるのはわかりますが、形態生成や風などいろいろ通したときに、最適解とまでは言わないけれど、その効果がどんなものかまであると面白そう。1個のユニットの単位が空洞になっているのですか？

先本 いえ、土ブロックとしています。

秋吉 それなら竹筋はいらないのでは？

先本 引張補強として、このキャンチしたところに入れています。

秋吉 中も空間になっていないなら、なぜという感じにはなります。

先本 こういう構造が外部と内部を仕切らないような構造だと思っており、洞窟的な空間は内部しかないと思われがちでこれも洞窟のように見えるけれど、内外がうまく仕切られていない半屋外だらけの空間だと思ったので、キューブが生み出すズレで空間をつくっていきました。

PRIZE WINNER | 野口理沙子賞

イキモノタテモノ
都市・ヒト・自然...量子物理の可能性とは。

量子コンピュータを原動力とした空間から、タテモノが生態系でつながる新しい都市のカタチが生まれるかもしれない……。私たちマクロ社会の常識や従来の古典物理で成り立つ「建築」の概念を超越した空間とは……？ 量子物理というテクノロジー＆サイエンスは、都会の暮らしと融合し、「イキモノなタテモノ」となる。

ip133
野口 舞波
大阪工業大学ロボティクス＆デザイン工学部空間デザイン学科B4

A1. Illustrator、Photoshop、手描き 2. 5万円程度 3. 7〜8ヶ月 4. DAISO、カワチ画材 5. トーマス・ヘザーウィック 6. なし 7. なし 8. 服飾 9. 大学院等へ進学

NOGUCHI COMMENT

野口賞の「イキモノタテモノ」は多大な並列計算を可能にする量子コンピュータを使って、建築そのものを生態系に抱き込むというビジョンを描いた提案です。イメージした建築を着地させるため、"見たことのあるもの"と"ないもの"を親密に関係するように調整し、混然一体となった模型はとても説得力がありました。グリッドシステムに則った空間の隙間からは、ほどよい密度感で有機的な空間が差し込まれ、どちらも透明な素材によってヒエラルキーが付かないように調整されています。また柱とも配線ともとれる枝分かれした構造体は、色も素材も街路樹に擬態して、何者か分からないのに周辺から違和感なく立ち上がっています。テクノロジーとアナログ、人工物と自然といった相反する概念を、間をとりもつ色やスケール、かたちといった共通項を与えながら、建築として調和させていく。そんな寓話性の塊のような立ち現れ方に魅力を感じました。

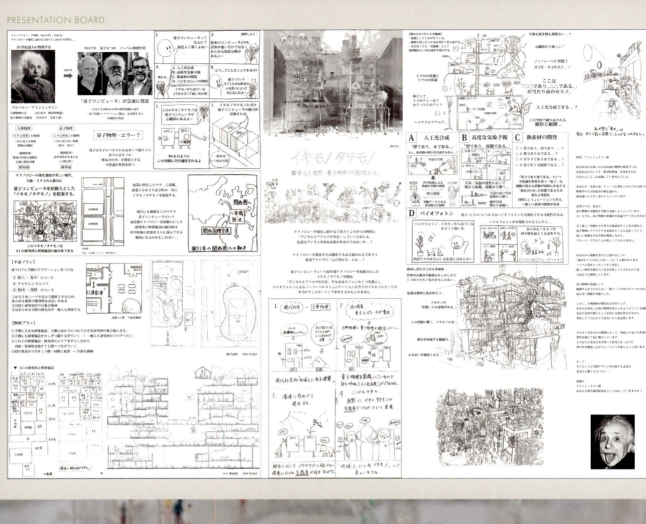

野口(舞) 私は量子コンピュータを原動力とする、生き物のような建築の新しい姿を提案します。量子コンピュータは近年発達してきたコンピュータで、従来のコンピュータよりも計算が早いだけでなく、人工光合成が得意であったり、気象予報が得意だったりとあらゆる得意分野を持っています。それを私は建築に落とし込んで、たとえば壁や天井が人工光合成をして酸素が補給される快適な空間をつくったり、気象予報を得意としているので環境を見直せて、雨の日は壁が屋根になったり晴れの日は屋根が壁になってテラスのようになったり、可変性を備えたものが提案できるのではないかと考えています。賑わいのある心斎橋で新しい建築のプロトタイプとして、未来の建築の在り方を構想するものになります。

野口 コンピュータはどこに含まれていますか？

野口(舞) 核としてここにあります。

野口 赤いものですか？

野口(舞) はい。

野口 そこから根のように生えているものは何ですか？

野口(舞) もしこれが実現できるのであれば、核の部分からWi-Fiのように線を繋げなくても電波が飛ぶため、全フロアに量子コンピュータの影響が届くことを表現したくて、この根っこから繋がっている感じを模型で表現しています。

野口 これの形として、まず積層したところに量子コンピュータがあり、それがいろいろ影響するから部分が変わっていくということなのですか？

野口(舞) 屋根が壁になったり、壁が屋根になったりと、高さがどんどん……。吹き抜けている日もあれば、フロアとしてきちんと空間になる日もあるというような、空間の可変性ですね。

野口 どこまでを設計して、どこからが量子コンピュータによる生成となるのですか？

野口(舞) 設計自体はすべて私がしています。ボリュームの組み方も私で、壁や天井が環境に合わせて変化するのは量子コンピュータがするという設定です。

野口 ちなみに、なぜ手描きというか新聞のような表現になっているのですか？

野口(舞) デジタルとアナログの共存にすごく興味があり、ChatGPTやデジタルがすごく進化している中で、この最先端テクノロジーを持つアナログのための空間を提示するにあたり、私という1人のアナログによるドローイングという、唯一無二のもので提示したかったので手描きにしました。

野口 逆の表現ですごく面白いと思いました。

PRIZE WINNER ｜塩崎太伸賞

他なる空間のあわい

人の内面と表層の間には常に剥離が生じている。両者の間には実在し得えない理想の自分がいて、それが時空と共に変化する。剥離を受容するための空間のあわいを有した学校と家を街に挿入する。空間のあわいは1つに繋がり、複数世界にいる分人たちがその中を移動する。そこで他者の分人たちと出会い自己を見つめるきっかけが生まれる。

▶158
高田 真之介
慶應義塾大学理工学部
システムデザイン工学科B4

A1. Illustrator、Photoshop、Rhinoceros、InDesign、手描き、Fresco 2. 10万円程度 3. 2〜3ヶ月 4. レモン画翠 5. チャールズ・ムーア 6. 思考の整理学 7. ピアノを弾く 8. 音楽、写真 9. 大学院等へ進学

SHIOZAKI COMMENT

全てが白で塗りつぶされたマルタン・マルジェラ店舗でのあのふわふわとした感じや、コンクリート素材がもつ意味に耐えられず、さらに白でも黒でも灰色でも生じてしまう意味にもやはり耐えられず、その漂白に銀色というあわいの色が塗られた壁面に感じるあのザワザワとした感じ、と、何か同じ匂いを感じる作品に目が覚める思いでした。
この作品のおもしろかったところは、部分／全体の関係と内部／外部の関係との混じり合いを、賑やかなスーパーグラフィックによって一掃しようとしているのに重ねて、「分人主義」などの参照をおこないながら学校と住まいとの場の公共性を検討しているところです。場の共有と意識の共有について、建築と所有イメージについての議論のきっかけになりそうな作品だと思います。

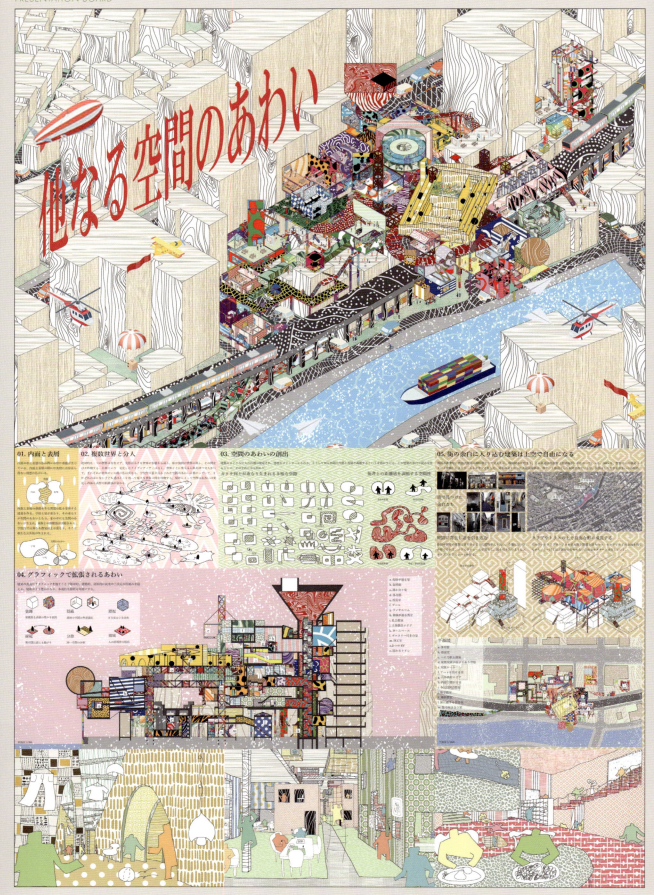

高田 横浜市黄金町に、人の内面と表層の剥離を受容して他者の"分人"と出会う建築を設計しました。用途としては、既存の集団行動や社会制度を教える、学校に代わる新しい学校と家を想定しています。本来の自分と社会的な自分にはギャップがあり、そのギャップが社会的な生成物である建築によっても生まれるのではないかと考え、そういう形で定義される建築のコントロールを失わせるために表面をグラフィックで覆いました。さらに複数のタイポロジーが重なっていて、全体としてはヒエラルキーが無いような空間になっていますが、そういう部分に隙間やグラフィックの貼り方による良さが生まれ、それらがリビングと家や、学校の部屋同士の間などに生まれることで、個性を持つ分人たちの居場所になると考えています。また、隙間が繋がっておりいろいろな部屋を巡る中で、いろいろな世界を巡ることが理想型の社会だと思っていて、それを体現しています。

塩崎 つくり方をもう少し知りたいです。オブジェの組み合わせのように見える部分と均質に広がっている部分の組み合わせは感性的にできているのでしょうか。スーパーグラフィックをさらにオーバーラップさせて貼り込んだりして非常に興味深いのですが、形の生成がどのようにできあがったのかをお聞きしたいです。

高田 形は、たとえば体育館などの全体性を象徴するようなものの中に薄い壁が入り込み、その間にアーチのようなものが空いて、その狭い領域が居場所になったり、素材の貼り方としては大きくなったり小さくなったりしています。

塩崎 思想的背景などはありますか?

高田 理想的な社会を形成する上でどういうのがいいかを考えていて、全員を受け入れるような"オルタナティブ・パブリックス"という考え方が前提になっており、全員を受け入れられるような大きな集団や社会をつくるのは難しいけれど、今の国家と市民のようなヒエラルキーがある状態だと理想の社会が形成されない……。

塩崎 フリーデンスライヒ・フンデルトヴァッサーのようで個人的に好きです。

| PRIZE WINNER | 長坂常賞 |

ソルトロード

新しい戦前、世界は激しく変動し人々は混沌とした時代を生きる。小さな結晶で世界を繋ぐ。ばらばらになっていく世界を繋いできた海、そこからとれる塩は血液や羊水まで塩分が含まれる人間にとって大きな力を持つ。こんな時代こそ、世界の繋がりを感じて生きていきたい。船は世界を巡りながら小さな結晶が大きな世界を一つにしていく。

218
塚村 遼也
広島大学工学部
第四類建築プログラムB4

A1. Illustrator、Photoshop、Rhinoceros、InDesign、Twinmotion 2. 10万円程度 3. 3〜4ヶ月 4. 大学生協・通販 5. 藤森照信 6. なし 7. ジブリを見ます 8. ジブリ 9. 大学院等へ進学

NAGASAKA COMMENT

世界各国で起きている戦争、それを問題視する目線はわかります。ですが、それを建築で解決しようと考えますか？僕はとても考えられません。塚村遼也くんはそんな壮大なことを考えたのです。まず、そこに敬服します。さらにその散らばった場所をつなげるときに海をモチーフにし、対象を不動産ではなく、動産、つまり船にしたこと。さらに、その海がある限りどこでもとれる塩を媒体にストーリーを組み上げました。そして、見事一つの物語をつくり上げ、夢を見させてくれました。そんなことも建築家が考えていいことなんだと感じさせてくれたのです。しかも緻密なリサーチの上にその計画は成り立っており、プレゼンも画面の中にとどまらず、模型の精度も素晴らしかったです。

長坂常賞 — PRIZE WINNER　047

塚村　本提案は混沌とした今の世界を一つで繋ぐ"ソルトロード"、巨大世界航路。世界中に小さな幸せの結晶をつくり届ける巨大船"ソルトシップ"。そしてその港の提案になります。小さな結晶、塩とその副産物であるにがりを使って、汚れた世界を浄化し、飢餓の子どもたちに栄養を届けるように世界航路を提案しました。日本では塩田の土地が広がる瀬戸内海を通過します。美しい瀬戸内海の風景の中で廃れた塩田跡地が、新しい世界中の人々のよりどころになるような港。こちらが備前に浮かぶ巨大船帰港所になります。塩田跡地の環境課題であるヘドロと塩、にがりを使ってこの港を設計しました。世界に次々できていく港を転々としながらソルトシップが1年かけて世界を巡り、幸せの結晶を広げていく提案になります。

長坂　世界の土地との関係は築かれるのですか？ 要は、飢餓などによって混沌とした街が広がっているところを渡り歩いていくつもりなのですよね。海の中にポンッと建っていて陸とは距離が少し離れた状態なのですか？

塚村　小さくはなりますが、ここに備前の塩田跡地があり、その中心にあの港が建っています。

長坂　それと同じ種類のものが世界各国にあるのですか？

塚村　そのケーススタディというか、1つの港を提案したということになります。

長坂　それがあることで街がどう活性化するか、街にどう繋がっていくのでしょうか？

塚村　今の塩田跡地の使い方として、ほとんどがソーラーパネルか埋め立てになっているけれど、瀬戸内海は風景の美しさが魅力的なため、埋め立てるのではなく、今あるヘドロの問題に対して、ヘドロと塩、にがりを使ってまず港をつくります。世界中の人々がそこにやってきて塩田の製塩をしていたころの活性化を取り戻す。

長坂　世界中というのは船でやってくるのですか？

塚村　はい。

長坂　この街とはどういう関係を築くのですか、周りを囲う土地があるんですよね？

塚村　こちらが港の平面図になりますが、用途としては塩をつくるのと、塩をつくる熱源で人が温まるという効果があります。

長坂　では、こちらからそれを楽しみにしながら来るということですね。

塚村　来るのと、こちらから住民の方、こちらから世界中の人々が、ここが交流の場という感じです。

PRIZE WINNER　|JIA賞|

治山ノススメ
-木こりと猟師による山の混交林計画と治山的建築の提案-

治山活動を続ける建築家としての私の将来を提案。人の手による治山を復活するため、山に人の治山拠点をつくる。この治山拠点には山に関心のあるさまざまな人が集まり、集まった人の分だけの発想、技術が建築をつくっていく。建築家自らが拠点で人が集まる場を設計・運営し、竣工のない常に誰かが何かをつくっている拠点から治山活動を行っていく。

id007
志賀 桜空
九州産業大学建築都市工学部
住居・インテリア学科B4

A1. Illustrator、Photoshop、Rhinoceros、Procreate、Vectorworks、手描き　**2.** 10万円程度　**3.** 4～5ヶ月　**4.** 丸善、ホームセンター、インターネット、山　**5.** 内藤廣　**6.** なし　**7.** ドライブ、カラオケ、お菓子づくり　**8.** 雲を見るのが好きです　**9.** 就職

JIA賞 — PRIZE WINNER   051

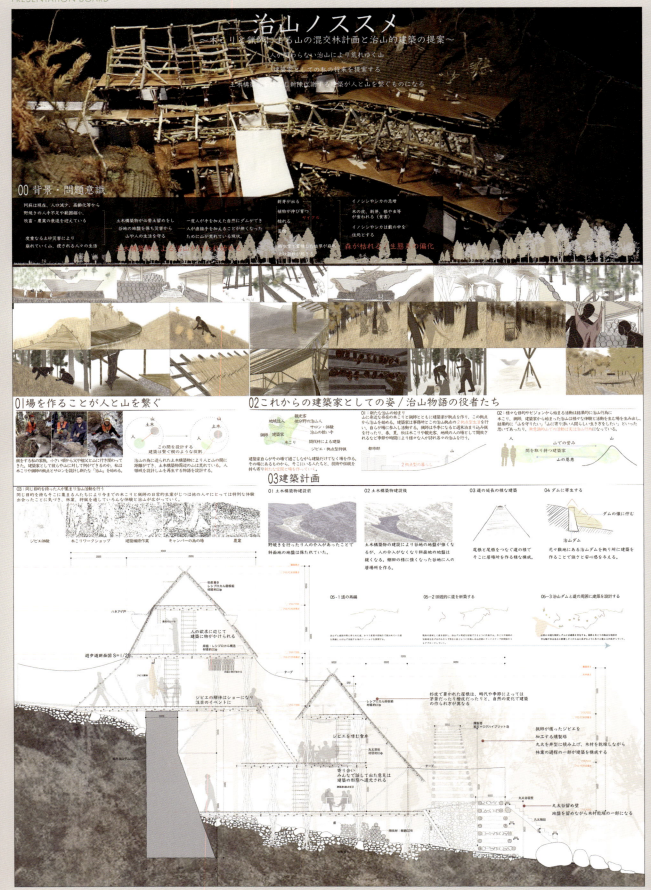

志賀　治山活動を続ける建築家としての私の将来を提案します。自分の家族は仕事の傍らに朝の山に出向いて猟や採取をして暮らしてきました。自分も幼いころから山へ付いて行ったので、山がすごく身近な存在です。身近だからこそわかる、荒れている山に対して自分が建築家として何ができるのかを今回考えました。まず建築家になった自分と猟師や木こりと一緒に、身近な人を巻き込みながら治山活動をしていくための拠点をつくっていきます。山にあるものから建築をつくっていくけれど、重機が搬入できないので人力で輸送できるような大きさの材から建築をつくっていくことを考えます。そのように建築をつくっていくことで、この建築がある種の大きな木材保管庫のようなものになっていき、林業の伐採から乾燥までの間の過程を建築に昇華することで、木材や山の成長などによって建築と人と山の関係がサイクルしていくようなものを目指しています。

長坂　治山とはどういうことですか？

志賀　治山とは荒れた山を治癒する……。

長坂　治癒するために、間引いて出てきた材料を製材するまでの過程で乾燥させる場所として建築にするということですか？

志賀　この建築自体の目的として、人が山に介入するための場をつくる建築であり、その拠点が山にあるものからつくられたり、間伐材からつくられたりしてサイクルするという意味です。

長坂　その切られたものを貯めておくと、先ほど言っていましたが、それはどこにあるのですか？

志賀　実際に使われている柱や、手前のほうにある井桁に組んだところなどで表現しています。

長坂　それは、ストックから街に出ていくことはあるのですか？　その建築が解体されて街から出ていくことはあるのでしょうか？

志賀　そのように考えています。

長坂　また新しいものがきて補われていく。この形はずっと変容するということ？

志賀　この形は山の変化など、そういう時の流れで変容していきます。

長坂　何年でそれは変わっていきますか？

志賀　間伐が始まるのが植えてからおおよそ10年、20年経ってからなので、それくらいのスパンでゆっくりと部分的に変わっていきます。

長坂　山の面積に対して、建物のこのくらいの体積がずっと対応していくなどは計算されていますか？

志賀　敷地が全長1.5kmくらいで、そこにダムが20段くらい続くのですが、そのうちの1個くらいのため、このくらいのスケールでつくっています。

PRIZE WINNER | JIA賞 |

居植集
緑のあふれだしによる新しいコミュニティの形成

今日、社会ではSDGsでも言われるように、自然環境に興味を持つ人が増えたが、実際に目の前の緑に目を向けている人は少なく感じる。地図に描かれない緑が多く見られる六本松一丁目では、植木鉢が路地や町の風景をつくり出す。小さな操作を施すことで緑が人の手を離れ自然と繋がり、人や動物、自然の営みが重なり合う建築を目指した。

ID024
赤松 里恵
福岡大学工学部
建築学科B4

A1. Illustrator、Photoshop、Archicad、手描き **2.** 5万円程度 **3.** 3〜4ヶ月 **4.** レモン画翠、ハンズマン **5.** ツバメアーキテクツ、能作文徳 **6.** 小さな風景からの学び **7.** 散歩 **8.** 芸術 **9.** 大学院等へ進学

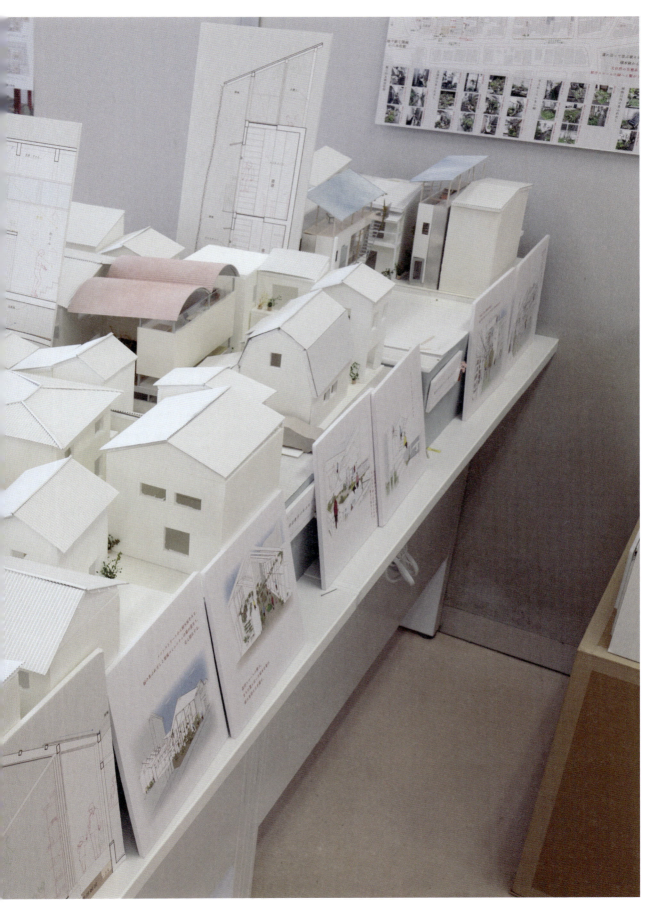

赤松　自然と都市は互いに相容れないものだと考えますが、都市は多くの緑が存在し集まる生き物も多種多様です。私はフィールドワークを通して緑を3種類に分類し調査しました。その中でも家族や個人による緑に興味を持ち、地図には描かれないような溢れ出しが数多くみられる六本松一丁目を計画しました。本設計では人や緑、動物、自然の営みの重なりとしての生態系を維持するための建築を計画します。接道条件や緑の分布をもとに敷地を選定し、緑の枝の付き方や自然の要素を条件とし細やかな操作を行うことで、新たに人や緑が居着く空間が生まれ、さらなる溢れ出しを誘発します。一つ目は花屋を想定し、新しく人が入り込む余地としてアパートメントを計画します。縦に連続する抜けの空間は光や雨、風が抜けることで緑が溢れ出し、壁に排水管を通すことで、上で撒いた水が下へと伝わってさらなる緑の溢れ出しを誘発します。植木屋は異素材を使うことで植物や生物の侵入を受け入れます。書道教室では層状に抜けをつくることで溢れ出しつつ、緑と人が重なり合います。

長坂　そもそも、このように溢れ出すことで何が良いのですか？

赤松　なんか人がいるという存在がわかる……。

長坂　周りの人が安心するということですか？

赤松　はい。

長坂　横や縦に溢れ出すほかに、溢れ出しがいくつかあるように聞こえましたが、何種類あるのですか？

赤松　何種類と数えているわけではありませんが……。

長坂　これは外には溢れ出さないのですか？横に水が出てこちらにも植物が伝わっていくという話でしたが、もともとの話はどちらかというか、電柱や壁の影などにはみ出しているものということですよね？

赤松　これは遠くから見たときなどに、縦に溢れ出しているというイメージです。

長坂　綺麗な植栽計画がされている建物と何が違うのですか？

赤松　植栽計画には人の手があまり見えないイメージがあるので、その人が使っている植木鉢などを使って人の手をイメージさせます。

長坂　植木鉢を使って植物が生えてくる仕組みがあるということですか？

赤松　植木鉢をこのように引っかけて、下から上に伝っていくような仕組みを考えています。

長坂　なるほど、人の気配がここに溢れ出すように計画しているということですか。こちらもそうですか？

赤松　こちらは割と外に溢れ出しています。

長坂　たとえば電柱などがあり、影に置いたりしますよね。そういう新たな建物をつくることによって溢れ出す仕組みは何かあるのですか？

赤松　周辺の人とか……。

PRIZE WINNER ｜JIA賞｜

建築的欲求解放宣言
-吐露する設計手法の思考実験と建築構想-

潜在的に人間には、建築的欲求が備わっているが現代人は、欲求を塞ぎ込んでいる。そこで、皆が建築的欲求を吐露することで新たな可能性が見出せると考えた。理性を取り払った無意識下で欲求を吐露できると仮定する。自身を試験体として思考実験を行い、結果から吐露する設計手法を確立し、建築的欲求を解放する場として昇華する。

ID035
吾郷 直哉
近畿大学産業理工学部
建築・デザイン学科B4

A1. Illustrator, Photoshop, 手描き, Stable Diffusion **2.** 1万円程度 **3.** 3〜4ヶ月 **4.** ゼミ室に置いてある材料 **5.** fala, Bureau Architectures Sans Titre **6.** イルカも泳ぐわい。 **7.** 暴飲暴食 **8.** Tempalay **9.** 未定

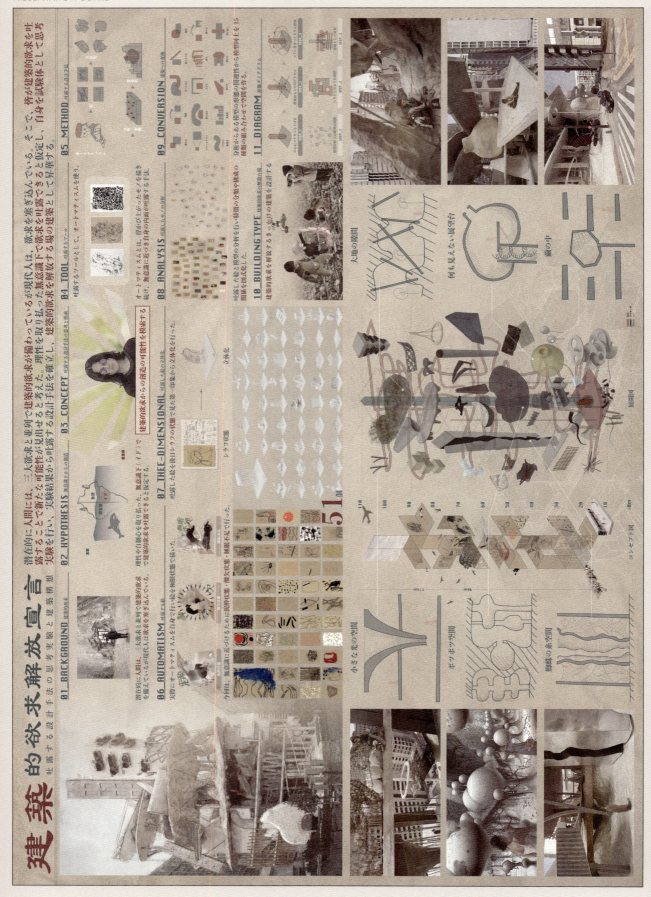

吾郷　人間には建築的欲求が備わっているが、現代人はその欲を塞ぎ込んでいます。そこで建築的欲求を吐露することで新たな可能性が見出せると考えました。理性を取り払うことで欲求を吐露できると仮定し、無意識の井戸で仮定します。本提案ではその可能性と手法を模索し、設計手法として確立します。ツールとしてはオートマティスムを用いて自身の内面を吐露します。より無意識に近づくために泥酔状態や酸欠状態、寝不足の状態で描いた絵がこちらになります。それを後日、素面状態で見た絵に対する第一印象を立体化したものがこちらになります。この絵と模型を分析し、建築への変化を試みました。それらをルールのもとで組み合わせることで、みんなが建築的欲求を解放できるきっかけとなる建築として昇華しました。

秋吉　立体化した小さな模型がそのまま組み合わさっているように感じますが、分析して建築化したというのは具体的にどういうことですか？

吾郷　単体であると空間として捉えることができなさそうなものや、同じような特徴があるものを組み合わせの手法を用いてくっつけたり拡張させたりしたもの、その特徴をつなぎ合わせ転用しました。なので、原型が残っているものから合わさっているものまであります。

秋吉　たとえば、合わさっているものはどれですか？

吾郷　このゴツゴツしたものは、これとこれを重ね合わせたことによってできる空間だったり、ここではこれとこの上から垂れているものを合わせてつくったりして、空間をつくっています。

秋吉　これは誰がどのように使うものですか？

吾郷　最終的には、建築を受動的ではなく主体的にしてほしいので、これがあることにより周辺がどうこうではなく、みんなの建築に対する捉え方を遅行的に変えてほしいです。

秋吉　どのように変わるのですか？

吾郷　僕が行った手法をもとに他の人にもしてもらいます。

秋吉　増築していくということですか？

吾郷　増築もしくは新しく他の人にしてもらいます。ただ、これはスケールレスなので……。

秋吉　都市に何百万人いる人たちが、みんなで勝手に行うのですか？

吾郷　勝手にやり出すよりかは、ランドマークのような太陽の塔のような意味合いを持ったものです。

秋吉　そうすると、自分のエゴというか作家のエゴということですか？

吾郷　これ自体はエゴです。

PRIZE WINNER | JIA賞

antialiasing school
-壁が折りなす空間-

ハーモニカ型学校建築の画一的空間は、生徒の学びを規定し個性を奪っている。箱的教室を構成する壁を"折り壁"によって解体し、空間性が弱く、壁が間仕切り以外の役割を持つことで、教室の内外が連続する領域を形成する。不登校だったわたしが、生徒の学びを解放し学びを多様化、個性を受け止めてあげられる学校建築を提案する。

ID 048
竹澤 紀子
佐賀大学理工学部
理工学科B4

A1. Illustrator、Photoshop、AutoCAD、SketchUp、Podium、コンセプト **2.** 7万円程度 **3.** 1〜2ヶ月 **4.** 画材店、ホームセンター **5.** 島田陽 **6.** 小嶋一浩の手がかり **7.** 友人との会話、外食 **8.** 旅 **9.** 就職

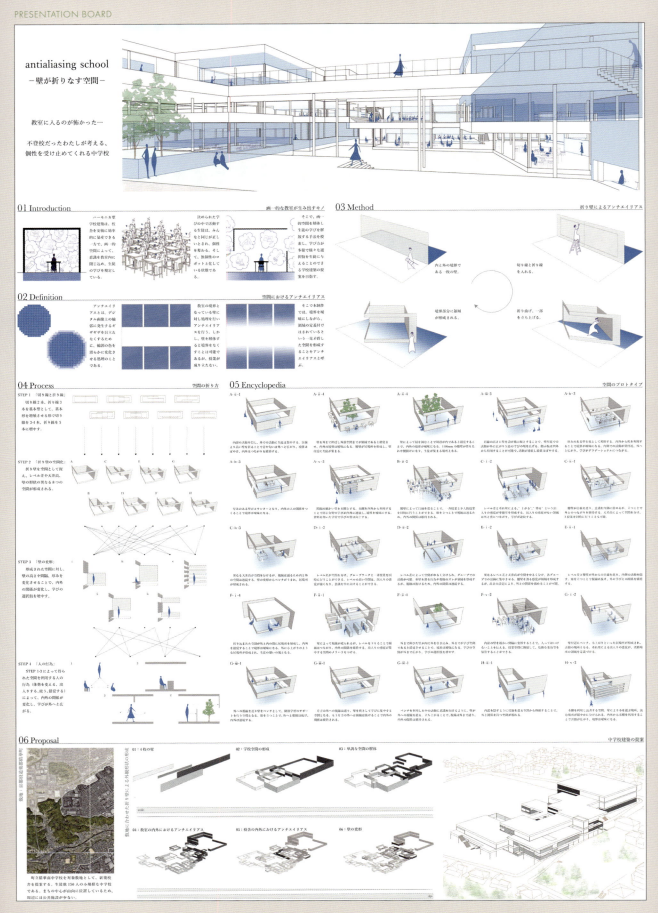

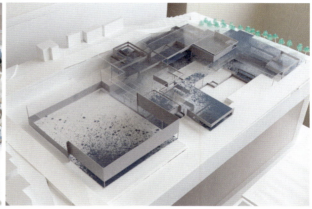

竹澤　画一的な空間に生徒の学びが規定されていることに問題意識を感じ、境界は曖昧であるけれども領域は定義づけられているという、矛盾した空間を形成することを"antialias"と定義して、生徒の学びを解放して多様な選択肢を与えられるような中学校を提案します。antialiasを行う手法として、"オリカベ"を提案します。オリカベというのが、一枚の壁から壁の一部を立ち上げるのですが、壁だけでなく人の行為を折り曲げながら3ステップでオリカベを行うことでさまざまな空間が得られます。教室の内外だけでなく、校舎の内外でもantialiasを行って学びが広がる学校建築となります。外に学びが広がることで、教室の中だけでなく"ホームルームスクエア"や中庭などによって、外に向かって生徒の学びが広がって学びの選択肢を増やします。

藤村　この学校では、教室の単位はどうなっていますか?

竹澤　教室型を採用しており、一般的な学校の教室は、広場にホームルームスクエアとして配置しています。

藤村　3クラスあるとしたら3クラス全員いるけれど、それぞれが教科教室であるため、教科ごとに編成・移動して人数も変えてやるということですか?

竹澤　はい。

藤村　教室の大きさによって変わっていくということですか?

竹澤　授業の内容や生徒の進度で柔軟に変えられるようになっています。

藤村　そういうときにantialiasはどのように働くのですか?

竹澤　この空間だと一つの大きな空間としても使えますが、垂れ壁があることで小空間と中空間として分けて使うこともできると考えていて、授業内容によって外との繋がりも強弱が表れ、さまざまな選択肢があるのがオリカベの魅力です。

藤村　空間がいくつもあるということは、この大きい場所では自分がいる空間を3つくらい同時に感じられるような感じで、教室のほうも、自分は複数のグループに所属しているような感覚ということですよね。すごくバラバラになりそうだと思います。

竹澤　2つの団体に所属して、そこと合わないとなった場合にすごく息苦しさを感じるので、どこに所属するのかも選べるといいなと思って設計しました。

藤村　バラバラにしたいということですね。

竹澤　はい。

PRIZE WINNER | JIA賞 |

Oyster Promenade
-牡蠣殻ブロックで紡ぐ糸島の持続可能性-

おいしい牡蠣、映えるスポット、糸島の観光を支えるものの裏側で起きている問題。糸島がいつまでも誇れる街であり続けるためにはどうしなければならないのか。持続可能性が叫ばれる今、資源を再利用するだけが持続可能性か。建築にできることは何か。未来の糸島のために、今できる建築の提案。

ID091
樋口 夕季乃
九州大学工学部
建築学科B4

A1. Illustrator、Photoshop、Rhinoceros、Lumion、AutoCAD、Procreate、Grasshopper、CFD **2.** 4万円程度 **3.** 3〜4ヶ月 **4.** 山本文房堂、ホームセンター、インターネット **5.** 伊東豊雄 **6.** 開放系の建築環境デザイン 自然を受け入れる設計手法 **7.** 人と話す、研究室のプロジェクトの手伝い **8.** 音楽 **9.** 大学院等へ進学

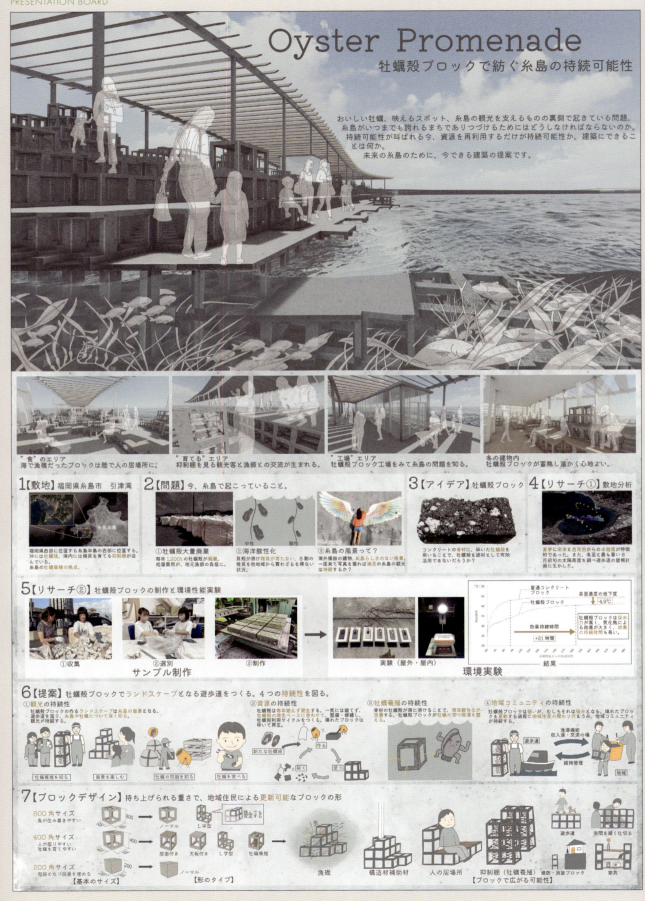

樋口　福岡県糸島市にある牡蠣の養殖の拠点になっている湾を敷地としました。今、糸島では牡蠣殻が大量廃棄されていたり、海洋酸性化で牡蠣が育たくなったり、糸島らしい風景が無いという問題があります。それを、牡蠣殻ブロックを用いて解決しようと思います。牡蠣殻ブロックを用いて環境実験を行った結果、牡蠣殻ブロックは気化熱によるクーリング効果が高いことがわかりました。そこで、牡蠣殻ブロックでランドスケープのある遊歩道をつくり観光資源、牡蠣養殖、地域コミュニティの持続性を図ることを提案します。遊歩道の全体計画については、湾をCFD解析したところ下のところに淀みがあったため、その改善策として遊歩道をかけ、人の居場所になるところを夏の卓越風に向けることでブロックのクーリング効果を最大化するようにしました。遊歩道に養殖棚や牡蠣殻ブロックの工場を置くことで糸島について深く知られるようにしています。

秋吉　要は、熱容量がそれほど大きくないということですか？ 普通のレンガやコンクリートと比べるとどういう結果になるのでしょうか？

樋口　比較はしていませんが、最高品質なので水をたくさん含む普通のブロックより水をたくさん含むことができるのと、表面温度もたくさん下がることがわかっています。

秋吉　屋根が気になったのですが、これは何の役割があるのですか？ 牡蠣殻ブロックにより三次元で構造体をつくることもあり得るのではないでしょうか？

樋口　冬と夏の日射のコントロールをしたいと考え、ルーバーの角度でコントロールすることを狙いました。

秋吉　でも、沖縄だと花ブロックのようなものがありますよね？

樋口　それを考えていた時期もありました。しかし、ブロックの組積が難しいという議論になりました。

秋吉　ポストテンションをやるなど、いろいろ方法はあると思いますが、構造的に、スパン的に難しいということですか？

樋口　たとえば鉄骨を入れることは考えたのですが、それよりかはランドスケープ的なところに落ち着いて、柱の構造補助剤としてブロックが機能しています。

FINAL SELECTION DISCUSSION
決勝選抜議論

クリティークによる投票と議論で、
決勝プレゼンテーションに進出する10作品を選出。

62 → 10

―― 決勝進出者の選抜を行います。決勝選抜では、決勝プレゼンテーションに進むことのできる8名を決定するため、クリティークによる投票を行います。クリティークの持ち票は1人8票で1作品につき2票まで投票可能です。集計結果をもとに議論し、決勝進出者8名を決定します。それでは司会の松山先生、進行をよろしくお願いします。

松山　決勝に推薦したい作品の投票を始めたいと思います。では藤村さんからお願いします。

2024年の建築の論点として、批評性のようなものがありそうな作品を選ばせていただきました

藤村　昨日のみなさんの説明を伺いながら作品を拝見し、私なりに考えを巡らせて選ばせていただきました。1つ目は38番「便所的パラサイト」です。社会批評としてマイノリティの問題を扱っていましたが、パターンを分解してランゲージを組み立ててマトリクスを組んで建築をつくる案は、例えばその一つ前の35番「建築的欲求解放宣言」などのようにいろいろあります。卒業設計でこういったことに取り組む人は非常に多く、クリストファー・アレグザンダーのようにやってくる人が多いのですが、ただ、"便所的"というワードはあまり聞いたことがなくて、そういった目線で都市を批評する、あるいは社会を批評するのは結構オリジナリティある案だと思い、この作品を選ばせていただきました。次が133番「イキモノタテモノ」です。これは謎めいているところがあり、本人からきちんと話を聞いたところでうまく評価につながるかはちょっとまだ自信がないのですが、模型表現や案の組み立てが非常にオリジナリティあり、本当に量子力学をメタファーにして建築を組み立てられたら、それはそれで1つの現代的な建築表現になるだろうという予感があり、投票させていただきました。次が158番「他なる空間のあわい」です。理論・創作論的に言うとオーバーラップモデルというか、アレグザンダーでいうところのセミラティスモデルのようなものをやっているんですね。模型がとてもカラフルで目くらませのようなところもありますが、論立てがしっかりしているので議論していきたいと思います。次が198番「スキマの住みかえ」です。都市設計のビジョンを出している人から、こういった機工商的、準工業地域的な場所でのものづくりコミュニティの再構築という案は今になって出てきたわけではありませんが、これからの都市のビジョンを考えていくと、例えばVUILDの秋吉さんのオフィスがある川崎の環境のようなものを設計していくと、このようなビジョンになるのでVUILDのようなものづくりベンチャーが活躍する都市というイメージを重ねて選びました。次が264番「生駒山タイムマシン計画」。外連味たっぷりの案は本作以外にもう1作品くらいありましたが、理論と創作論の関係という意味ではちょっと飛躍しているし、いろいろありますが、興味があったので理論的なものとして選ばせていただきました。次が272番「日常の死角に夢を見る。」と276番「モノの住所『我思う、そのたび世界在り。』」。この2つが昨日見た作品の中でのポストコロナ枠というか、ポストコロナの創作論というようなフィルターをかけたときに、自分の狭い環境から飛び出したい、はみ出したいという、まさに建築的欲望のようなものを感じた作品でした。それを創作論に昇華させられているかどうかの2つだと思いましたので、この2作品を選びました。そして277番「揺らぎ」も若干謎めいており、先ほどの「生駒山タイムマシン計画」と同様に外連味たっぷりですが、今、中洲川端にて開催されている葉祥栄の展覧会（2024年3月12日で会期終了）と対極にありますよね。一方で、全体的な作品傾向として磯崎新化しているというか、"建築の解体"という時代の気分もあると思うのですが、構築と破壊をめぐるせめぎあいというか、人口減少しているし高齢化なのでスカスカになってくるけれど建築は組み立てなくてはいけないから、そのせめぎあいとして緻密にマトリックスを組んだりランゲージにして組んだりしていて、そういう人が多いのは今の時代の気分なのだろうと思います。それがどんどん細かくなっていき、建築の単位ではなく、輪郭がうっすら残っているけれど、溶けていってエレメントですらなくなるという、そういう気分なのだろうという感じを受けました。それに対して「揺らぎ」はまったく構築的ではなく破壊的なのですが、そういった今の時代の気分を方法にして組み立てようとしているのかなと思いました。だけど、丹下健三と磯崎を扱いながら、丹下のほうにしたんだというツッコミなどいろいろありますが、議論してみたい作品として選ばせていただきました。私の選ばせていただいた作品は全体的に、2024年の建築の論点として、批評性のようなものがありそうな作品を選ばせていただきました。

投票▶ 38番、133番、158番、198番、264番、272番、276番、277番

筋書き通りに納得できてよくできている4作品とアウトプットとして議論できそうな面白い作品を4つ

秋吉　まず、どういう視点で評価するかというと、"何をやりたいのか""どうつくったのか""何をつくったのか"という3段階があるとして、"どうつくったのか"という手法に説明を7、8割費やしている人がいましたが、どちらかというと、そこにはあまり興味がありません。何をやりたくて何をつくったのかの整合性や、つくったものがやりたかった課題に対してきちんと貢献できているのか、インパクトが出せているのかという点に立ち戻り、それをどう評価して語ることができているかに重きを置いて見ていました。そういう観点で、きちんと筋書き通りに納得できてよくできていると思った作品を4つと、筋書きや手法はごちゃごちゃだけれどアウトプットとして議論できそうだし、1人のつくり手として面白いと思った作品を4つ選んでいます。まず前者の4つは、70番「天泣で紡ぐ」、132番「おばあちゃんが認知症になった」、218番「ソルトロード」、329番「鉄の起水とアグリズム」。4つのうち3つはよく似ていて、環境的な問題に対して建築的な操作で何か貢献できないかを考えています。「天泣で紡ぐ」はまさに環境装置で水をつくって土壌を再生し、コミュニティをつくって暮らし方を提案するところまで提案していてすごいなと思いました。ただ、本当にできるのだろうかというのは4つともにありますが。「おばあちゃんが認知症になった」に関しては、認知症の人の動態のようなものを考え、それにふさわしい個室とそれにふさわしいプランを新しく提示しています。「ソルトロード」は

塩をどのようにして建築的に獲得してどう届けていくかというところに、社会や世界に対する大きな示唆のようなものを持っているのがすごい。「鉄の起水とアグリズム」も、製鉄所が止まった後は鉄をつくる際に出てくる水を使い、工場自体をある種の生態系にして産業も環境も再生していくという案です。4つとも再生型の提案だというのは話を聞いていて思いました。一方で、学内ではそういう作品が評価されそうなので、こういった学外のレビューで同様な評価軸にするのはどうなのだろうとは思いつつ、この4つを選びました。また、このような場で議論できそうなものや個人的な関心で残り4つを選ばせていただくと、158番「他なる空間のあわい」、272番「日常の死角に夢を見る。」、276番「モノの住所『我思う、そのたび世界在り。』」、295番「裂目にて生きるを紡ぐ」。この4つに関しては完全に、アウトプットがギョッとするというか、すごくクオリティが高いところを評価しています。ただ、質問してもあまりよくわからなかったところもありますが、よくわからないということはつまり、それだけ議論の余地と可能性があるということで、この4つは藤村さんと同じような意見です。別の視点でいうと、「他なる空間のあわい」は装飾やデコラティブという点で、自分の中で装飾・空間・構造・形態のうち装飾的な話は意識から抜けていたところでもあるので、そこへストレートに取り組んだ案として抜群にオリジナリティが出ている点で議論したいと思います。「日常の死角に夢を見る。」は38番「便所的パラサイト」と迷いましたが、「便所的パラサイト」よりもオープンで多様性があり、世の中が変わりそうという視点で言うと、分散型でいくつかアジールをつくっていくという考えで、「日常の死角に夢を見る。」のほうが可能性を感じるので選びました。「モノの住所『我思う、そのたび世界在り。』」はモノと建築の間を一体化して境をなくすといったある種の提案で、まさに自分の関心もそこにあると思いつつも、スケール感が意外と大きかったりするのが気になる点としてありますが、アウトプットが純粋に魅力的で、昨日の3分だとよくわからなかったので議論したいと思います。「裂目にて生きるを紡ぐ」も完全に自分の趣味ではありますが、コンピューテーショナルデザインのようなことと、環境をどう再生するのかの間をやっていることに興味があります。ただ、それがどのように環境にインパクトを与えられるのか、空間のキューブの中がどうなっているのかといった計画的な話などが欠けていましたが、これも「他なる空間のあわい」と同じようにオリジナリティがあるという点で、前半同様に後半の4つも高く評価し、合計8個を選ばせていただきました。

投票▶70番、132番、158番、218番、272番、276番、295番、329番

建築の見せ方、物語というか、建築を説明するときにギャップがあり面白いと思った作品を選んでいます

野口　私は建築の見せ方などに興味があります。あと、物語というか、建築を説明するときにギャップがあり面白いと思った作品を選んでいます。まず1つ目が5番「百鬼夜行」です。出来上がったものが面白いのですが、世界と世界が接するところ、世界なのか空間なのか、接するところにひずみが生まれ、そこを"妖怪"という言葉で説明しているのがすごく面白いと思います。2つ目が42番「感性の眼と知性の眼」です。まだ感性にも知性にも振り切っていないように感じますが、1つの空間を体験するときに、違う視点で二重の体験の仕方を提案しようとしているところが面白いと感じました。次が133番「イキモノタテモノ」です。私の好みでもあるけれど、出展作品の中で1番ギャップのある提案だと思いました。量子コンピュータから空間をつくろうとしているのに全然デジタル感のないプレゼンテーションをしており、また、建築という硬いものというか存在感のあるものに対して、出てきた模型は非常に透明感があって見たことのないものになっている。ただ、どこまでコンピュータが入ってきているのかとか、どうしてその形になったのかをまだあまり聞けていないと思っています。152番「共編の詩」は、お姉さんの視点から自分なりの解釈で家をつくる案ですね。自分ではない他者の目から建築を見たときに、扉の在り方や廊下の在り方などパーツの見え方が違ってくるし、そうなると、そもそもそれは必要だったのかと一つひとつの部位を疑っているところが面白い。結果として出てきたものがとてもジャンプしているのがいいなと思いました。次が218番「ソルトロード」です。これも私の好みに割と寄っていて、船の提案になっているし海の上につくっていることに一見葛藤がないように見えました。そして、塩をきちんとつくれるようにそれぞれの形が提案されていますし、それが全体にまで広げられていて面白いと思いました。次が276番「モノの住所『我思う、そのたび世界在り。』」です。今回、建築をなるべく小さい形で提案しようとしている人が多く、自分の知覚できる範囲でなるべく小さい空間を街の中に点在させるとか、組み合わせる人が多いと思ったのですが、本作は3段階の視点を設定し、手元にある"モノ"としての建築から街区や都市のところまで視野を広げ、それでもモノとして知覚できるよう自分の手の中に入るよう、知覚の範囲を広げているのが面白いと思いました。次が35番「建築的欲求解放宣言」です。酸欠状態をつくったり酔っぱらったりしながら自分の中にある何かを探している人ですね。自分の中の何かに期待し過ぎているようなところもあるとは思いましたが、そこから最後の形までのジャンプがいまいちよくわかりませんでした。形づくられるもとになるものがどこから来ているのか、そういったところがまだ言語化されていないような気がして少し話を聞きたいです。最

後に393番「伝統工芸の逆再生シアター」です。この人も見るという行為から空間をつくろうとしていて、平面的にも断面的にも自分の知覚を頼りに空間をつくろうとしているところが面白いと思いました。
投票▶5番、35番、42番、133番、152番、218番、276番、393番

私の中で個性のある3名の審査員をつくってディスカッションを行いました

塩崎　だいぶ難儀しましたが、私の中に3名の審査員をつくって選びました。1人目は、何かイメージを提出するのが好きな人、もう1人は言葉をきちんと考えている人、最後の人が建築に重ねる事柄に意識的な人、という3名でディスカッションを行いました。3段階審査をしまして、1段階目で25作品、そこから議論の末に17作品に絞られ、最終的に8作品に到達しました。選んだ作品は、まず35番「建築的欲求解放宣言」です。分解された形象あるいは身近にあるモノたちを、スケールやもともとの関係性を超えて集めていく方法の作品がいくつかあり非常に悩みましたが、最終的にはアウトプットの図の表現と、何か一回脱色して統合するときのイメージに期待を持ち、もう少し話を聞いてみたいと思って選びました。次が88番「内窓の家」です。まだまだこの先の展開をしないといけない作品かなと思いつつも、いろいろな建築家もこういったことをやってきてはいます。例えばアトリエ・ワンの「奥のない家」などのように、内外を反転するようなことは青木淳さんなどもしてきて、まだちょっとよくわかりませんが、分割の手法とそこに置かれる窓をしっかり操作対象として可能性を考えたいということだったので、もう少し話を聞きたいために選びました。次が152番「共編の詩」です。これは知的障害者の家族に対して、とても真摯に向き合って形を積み上げていく中で、2段階の試みをしている。1回目に理想の状況をつくった上で、それを他の家族との関係性を考えた上でブラッシュアップした案に展開しているところに面白さを感じました。次が158番「他なる空間のあわい」です。これは他の審査員の方々もコメントしていた通り、スーパーグラフィックの重なり合いに何か公共性のようなものを見ようとしていることが非常に楽しみになるようなアウトプットであり、議論してみたいと思いました。そして次が248番「額縁から見る」という作品で、記憶の対象にすべきと捉えた建築に対してフォリーを寄り添うように建てていくという手法を、しっかりといくつかのタイプについ

て行っており、最近だとMARU。architectureさんが行っていることに近いと思いますが、実直な方向性としてもう少し聞きたいと思いました。次が272番「日常の死角に夢を見る。」です。これは自分の身近なところからどう積み上げていくかという方法を疑わずにというか、自分の中に他者をつくる考え方に共感できたので選びました。次が398番「都市を象る」です。アイデアとしては卒業設計で比較的見るものかもしれませんが、私自身はスタッキングしていくような、上に伸びていく都市にあまり未来を感じていませんが、それを説き伏せるための仕組みを論理構築していると思って選びました。最後が432番「心象のモワレ」です。プレゼンの手法がわかりませんでしたが、じっくり話を聞いていると、ワークショップを何度も何度も積み上げていく中で、そこから出てきた平面のプランがあまり見たことのない異なるタイプの小中学校のつくり方だと感じ、子どもたちが描いた絵から形象をつくった上で、次の段階に行こうとしていることにもう少し話を聞きたいと思いました。
投票▶35番、88番、152番、158番、248番、272番、398番、432番

面白いと思える形をつくり始めているもの、形がきちんと生まれ始めているものを選びました

長坂　前の審査員の方々が良い作品を挙げてくださって良かったです。というのは、私はその時々によるのですが今回の場においては、面白いと思える形をつくり始めているもの、私が一緒に手伝いたいとなりそうな、形がきちんと生まれ始めているものを選びました。今まで先生方が選んでくださった作品は、問題意識や興味などの部分においてはとても共感できるのですが、この後にどうやって引き受けたらいいのかちょっとよくわからないまま時間が過ぎてしまったものが多く、その人たちはちょうど選んでいないため、それらの作品が決勝に進めばラッキーなことに話を聞けそうです。私が選んだものを言うと、まず70番「天泣で紡ぐ」はストーリーからモノの形のデザイン、そしてスタディに至るまでが、大中小きちっと詰められているので、安心してこの先もつくっていけそうだと思いました。次に218番「ソルトロード」は完全にできあがっていて、1点のみ気になるのが海の上でノーコンテクストというところで、コンテクストとどう繋がるのかがもうちょっと見たいというのはありましたが、世界観は完全にできていたので安心して見ていられました。次に255番「和紙の里」は選ばれていなかったけれど、つくりたい空間の世界観と紙に対する愛をすごく感じられたので票を入れました。そして260番「越境する海辺暮らし」は偶然できたというよりも本人の作家性のようなものとか、彼の創造がわかりやすいし、それをさらに押し進めて描いているイラストなどがその世界観をより強固にしていて面白いと思いました。あと289番「小学校もツリーではない」です。単純に綺麗だと思い、この空間に入るとどのような感じになるかが楽しみで見ていました。そして295番「裂目にて生きるを紡ぐ」はコンセプトだけでなくきちんと形に落とし、その先の想像をさせてくれるところまで形をきちんと昇華させているところが信頼できると思いました。そして329番「鉄の起水とアグリズム」もストーリーが素晴らしいのですが、ストーリーだけではなく本当にあると面白いかもと思えるところまで画ができあがっていたので、もう少し想像してみたいと思いました。そして396番「GOCHA-GOCHA TOKYO」。一緒にすると良くないけれど、ごちゃごちゃした作品がいろいろある中、例えば158番「他なる空間のあわい」や276番「モノの住所『我思う、そのたび世界在り。』」なども、それぞれの要素を

選んだ基準がちょっと見えてこないのでそこを聞きたいのですが、「GOCHA-GOCHA TOKYO」はきちんと順序を立てて組み立てている気がしたので票を入れました。というように、形に一歩入り込んでいる案を今回選んでいます。

投票▶70番、218番、255番、260番、289番、295番、329番、396番

決勝トーナメントへ進む作品数は
8作品から10作品へ

松山　5人のクリティークの方々が1作品につき2票を持っていましたが、全員8作品を1票とされたことから現段階での優劣はないかと思うので、まずは票が多く入っている作品を見て決勝に進んでいいか確認しましょう。1番多いのが3票で、段階的に2票そして1票の作品の議論をしたいと思います。まず3票が入っている作品は、158番「他なる空間のあわい」（投票：秋吉・塩崎・藤村）、218番「ソルトロード」（投票：秋吉、長坂、野口）、272番「日常の死角に夢を見る。」（投票：秋吉、塩崎、藤村）、276番モノの住所『我思う、そのたび世界在り。』」（投票：秋吉、野口、藤村）。4作品が挙げられましたが、無条件で決勝に進めていいものか、何か異論がありましたら。

藤村　異論はありませんが、提案があります。3票以上入っているのが4作品あり、2票入っているのが6つあり、それぞれ吟味して選んでいる8票ずつなので相応の重みがあると思いますが、1票の重みは変わりません。複数票を獲得している作品がこれだけあるので、2票以上獲得した10作品で決戦をするのは、どうでしょうか？ 残念ながら1票獲得の作品は落とすことになりますが、1票に関しては、それぞれの審査員の推したい気持ちはそれぞれの作者に届いたのかなと思います。

松山　今の藤村さんのご提案は、時間的な話からすると1番早く決まる決め方だと思うのですが、1票が入っている作品をどう扱うかによると思います。2票が6作品あるので、その中から4作品を選ぶとなれば非常にスムーズですが、自分しか入れていない作品の中で決勝に推したい作品があれば、確認をしておいたほうがいいですね。

秋吉　どちらかというと私は、1票しかない作品が1作品しかないので、すごく推すかというとそうでもないです。ただ、ほかの1票しか入っていない作品について応援演説があれば、決選投票に入れてもいいと思います。

長坂　2作品を選外にするための審査の時間と、決勝の10作品のプレゼン時間は同じくらいになりませんか？ 2作品を外すのは時間が結構掛かりそうです。

藤村　解決方法として1つは投票すればいいかなと思います。2票の作品を対象に、自分が話を聞きたいと思う作品に投票し、上位から順に決勝に進める。ただ、綺麗に決まらない場合があります。10作品を決勝に進めてもいいのですが、10作品が決勝に進めても賞が8つしかないので壇上に上がっても結局手ぶらで帰ることになる2人ができることになります。

塩崎　投票する場合は2票以上の10作品を対象にして、審査員1人につき持ち票はいくつになるのでしょうか？

藤村　2票と3票の差を判断するのが難しいですが、1票を重く見るなら、3票は結構重いのでもう決勝に進む4作品にしても。

松山　運営に確認したところ、決勝に2人増やすと審査の時間が30分延長ということなので、2人落とすよりも決勝の8人を10人に変更でいかがでしょうか？ すでに終了予定時間なので、今から投票すると時間が足りなくなります。

藤村　今から投票すると30分はかかりますよね。では、それでいいと思います。

松山　そこで確認ですが、1票のみの作品を外すのは大丈夫ですか？ 大丈夫のようなので決勝の作品は決定しました。今度は組み合わせを決めなくてはいけません。組み合わせを決めるにあたって、同じジャンルで分類するのか、対極にある作品をぶつけるのかなど、いかがでしょうか？ 2人1組が5セットです。グルーピングで評価に影響がなければ、IDの若い順で組み合わせる方法もありますが……。では意図的に分類するのではなく、順番通りのグルーピングにいたします。

決勝選抜：35番、70番、133番、152番、158番、218番、272番、276番、295番、329番

FINAL TOURNAMENT

決勝トーナメント

決勝選抜議論で残った10作品による決勝トーナメント。
発表者2名が5分ずつプレゼンを行い、
次に15分間の質疑応答と議論を行う。
これを合計5ペアで実施。

② × ⑤

FINAL
TOURNAMENT

決勝トーナメント 第1回戦

ID035 吾郷直哉「建築的欲求解放宣言」

雨風をしのぐために洞窟を住居にしたのではなく、洞窟が人間を住居にしたということから、潜在的に人間には建築的欲求が備わっている。しかし現代人は建築的欲求を抑え込んで、ただ建築の供給を待ち消費している。そこでみんなが建築的欲求を吐露することで新たな可能性を見出せると考えます。仮定です。理性を取り払うことで建築的欲求を吐露できると仮定します。無意識下のうちの井戸の状態を想像して構築することを試みます。本提案では建築的欲求からの想像の可能性を思考・模索し吐露する設計手法として確立します。吐露されたものに自身の作家性となり得るものがあるのか分析を行います。ツールとして、今回はシュルレアリスムのオートマティスムを使用します。オートマティスムとは、先入観から離れた思考の書き取りであり、ひたすら書き続けることで無意識に近づき内面を吐露する設計手法となります。今回は、実際にオートマティスムを自分自身で行いました。より無意識に近づくために、泥酔状態、酸欠状態、睡眠不足状態でのトランス状態で行いました。オートマティスムにより、時間が経つにつれてだんだん思考が一人称視点から非人称になり客観的視点となります。これが実際に描いた絵です。後日、素面状態で、絵を見た第一印象から立体化を行いました。そしてこれが立体化した模型、51個です。この模型はノンスケールであり、空間があるものとないものが混在しています。次に絵と模型の分析を行いました。分析を行うと、10種類の要素でできていて、これが自分の潜在的なところから出てきた図形となります。その絵の特徴から模型の分析を行い、模型の空間的特徴に変換します。その特徴を参考にし、模型の形態の関係性を図式化しました。そして、建築化ツールとしてシュルレアリスムのデペイズマンを使用します。デペイズマンとは、本来ある環境と異なったものを置くことで異和を発生させる手法であります。このデペイズマンを応用し、先ほどの関係性から空間をつくりスケールを決定しました。これが組み合わせの一部となります。昇華された建築は野性的に創造できる場となり、みんなが建築的要求を解放するきっかけの建築を設計します。展開図です。分析からオブジェクト同士がしりとりのようにつながり、螺旋状の動線が一本道でつながっています。野性的に創造できる空間を一部紹介します。繭の中のような空間、大地と大地の隙間のような空間、何も見えない展望台、蜘蛛の糸のように張り巡らされた空間、ポツポツと空間が浮き上がっているところ、小さな光が差し込む空間、吐露した建築の空間ではみんなが野性的に創造し、吐露したオブジェクトを付加していき、さらに大きくなっていきます。そこで手法の一般化を試みました。一般化のプロセスを考え、リアルにできると考えています。他者にも吐露する設計手法を試していただきました。これにより吐露する設計手法をとると、自分の中にあるものが出てくるので、他の人にやってもらうと決して同じような結果は出てこず、個性溢れたものが出てきました。恣意性の塊が突如、日本都市に現れると、人々は違和感を覚えるだろう。しかし、この建築が現れたことで人々の建築的欲求を刺激し、人々の建築への向き合い方が変わっていくのではないだろうか。

1ST MATCH

ID070 谷卓思「天泣で紡ぐ」

蛇口をひねると水が出る国に暮らす私たちと、世界中で起こる砂漠化は無縁なのでしょうか。私たちの生活を考えてみる。スーパーに並ぶ冷凍食品や、毎日使うスマホ、今着ている洋服、私たちの生活は中国からの輸入で成立しています。しかし実はモノだけではなく、目に見えない水である仮想水を同時に輸入してしまっています。仮想水とは洋服や食料などを生産するために使用する水の総量を指します。世界中からモノを輸入することで間接的に水を奪い、砂漠化を引き起こしています。本提案では世界最大の水輸入国、日本が起こす砂漠化を、都市ごみを用いて解決していきます。敷地は中国、内モンゴル。中国は砂漠化を防止するべく放牧を禁止し、移民村への強制移住を行いました。結果として4000年続く伝統的な遊牧の暮らしは失われました。日本人が無自覚に奪ってしまった遊牧という文化を再生するために建築を行います。現在、内モンゴルは3つの問題を抱えています。1つ目は都市ごみ問題。世界最大のごみ排出量を誇る中国では、ごみの処理が追いつかず、町中に不法投棄され、ごみの山ができあがっています。2つ目は民族紛争問題。新たに入ってきた農耕を生業とする定住民と、牧畜を生業とする遊牧民の間で対立が起こっています。3つ目は、仮想水輸入が原因の砂漠化です。この3つの問題を建築の力を用いて解決します。提案です。まず砂漠緑化を図る人として遊緑民を提案します。遊緑民は、都市ごみをペットボトルと生ごみの2つに分けて利用していきます。都市ごみの1つ目、ペットボトル。ペットボトルと布を組み合わせたペットボトル組積造で活動の拠点をつくります。ペットボトルが圧縮力、布が引張力を支え、2分の1の部分模型をつくって検討を行いました。断面です。ペットボトルに珪砂や水を詰めることで過酷な砂漠で快適に暮らす方法を考えました。珪砂と水の割合で空間の質を変化させます。住宅では珪砂の割合を高めてプライバシーを守ります。反対に、交流拠点では水割合を高めて透き通る空間をつくります。また、地面の掘り込みを変えることで居場所をつくり出します。ペットボトル組積造は単純な操作で空間の質を変えていくことができます。次に生ごみ利用について話します。現状、砂漠化してしまった土地は水が流れやすく栄養が乏しい状況にあります。そこで都市ごみを珪砂と混ぜます。すると、珪砂粒子の間に隙間がつくられ水が溜まるようになり、さらに時間が経つと生ごみが分解され栄養へと変わり、ビニールは水の蒸発を防ぐものへと変わります。実験から、都市ごみを混ぜることで保水力が上がり、植物が発芽・成長することを確認しました。次に空気中の水を集める水源郷について説明します。乾燥して見える砂漠でも湿度は50％以上あり、空気中には水分が存在します。その成分を、蜘蛛の巣に朝露が付く原理を用いてメッシュで水滴化していきます。実験から、ステンレス製のメッシュの目合いが細かいほど多くの水滴が集まることがわかりました。このメッシュを屋根と柱に用いて3つの方法で水を集めます。水源郷の平面です。直径400mの大きさで計画を行いました。家畜、人の数から、水消費量を算出して柱の本数を、家畜の草消費量から全体の大きさを決定しました。次にデザインについて話します。まず、柱を疎密と高低差をつけて配置していきます。柱が高く疎になっている空間にはゲルやペットボトルハウスが建ちます。大きな柱には水がたくさん集まり、人や動物も集まってきます。反対に小さな柱には、低い屋根で落ち着く空間をつくります。水の集まり方で人や動物の集まり方をデザインしました。イメージパースです。時間が経つと柱の下から植物が伸びてきて屋根を置いた石の一部へと変わっていきます。最後に変わりゆく内モンゴルの未来について話します。かつては水や草が枯渇しないために、3個から4個のゲルが小さく集まり暮らしていました。他のゲル集団との関わりは希薄でした。砂漠化によってその暮らし方は失われて定住民との対立が起こるようになりました。水源郷ができることで、水や草が供給され、大きく集まることが可能になります。定住民と遊牧民が交わる、遊牧民同士での交流が生まれる、今までの暮らし方では想像できなかった未来を提案します。

決勝 第1回戦　質疑応答

吾郷直哉さんへの質疑応答

野口　自分の中で、これは建築的欲求として合っている、合っていないという判断基準はあるのでしょうか？ 無意識の中で出てきたものをそのまま形にすることを恣意性と呼んでいる気がします。その判断基準を知りたいです。もともと建築的欲求は安全性や生理的欲求から生まれているのかなと思うので、自分が描いた絵の中にどうしてその絵を描くことになったのか、その背景を遡って考えたことがあるのか気になりました。もしかしたら自分の中に恐れや恐怖みたいなものがあるのかなと……。

吾郷　1つ目の質問に答えるとすると僕の言っている"恣意性"とは、無意識から出てくるというより、無意識から建築に変換する話になります。無意識から出てきたところ、つまり内面から出てきた根源的なもの、そこからオブジェクトとして出てきたものを建築として組み替えるときに、スケールなどをこういうスケールでこれと組み合わせると気持ち良さそうとか、そういうものを組み合わせたところを恣意性と言っています。あくまで、最初の形を抽出する段階で出てきたものは根源的なものと捉えています。もう1つの質問は、絵を描いているときにということですか？

野口　絵を描いてそれを見た後に、どうして自分はこの絵にしたのだろうという。

吾郷　絵の分析をしたときに精神分析的なことを取り入れて、泥酔状態、酸欠状態、寝不足状態の3段階を別日程で行ったのですが、絵を描く前日に楽しかったことがあった日は彩があったり、卒業設計でゼミ室に籠っていた日の翌日は黒の断線が多かったりと、根源的ではあるものの出てくるものの中には、そういった感情が含まれると感じました。

秋吉　絵にするところは無意識だけれど、無意識状態で形態化しなかったのはなぜですか？

吾郷　絵から模型にする際、一度無意識状態で行ったのですが、あまりにも無秩序で紙粘土を上から叩きつけたようなものになっていて、無意識だと絵から特徴を抽出するのが難しかったので素面状態で行いました。

秋吉　でも、その叩きつけたものが意外と建築的欲求なのかなと思って聞いていました。

藤村　藤本壮介さんがTOTOギャラリー・間で個展を開いたときも、こういうダイアグラムをつくっていました。クリエイティビティを発揮するための手法としてはよくわかりますが、私が今回思ったのは、他者と実験することで、つまり集団で設計するのに建築的欲求のものをつくれるのかとか、基本的に建築家は公共性を最初に設計しますが、それに対してどのようなビジョンを持っていますか？

吾郷　公共性などに関しては、今回は自分ですべてまとめましたが、他の人にやってもらうときには、全部で1個の建築をつくるというよりスケールレスなので家具、部屋1戸単体、建具など、一部分だけを考えてもらっていました。

藤村　このような風景をつくるときに、集団で応用できるとか、他人と設計するときにも応用できるというビジョンがあると、説得力がさらに上がるかなと思いました。

塩崎　建築の捉え方について2つほど聞きたいです。出されたものがすべてオブジェクトのようになっているのが気になっています。建築化していくときの捉え方として、部分と全体を構成していく捉え方とは別に、内部と外部のように領域論的な捉え方も当然自分の中から出てくると思います。つまり、本当に無意識でそれだけなのかということ。また、中から出てくるものを自分なりに自律的に形にしていくことと、建築を組み上げるときにそのまま自律的に置き換えるという、そこのジャンプが果たしてきちんと説明できているのかが気になりました。

吾郷　内外の話で言うと、形が出てきたときはそのようなものはなく、組み合わせるときに自分の恣意性で判断しました。だから、こういう物体の中にも他のものが入っているといったことも考えて設計しました。

1ST Q&A SESSION

谷卓思さんへの質疑応答

秋吉　改めて素晴らしいと思って聞いていました。実験もしているし、構想やビジュアル、最後のアウトプットなどもきれいだし、水と使うものの収集もしてかなり緻密に現実性を模索しているように感じますが、どこまで本気でやりたいと考えていますか？ 実際にやれなくもない気がするので、どこまでやろうとしているのかが気になりました。

谷　僕は院に進む予定なので、費用がどれくらいかかるのかなど全部の計算をきちんとして、プレゼンもしっかりできるようにして企業に提案したいと考えています。

野口　ぱっと見の印象以上にいろいろな実験を繰り返している、自分の中にぱっと浮かんだイメージを何とか現実に着地させようといろいろなことを繰り返している姿勢に好感を持ちました。2つ聞きたいのですが、おそらくいろいろな環境が生まれると思うけれど、つくり方に意識が集中していてビジョンが私には見えていません。模型も割と真っ白ですし、人がどのように暮らすのかが聞きたいです。例えばここは畑で自給自足をするとか、それともいろいろな人と関わり合うのかとか。あと、柱は何でつくるのかお聞きしたいです。

谷　柱の説明からさせていただきます。柱はエキスパンドメタルでできていて、その中にメッシュの屋根がかかっていく形になります。構造としてはスパイラル杭で簡単に抜き差しが可能になっています。実際に砂浜で使って立っている建築などがあるので、それを参考にしました。2つ目の人の集まり方ですが、柱が高いところは柱を疎に配置するため大きい空間ができて人が集まり、そこに水がたくさんとれる柱が立っている形になります。反対に、密度の高い場所は柱が低く設計され、落ち着く空間ができて休憩できるようになっています。

野口　もしかしたら、この場にいる人たちはものをつくる人たちなので今のプレゼンが響いているかもしれないですが、実際は、いろいろな人を巻き込んで夢を見ないといけません。だから、よりこんないい暮らしができるという具体的なイメージが見えたいい

なと感じました。

谷　そこも考えてはいて、パースで説明させていただきます。水を多く使っているペットボトルの建築の部分は、水のほうが砂より熱が高いので温かい空間ができ、遊牧民がチーズづくりをする空間や、苗を育てるのに適した空間になっていて、そこを共同利用していく中でコミュニティが生まれる形となっています。柱に水が集まり、その水を利用するために人が集まり、コミュニティが生まれるという、2つの共同利用でコミュニティをつくろうと考えています。

野口　ビジュアルがとても上手なので、あとは伝え方かもしれません。今の資料にプラスして、絵本やマップのようなものがあるとより素敵に伝わるかもしれないと思います。

長坂　原発の問題に関しても福島や東京などそれぞれにいろいろな話があるように、目の前で起こっている問題だけではなく、たくさん見えない問題があり、グローバルな社会になったことでいろいろなところに飛び火していると思うんですね。その現実を知ったときに、範囲が広過ぎて建築家は問題解決に向かえないのですが、この作品はとてつもない広い世界をきちんと具現化して形にすることができているのが素晴らしい。社会の見えない問題がたくさんある分、これだけ夢がつくれるかもしれないという可能性を感じさせてくれるのが素晴らしいと思って見ていました。野口さんからのお話にあったように、もう少しわかりやすくなるように絵本などをつくり、夢を広く語れる場所をつくるといいのではないかと思います。

谷　一般の人に向けて説明する、手に取りやすいものがあるといいということですか？

長坂　そうですね。

トーナメント第1試合 — TOURNAMENT 1ST MATCH　079

決勝トーナメント 第2回戦

ID133 野口舞波「イキモノタテモノ」

20世紀最大の物理学者アルベルト・アインシュタイン。彼は現在の古典物理の基礎を築いた人物でありながら、近年注目されている量子物理の先駆者でもありました。それから約100年、2022年に「量子もつれ」というものにノーベル物理学賞が贈られ、それ以降、量子コンピュータが急速に発展してきています。「イキモノタテモノ 都市・ヒト・自然…量子物理の可能性とは。」。ここは心斎橋。商業ビルが立ち並ぶ大阪ミナミの大都会に、量子コンピュータを原動力とする"イキモノタテモノ"を提案します。この建物は研究所と娯楽施設の融合体であり、研究所では、量子コンピュータが得意とする人工光合成や気象予報、新素材の開発など最先端の研究や開発が行われ、科学の恩恵を人々に還元します。もし体育館の壁が人工光合成するならば、体育館は科学の恩恵を受け、酸素が補給される快適な空間となり、体育館での人々の熱気や人工光合成の様子は研究所にとっての実験データとなるなど、研究所と娯楽施設、研究員と人々の間に新しい関係が生まれるかもしれません。さらに、気象予報を得意とする量子コンピュータは天候の変化をいち早く察知し、天候のいい日は屋根から壁へ、雨が降りそうなときは壁から屋根へ変化するといったことがもし可能ならば、科学の恩恵は人々だけでなく建築にも還元できるのかもしれません。技術進化速度が著しい現在に、最先端テクノロジーを心臓部に持つ"イキモノタテモノ"は私たちアナログとデジタルの共存という未来ビジョンの1つを提示し、都市において建物が生きるということは、建物が生き物と同じように環境に合わせて変化し、都市において建物が生態系のようにつながることも可能になるのでしょうか。拝啓、アインシュタイン様。あなたが光量子仮説でノーベル賞を取られてから約100年。物理学の土台は、従来の確定論から確率論へと大きく変わろうとしています。社会が量子物理を取り入れようとしている現状は、あなたが挑戦したことを常に発信してくれた結果ではないかと私は思っています。私もあなたのように新しいことに挑戦し、発信し続ける人でありたい。そして、サイエンスと空間デザインが共進する未来をあなたに見てもらいたい。アインシュタイン様、あなたが乗る銀河鉄道はどこへ向かっていきますか。敬具、野口舞波。

2ND MATCH

ID152 竹原佑輔「共編の詩」

プロローグ、知的障害の姉と向き合う家。2歳上の姉は知的障害を持っており、個性のずれから向き合えずにいます。また、姉の障害のことで家族と向き合ったことがなく、弟は姉が知的障害であるという事実を知りません。個性のずれは次のようなものがあり、例えば私がドアを閉めた音が姉にとっては不快に感じたり、こだわりやルーティーンが多かったり、思い通りにいかないと機嫌を損ねてしまうことがあります。モノローグ、非言語的空間の提案。非言語コミュニケーション的要素を空間化し、個性を享受するような空間を"非言語的空間"と定義します。手法、建築を媒介とする間接対話。1日に1つの視覚的アプローチをし、それらと個性との関係図から20個のエレメントを生み出しました。エレメントにより空間を構築したこの家は、外部との関係を切り離した私なりの解釈による姉の個性を享受する家。ダイアローグ、姉と家族と向き合う家。手法、建築を媒体とする直接対話。私と家族をつなぐ手段として、モノローグにおいて設計した主観による家と、現在の住宅を直接的な対話媒体とします。対話から家族の暮らしを附随し、情報を更新していくことで、姉と、家族と向き合う家となるのではないでしょうか。敷地は私が住んでいる千葉市緑区とします。対話による情報の更新。現在の家を媒体としたときや姉のこだわりが見られるときなど、対象とする人によって違うことや、個性のずれが生じる場所が違うことが新たにわかりました。設計した家を媒体としたとき、配置や私の考えによる空間が姉に合っていないのではないかなど、他の視点から考えを得ることができました。対話によるエレメントの更新。人によって、姉のこだわりの違いや他視点による考えから空間エレメントの更新が行われます。また、対話から姉の個性を生かすような8つの動線配置エレメントが得られました。ダイアグラムです。まずアプローチから姉が1人になる動線がスロープとして姉の部屋につながり、外部からの解放空間に。そしてその吹き抜けの廊下と面することで、姉の部屋が空間として拡張されます。次に姉の部屋に呼応するように私の部屋、弟の部屋、寝室を配置します。寝室、天気確認空間、リビングが螺旋状の階段によってつながれ、ルーティーン動線をつくりつつ、父のよくいるリビングとの視線の関係性を高めます。リビングダイニングを洗濯物動線が横断し、母と共に行い、姉の得意とする見えない家事を可視化します。私の部屋には雨だまりの屋根、お風呂のガラス吹き抜け屋根をかけるなど、機能によって空間エレメントが付与されていきます。エレメントから構成される空間は姉の個性を享受しつつ、家族との関係性を豊かにします。エレメントによって個性が享受される空間。風向きで一時、テーマカラーによって変わる空間。今日のテーマカラーはオレンジみたい。いつもの姉の物置き場は、ときに傘置き場となるけれど、今日はここで勉強しよう。おはよう動線。家にいる時間が合わない私と姉。挨拶の1つも大事なこと。中が見えることで姉は声をかけやすく、おはようと起こしてくれる。独り言が響く場所。帰ってきたとき、視線を感じずに外部から解放される空間。響く独り言は家族内で緩衝的な役割を持つ弟に伝わる。エピローグ。建築が持つ言語性。知的障害は人によって特性が異なり、その特性は場所性や関わる人によっても異なります。これは、知的障害と周囲の環境が密接に関わっていることを表します。建築を媒体とする対話によって、その時々の空間と時間軸の共有が起こり、それが姉の個性に対する理解を深め、家族と私と障害をつなげるきっかけをつくってくれたのではないかと実感しました。知的障害という見えない個性が、建築によってさらに理解が深まる未来を今後の展望とし、発表を終わりにします。

決勝 第2回戦　質疑応答

野口舞波さんへの質疑応答

塩崎　建築の分野だと、60年代にセドリック・プライスなどがヴェルナー・ハイゼンベルクの不確定性原理の本を持ち歩いて設計していたくらい没頭していて、当時は、人間の行動によるイベントが不確定に起こったり、変なところでまた起こったりといったところが着目されていたんですね。そこから"ファン・パレス"もつくられていました。野口さんの作品は今のままだと難しいとは思う。そういう不確定な事柄に対応できるという綺麗なイメージが出ているけれど、説明されたのが、壁がパタッと倒れて床になるといったことで、模型のイメージと合わないように感じました。例えば、密な壁が気温や湿度でだんだん粗になっていき、多孔質になるなど、トランスフォームをしていくほうがイメージに近いと思いますが、どうですか？

野口(舞)　そうですね。この模型に至るまで、ラフ模型からボリューム構成の検討をしていたのですが、その中で量子コンピュータの新たな発見が日々あったため、結構最近の発見なども詰め込んでおり、そこがちょっと難しいところではあります。ただ、私が考えているのは、このボリュームに対してエリアをずらしながらブロックを組み上げることですが、その隙間やずれに、こういう蓋がされて空間になったり吹き抜けになったりすることができるかもしれないと模型を見て思いました。

塩崎　素材などへのイメージをもう少し膨らませてもいいかなと思いました。

長坂　生き物を建物にしたいのか、それとも量子コンピュータを建築化したいのか、どちらなのか教えてください。

野口(舞)　生き物を建物にしたいです。生き物として生きる建物。

長坂　例えば壁だったものが天井になり、気候の変化によって変わるということは、2つのいらないものを1つで兼ねられるということです。今よりも量的に少ないもので、その建築をつくっていくことができるということですか？

野口(舞)　量が減ることよりも、例えばメタボリズムなどの可変性とは異なり、環境に合わせて変化するところ、生物らしく変化するところに注目しています。量が減ることはあまり重要視していません。

長坂　それによって空間がどう変容してどう気持ちがいいのかを想像したいと思っています。それがどういう世界をつくってくれるのかをもう少し見たいです。

野口(舞)　私も、その世界はあったほうがいいと思ってドローイングを描いたのですが、大きく描いたものを持って来ることができませんでした。

長坂　もしかしたら動画で表現したほうがわかりやすいのでは？

野口(舞)　そうですね、考えはしました。

長坂　そのあたりをちょっと見たかったです。そこがわからないので、どうフォローすればいいのかわかりません。

藤村　話を聞いていると、トーナメント方式の組み合わせをきちんとやれば良かったと少し後悔し始めています（笑）。70番「天泣で紡ぐ」と比較するとすごく面白いと思いました。「天泣で紡ぐ」はもっと一般の人につながるような絵本、おそらく寓話性のようなものが必要だという話になりましたが、「イキモノタテモノ」は寓話性だけが出ています。量子コンピュータが建築を変えたとしたらこのようになるかもしれない、と聞いた人が思うもの、つまり、ある種の蓋然性があり、そうなるかもしれないと思ったので票を入れました。一方で「天泣で紡ぐ」に私はちょっと共感できませんでした。秋吉さんや長坂さんはすごく共感されていたので、自分はなぜ違和感を持っているのか考えたところ、おそらく部分的な空間のイメージなど、今想像できる技術が断片的にいろいろ出てくるからであり、それらをつなぐことで共感できるかもしれない。ただ、やはり寓話性は足らないように感じ、私が「イキモノタテモノ」に共感したのは寓話性かなと思うのです。「天泣で紡ぐ」は柱に粗密があり光がここに入るなど、一応空間のモデルはあり、それらが本当にできるかは別として、「イキモノタテモノ」にも、とっておきの空間があれば教えてほしい。例えばボール状になって溶け出してというのはありますが、何をイメージしているかとか。

野口(舞)　最初はその原動力としているところから心臓をつくろうと思い、いろいろ試しながらつくっていく中で、直感的に桜の木に見えたり瞬間があったので、内部に心臓を入れるのではなく正面に出すべきとか、都市を歩いている中で見えるのはどうなのかとか、いろいろ考えていった上でこの形、この場所になっています。

野口　まさに私がちょっと足りないと思っていたところが、藤村さんが言ってくれたところです。量子コンピュータから植物的なものが出てくるとは誰も思わなかったので、すごくいいジャンプをしていると思います。一方で、全体的に何か張り巡らされているものなどが最初にしっかりつくられた後で崩されているのは、量子コンピュータが崩したほうがいいと判断しているのかわかりませんが、そういったところが少しほしいと思いました。

野口(舞)　今回はこの敷地で提案しましたが、こういうビル街の中で、このような有機的な形が入りだすのを表現したかったというのがあります。根っこが張り巡らされているのをやり過ぎずというか、入りだした可能性の部分を見せたかったのはあります。

2ND Q&A SESSION

竹原佑輔さんへの質疑応答

藤村　これも35番「建築的欲求解放宣言」と並べて議論すると、また違う見え方をするかもしれません。手法が非常に似ているし、独り言が響く動線やおはよう動線など、ある種似ている部分がいろいろあります。違いとしては、「共編の詩」は最後にビジョンだと言っている。あくまで一例報告だけれどビジョンだと響くところがある。「建築的欲求解放宣言」はいくつか例を出しているけれど、ビジョンとしての響きがあまり感じられなかった。つまり、「共編の詩」は慣習的な建築言語との1対1の対話のようなものがいろいろあるのかな。聞きたいのは、"これを今後の展望とします"と言っていたけれど、知的障害と見えない個性が建築によって理解が深まる未来を、実際にどう広げていくのでしょうか？

竹原　同じ境遇の方はたくさんいらっしゃると思うのです。今回は、僕の中で建築が1つのクッションとなって関わるきっかけをくれたと思っています。それが1つとしてありますし、昨年夏に就労支援施設をいくつか回ったときも、こだわりを持った方がたくさんいて、例えば椅子を机のようにして地べたに座る方などがいました。そういうこだわりを持つことで日々のルーティーンができ、心身ともに安定する場になってくる。そこで1つ驚いたのが、不自然な1枚板があったので用途を聞くと、資材室に目を向けないためのもので、目が向くと資材室を荒らしてしまうということでした。そのように建築を媒体として、知的障害は環境に密接に関わっていることを改めて強く感じました。

長坂　通常の生活をしているとなかなか気づかないけれど、お姉さんをきっかけに見えない世界を体験できたり家族の構成を知ったりと、プロジェクトを通して知らなかったことを知ったわけですが、お姉さんだけでなく一緒に暮らす人たちが、今まで気づいてなかった価値を得て居心地の良さを感じることも結構大事で、そういう部分はありますか？

竹原　例えば、弟が自分の部屋に友達を呼んだ際に、姉がそこにいきなり入って来てしまうことが結構あるのを、この対話を通して知りました。それに対して弟の中でモヤモヤした気持ちがすごくあったらしく、この後ろにあるベランダを裏動線とすることで、そのモヤモヤを解消できるような空間をつくっています。

長坂　どちらかというと、床に座って椅子を机にする話のように、一般的にやらないけれど実際にやってみると意外と良かったこと、お姉さんがいないと想像しえなかったけれど、実は自分にとっても良いかもしれないというようなことはありますか？

竹原　この螺旋階段は一応2人が通れるように1200mmをとってはいますが、うちの階段では結構狭いほうになります。でも姉はここに座るのは居心地が良いと言うので、他の家族の価値観もちょっと変わってくるかもしれないと思って、座れるようにして共有スペースとしています。

秋吉　対話と言うからには時間軸があるかもしれないと期待していましたが、今日のプレゼンはどちらかというと、お姉さんがこの建築の空間に何か発見して対話するような話になってしまっている。そこに対して、さらに家族がこういう仕掛けをつくったとか、建築を通してコミュニケーションし、さらにそれをお姉さんとコミュニケートするというような、双方向的につくりあげて変化していくような話をタイトルから期待していました。対話と言うか

らにはもう少しあるといいです。補足できることはありますか？

竹原　生活の中での行動に対する対話で空間に何か変化が起こるというのはあまり……。

秋吉　トランスフォームをしなくてもよくて、対話ができているのかという単純な質問です。独り言ではなく、2、3人ごと、4人ごと、家族ごとになっているのかという質問です。

竹原　みんなには見えていない家事について、母がもうちょっと感謝してと言うことから、母が姉と一緒にやっている洗濯を動線で可視化することで、母親への感謝の気持ちが芽生えてくるかもしれないと、母親にとっても良い暮らしができるよう想定してつくりました。

藤村　ちょっとフォローをしますと、既存の家に対してお姉さんの行動があり、お母さんはどう思うかお父さんがどう思うかという対話があり、これがモデルとしていくつか提示されているのだと思います。制作物は、概念的にこれまでの課題を解決するであろうモデルのようなイメージなので、それを対話と呼んでもいいのではないかと思いますが、どうでしょうか？

秋吉　アウトプットとしてはそういう議論で良い気がしますが、最初の問いが非言語的、建築的対話ということなので、言語を介さないで建築を通して対話するというテーマに対して、今の家からこれができあがるまでは対話があったと思うけれど、完成してからこれによってどう対話が生まれていくのかがわからない。感謝の話もどちらかというと、そこで何かが生まれるとか、対話をキャッチボールしてメッセージのやり合いをし、建築的な表現としてできあがったものでお母さんが感謝の気持ちとして受け取る、つまり、建築的なもので受け取るのが対話だと思っていました。そのあたりが先ほどの説明でもわかりませんでした。ガラス張りに洗濯物が干されているのが建築的なのかな。

塩崎　私が思ったのは、こうしたテーマで動線が家の外側に出てきているのは新鮮な驚きでした。人が集まって対話ができる場所を中心に組み上げていったのには、なるほどと思いました。それが、秋吉さんが今おっしゃっていたような対話に対するストラグルで組み上がってきたのかは、説明がなかったのでわかりませんが。

決勝トーナメント 第3回戦

ID272 中川優奈「日常の死角に夢を見る。」

ここは窓一つない高層ビルの9階、製図室。よどみ切った空気と疲れ切った人々で溢れかえる。自慢ばかりしてくる先輩がうざい、私を馬鹿だという指導教員がうざい、彼氏ののろけ話ばかりしてくる友達がうざい、なんだか息苦しくなっている自分がいた。一人きりになりたい、気が付けばトイレで一人時間を溶かしていた。1、裏庭オアシスの出現と消失。厳密に言えばこの裏庭は私が持つ土地ではない。マンション内の空き地だ。不法投棄のごみたちが見えない空間をつくり出す。空き地にごみを捨てる悪人がつくり出す、私の秘密基地。2023年10月24日、そして私のオアシスはある日突然消えた。私は私のためのオアシスを、秘密基地を、アジールを私の通学路に散りばめる。2、秘密基地を散りばめる。ある日私はスペクタクルな社会を抱えて家を飛び出した。そして通学路である小田急線を途中下車し街を漂流した。ぼんやりと漂いながらいつもの街を読み直し心の中に新しい地図を描いた。そして日常の死角に夢を発見した。アジールA、新宿ツリーハウス。みなさんは私がどのようにこの場所にアクセスしたのか知りたいに違いない。ヨドバシカメラ西館のエレベーターに乗り最上階の8階へ行く。家電売り場の冷蔵庫コーナーへ行き、最も大きな冷蔵庫の扉を開ける。そこに屋上へ通じる階段があるのだ。アジールB、小田急ゴミかごシェルター。いびきをかきながらもたれかかってくるおじさんが邪魔だ。コンパクトを開けて車内で化粧をする女子高生が邪魔だ。ムダ毛を脱毛しろという車内広告が邪魔だ。音漏れに気付かないまま大音量でゲームをしている大学生が邪魔だ。すべてを邪魔だと思う自分が邪魔なので自分をゴミ箱に捨ててみることにした。アジールC、下北沢空間自販機。自販機に100円を入れると、扉が開いて私はその中に滑り込んだ。どこか懐かしい感覚を抱いていた。それはきっと子どもの頃、親に何度も叱られながら隠れた押入れの中。自販機の中から売り物の視点で街を眺めると、妙に心が安らいだ。アジールD、町田スキマ酒場。1人飲み歩いていたら酔っ払いのサラリーマンに絡まれた。面倒くさくてビルとビルの間の隙間に駆け込んだ。そこに積まれていたビールケースで壁や椅子をこしらえてセルフサービスのバーをつくった。ビールケースの中のビールを飲みつくしたら、いつしか眠くなりここで朝を迎えた。気がつくと、都市の死角に朝の光が差し込んでいた。アジールE、多摩川漂流いかだ。ある日、私は日常から亡命するために1人でいかだに乗り込んだ。アメリカにたどり着くのか北朝鮮にたどり着くのか、流れに身を任せてみよう。四つ葉のクローバーのように切り取られた青い空をぼうっと眺めていた。食料を獲得するために釣り糸をたらしてみたものの、夕方まで成果はなかった。結局私は岸とつなぐ親綱を外すことなく、とぼとぼと夕闇の街に戻った。3、新たな日常に夢を見る。すべての人はそれぞれの日常を生きている。みんなそれぞれ頭の中に自分自身の心理・地理学的地図を持っていて、そしてその中に自分だけのアジールを思い描くことができるだろう。日常の死角に夢を見てそれが溢れ出したとき、また新たな日常が幕を開ける。私とあなたの夢で世界が溢れれば、きっと毎日は子どもの頃のようにキラキラと輝き出すはずだ。私のアジールマップをここに共有する。あなたがどこかに逃げ場がほしいとき、なんだか1人になりたいとき、私のアジールを使っても構わない。あなたもアジールを見つけたとき、都市の片隅にアジールをつくったとき、あなたのアジールマップをつくり、私にもぜひ教えてほしい。

3RD MATCH

ID276 妹尾美希
「モノの住所『我思う、そのたび世界在り。』」

　私はこの卒業設計において、手元の視点から都市を俯瞰するまでのスケールを横断して建築をもの化させる設計を提案します。この設計を始めたきっかけは私自身にあります。あるとき、高台から街を俯瞰して見たとき、私には高層ビルや生い茂る木々、街を歩く人々がなんだかモノのように見え、愛おしく思えてきました。そのとき、私の手のひらの中の感覚におさまっていたモノという概念は、建築の室内だけでなく、建築の外側、そして都市規模へと影響していく見方へと変わっていきました。私だけが捉えている視点の変化によって、あらゆる存在がモノ化していく知覚世界、それが私の環世界です。この私のモノと建築の連続した知覚世界を共有する設計を通して、建築とモノと人の三者の関係性を問い直していきたいと考えました。本提案では、手元のスケールから街を俯瞰するスケールまでのうち、3軒の住宅が隣接する街の1区画に対して3つの視点を取り上げ、建築をモノと見立てる設計を行います。さまざまな視点で建築をモノ化していく知覚を人々に与えるため、環世界という言葉をヒントに、私の建築とモノの知覚の違いを分析しました。結果として建築とモノの知覚の違いには、視覚的認識、触覚的認識、心理的認識における知覚の違いがあると考えました。以上から、モノと建築という状態を相対化し、街を俯瞰する視点、街を歩く視点、室内の視点の3つにおいて建築をモノ化していきます。モノ化することで、規定の役割を一度剥奪し、主観的な物体の意味を与える。建築の認識できる範囲を小さく多様にする。さまざまな知覚状態を与えることで認識の解像度を上げる。差を求め合う物的状態を強調するということを目指していきます。一つずつの視点ごとに説明していきます。室内における視点では、建築スラブや梁、柱という部材で捉え、モノというのは本やカレンダー時計など人々が使いこなしていく家具として捉えています。構造部材を家具化する400mm寸法を用いる。面をフレームがちにする。以上の操作を通し、建築をより身近な生活行為に活用していくことで建築をモノ化していきます。構造を持たないH鋼はその形状から、所有物の居場所にも、人の居場所にもなっていきます。そして400mmの倍数の寸法でスラブを設けると、それは床ではなく使いこなされる板となり、家具と建築と住民は空間に対して同等に振舞っていきます。また、面をフレームがちにして細かく設けていくことで、屋内と屋外という空間の領域を住民が自由に操作していくことができます。街を歩く視点では、先ほど建築として扱った部材をモノとして捉え、それらの要素がギュッとなった1つの塊として扱われている住宅1棟を建築として捉えています。壊した部分を移植する、曲線を挿入する、フレームで跨ぐという操作を通して建築がより仮設的な状態となり、断片として分解されていきます。建物と建物の間に挿入された仮設足場は、外部となった既存部分と絡まり合い、建築に挿入された曲線によって、ベランダやそれに伴う活動が緩やかに境界の向こう側へと広がり、壊された外壁や屋根は移植され、ベンチや玄関アプローチへと姿を変えていきます。最後に街区を俯瞰した視点では、建築を建物が成立して見える塊としての外部的な状態と捉え、簡潔な状態を崩す仮想境界をつくるフレーム化し、物体の痕跡を残す、以上の操作を通して建築の外殻を溶かし、テーブルと椅子のような建築同士が他を求め合い、混在していく関係性を生み出していきます。既存住宅の外壁や屋根が取り払われると、建物内部では完結しない生活行為が見え、敷地境界付近に与えられた曲線の仮想境界によって建物同士が絡み合うバッファーが生まれます。既存住宅をフレーム化し、新築部分に適用することで、隣接する建物同士のつながりを顕在化させていきます。今説明した3つの視点では、私が捉えている建築とモノの世界の一部のスケールを取り上げました。しかしこの考え方は、よりスケールアップした視点へも、都市や世界を物のように見つめる、より大きなスケールへも波及していきます。モノ化という声によって、あらゆる存在と人の距離感を一歩縮めるような状態を目指していきます。私は建築を人々がモノのように愛していく世界を生み出したいです。「我思う、そのたび世界在り。」。モノを見るあなたの環世界をあなた色に変えていきます。

決勝 第3回戦　質疑応答

中川優奈さんへの質疑応答

秋吉　一般の人が入ってきたときに、この沿線に住む人などがどう変わっていくのか。そのあたりをもう少し聞きたいです。

中川　私の通学路である小田急線につくったので、それを例にすると、小田急線のフリー切符などを使って、今まで知られていなかった各駅停車の街に人が来るようになることなどを考えています。小田急線沿線の大きい駅にしか人があまり集まらないので、あまり知られていない駅にこういう面白い場所ができると、沿線全体にもっと面白い街が増えるのではないかと考えています。

秋吉　プレゼンが小説的だったので、質疑の答えが意外とマクロのしっかりとした話で、良い意味でちょっとびっくりしました。

野口　最初に、今いる大学の空間や建築を否定されていたので、建築未満のものをつくることを意識しているような気がしました。例えば屋上に関しては、すでにあるものに布を1枚かけるなどしていますが、操作の加減など、ここまではやるけれど、これ以上はやらないという基準は決めているのですか？

中川　例えば卒業制作をすごくやり込んで疲弊していて、人を感じたいけれど直接関わりたくないようなとき、逆に、人から少し離れたいけれど人をたくさん感じたいときなど、人との関わり方に違いがあるように、5つのアジールの中でも操作に差をつけたほうがいいかもしれないと思い、実際に差をつけてつくりました。

長坂　森の中の木の下にソファが置いてありますが、その木が1つの居場所と規定できるような、そういうシーンを想像させてくれます。全部をつくり込まずある1点を指し示すことで、おそらく、そうではないものがそう見えてくるということなのではないかと思います。でも、屋上の構造に布をかけてしまうと、そのアウトラインを全部なぞっていることになってしまい、質がちょっと違うものになってしまうことがすごく気になります。問題意識や視点などはとても面白いのですが、自分で気づかず規定できていないところが少し勿体ないと思いました。最初の気づいた視点はすごくいいと思っています。

中川　屋上のものは布をかぶせただけではなく、ツリーハウスになるようにしています。ツリーハウスというのは、木に勝手に家のような家ではないような、ヴォイドされているボリュームを挿入しているものですよね。だから私も、そのボリュームのように何かデッキをつくって上に上るツリーハウスをつくりました。でも、おそらく今の返答になっていないと思います。

塩崎　この街がだんだん良くなっていけばいいという話がありましたが、最初は本気だろうか？と感じていました。私小説的に自分と関係を持てるところを見出して形にし、その断片的な場所だけあれば、この街で私は生きていけるということであり、実際に普段もそうやって私たちは生きているということかと思っていました。

中川　そういうことでもあります。私のために一旦つくりましたが、トイレに籠っている人を私は勝手に「コモラー」と呼んでいて、私の大学には私以外に何人もコモラーがいるので、その人たちのためになればいいな、同類のためになればいいなと考えました。

塩崎　都市の中の見えないところを顕在化していく案は他にも結構ありましたが、その中ではとても上手く自分に引き寄せて形にしていたと思います。

野口　自分の居場所は自分でつくるという、何か勇気が出る案ではないかと思いました。街全体ではないかもしれないけれど、自分の居場所は自分でつくっていいんだというメッセージをみんなに届けることで、何かが変わることを受け取れる卒業設計なのではないかなと思っています。

妹尾美希さんへの質疑応答

藤村　概念かオブジェクトかがあいまいなところが面白さとしてあります。この模型を実際に設計してこう使うという情景として描かれているけれど、実は概念モデルではないかという、混ざった感じが面白さであり議論を呼ぶところですね。使いづらいのでは？なんて質問するのが野暮なくらい、そういうことが伝わってくる。タイトルの「モノの住所『我思う、そのたび世界在り。』」を

3RD Q&A SESSION

　もう少し解説してほしいです。
妹尾　デカルトの「我思う、ゆえに我あり」は、思考を通して自分が自分を定義することだと思いますが、私のタイトルは知覚を用いて自分が自分を定義するのではなく、自分が世界を定義する。フレーズの響きは用いていますが、意味はリンクしていません。
藤村　自分が世界を定義するというのがよくわからないですが、この後の議論の中でわかればと思います。
長坂　モノ化することによって、建築という1つの大きな塊が分解され、その分解されたモノが都市まで広がって親しみを持って接することができる。自分のスケール感に近い感覚で捉えられるようになっていくことかと思いましたが、そういう構成ができると、それは未来に対してどうなっていくのですか？
妹尾　実際に自分が行動を起こして、自分の手を物理的に加えていくというより、もっと大きいスケールへの視点を示したかったので、自分が実際に手を加えられるかどうかは一度置いておき、加えられるかもしれない、こうなったらいいのにという思考のような……。
長坂　要は、ユーザーとしてはそれらをどう扱っていくのかという。身近になったものをどう扱っていくか。なかなか手をつけられない建築がもう少し身近なものに感じられてきたとき、建築がどうなっていくのかが興味があります。
妹尾　この範囲であれば、実際に住んでいる人たちがコミュニケーションしながら業者に施工をお願いするのではなく、自分たちで何かを買って来るなどして、ご近所さんとやり取りをしながら、人それぞれの色のようなものを投影していけるのではないかと考えています。
塩崎　非常に共感できました。つくっていくときのモノを対象化させ、それが環境化していき、その環境をもう一度対象化するというような繰り返しの過程でできていったものに暮らしが入っていくと、時間軸が生まれてくるので、時間を経ていく中でさらに変わっていく様なども見たかったですね。
妹尾　模型でいうと、一つひとつの家具や陶器などは、ごちゃごちゃしつつも今は汚れてはいないと思うのです。でも、壁のない部分や雨ざらしにされている部分もあるので、建物の中に入っている家具は、雨でびしょびしょになったり汚れてしまったりと、少し野性的な生活のようなものがこれから生まれてくるのかなと思います。
塩崎　住宅というのはなかなか難しく、住みやすさを考慮しなくてはいけないので、そういうことを先にイメージしてから、脱色したり抽象化したりする方法もあるのではないかと思います。
野口　私は住宅スケールだとすごく面白いと思っていますが、それが街区や都市に広がると、どんどん都市が分解していき、よくわからないごちゃごちゃの総体になってしまうと思います。つまり、私が面白いと思ったのは、分解して使えるものを使えるような状態にするというより、何か全体像を把握できるようにしていることです。何か想像がつかないものが、全体像がわかるようになることで、人はそれをどうしようか考えるようになると思うのです。でも、今は3段階目なのに、2段階目と同じように分解に向かっているように感じています。額縁の作品（248番「額縁から見る」）は、隣にフォリーのようなものを立てて大きさを比較するなど、元々隠れていた通り土間のような空間、線的な空間がここにあったことを見せているけれど、同じように、壮大に見

えた都市も実は一つひとつの建物の集まりだったとか、1つの建物をしっかり見えるようにすることで全体像が見えるような状態にして知覚させる、いろいろな単位が集まって全体ができていることを、まず知覚させること。一つひとつの単位とは、こういうものだと知ることができるような方向に向かえると、また新しいものが出てくるのではないかと思いました。
妹尾　1番右の部分のパースがごちゃごちゃして見えるのは、その通りだと思っています。スケールアップや室内視点、操作などをすべて示しているので、そう見えてしまいますが、もし鳥などの視点で都市を俯瞰したとき、それをこのくらいの大きさのパースで見たときに、実際に何か手を加えようとしてイメージを描いたりする場合は、それ相応のスケールの操作になっていくと思うので、めちゃくちゃカオスにはならないかなと思っています。
長坂　例えば私が手伝ったときに、これは白ではないとか、これは建具ではなく壁だとか、つくっていく上で良い、悪いの判断はあなたの中にあるのですか？
妹尾　私の中で、悪いというのはあまり考えていなくて、良いと思うことをどんどんやってみたいと考えています。
長坂　みんなで手をつけても楽しくつくれますか？
妹尾　そうですね、コミュニケーションとしてはできると思います。
長坂　これは概念ではなく、リアルにこういうものをつくりたいと思っているのですか？
妹尾　このスケールまでは、私の中でリアルなところまでできています。ただ、示していないスケールの部分はまだ概念のままなのかなと思っています。

決勝トーナメント 第4回戦

ID295 先本凌「裂目にて生きるを紡ぐ」

私は生物にとっての根源的な空間は、構造物が自然界の反構築作用により壊れていくことで生まれる裂け目であると考えています。しかしながら現在の建築を含め、あらゆる構造物は高耐久・高寿命が謳われ、裂け目を生むことがなくなってきていると感じています。本当にこれが愛される構造物であっていいのでしょうか。自然がつくる裂け目、土砂災害が生み出す裂け目には、砂防ダムという構造物がつくられます。砂防ダムの問題として、自然の流れをせき止めること、それにより、養分や生物の通り道、本来下流に必要な土砂をせき止めてしまうことなどが挙げられます。またそれにより、生物のすみかとなる裂け目がコンクリートで埋め尽くされてしまいます。私の提案する砂防空間は、自然を絡め取るようにその力を受け入れるとともに荒廃していきます。自然の流れを絡め取るものとして、地形の中にある団粒構造に着目しました。団粒構造は、硬い土壌に水が流れ、地下水が涵養されることでできる構造です。これを応用し、土砂、自然をフィルターのように涵養する砂防空間を目指します。絡め取ることは、GLの変化、生活の中での土との関わり、新たな生物との出会い、構造の融解という自然現象の体験を空間の中で引き起こします。続いて設計手法です。団粒構造を地下水路とそのパス上のランダムな大きさの穴によりできていると解釈し、アルゴリズムを作成しました。裂け目の地形をめくり上げ、めくったボリュームに穴を開けていくアルゴリズムになります。さらに、空間言語でつくられるマスとボリュームの関係、アルゴリズムでつくられるマスとボリュームの関係を3種類の建築言語で逆再生的に翻訳しました。3種類の建築言語は、キューブとホールとステップになっています。この3種の建築言語は、この構造物の素材が土製のコンクリートでつくられることから決定しました。シーンパースです。最初にできるこうしたキューブ状の空間のずれに、建築機能として山小屋的空間や畑、畑で採れた野菜を振る舞うキッチン、地域住民が集うステージ的空間を挿入し、裂け目上に住処的空間が生まれていきます。自然の変化を絡め取り、そのGLの変化とともに空間の裂け目が増えていき、幾何学の変容をつくり出しながら、人間以外の生物の新たな居場所となっていきます。これが空間の可能性が広がっていく新しい住処の提案です。自然の設備を解釈し、建築の中に絡め取ること、これが今後の建築を変えていくことになると私は考えています。

4TH MATCH

ID329 富永玲央「鉄の起水とアグリズム」

私たちが日々使用している日用品、移動手段に欠かせない自動車、そして建築資材。世の中のあらゆるものに鉄は使用されています。鉄は生活を支え、人類にとって必要不可欠な資材としてこれからも使われていきます。そんな鉄をつくる製鉄業は、人々の生活に欠かせない鉄を生み出している反面、地球から鉄鉱石という資源と広大な大地を奪い、大量の二酸化炭素を排出して地球を苦しめています。長い年月をかけて地球を苦しめてきた製鉄は、今日、新たな改革に迫られています。その影響を受け、2023年9月、神奈川県川崎市に位置するJFEスチールの製鉄所の高炉が休止を迎えました。高炉は製鉄所で最も重要な心臓部的存在であり、製鉄のシンボルとして街の人々にも愛されています。高炉の火が消えることは街の活気も消えることだと感じました。本計画では、高炉の火を灯し続け、街のシンボルとして鉄の価値を再認識させる新たな製鉄所へとリノベーションを行います。高炉の中では、原料である鉄鉱石とコークスと呼ばれる石炭を燃焼させ、鉄を生み出しています。この鉄の副産物として二酸化炭素が発生してしまいます。そのような中、現在は水素を使用した製鉄技術が開発されています。コークスの代わりに水素を使うことで、二酸化炭素の排出を抑えて鉄を生み出すことができます。この技術を使用し、高炉を再び稼働させていきます。水素製鉄では、二酸化炭素ではなく水が排出されます。高炉から排出される水を利用し、人を製鉄所に引き込む建築を提案します。水と触れ合うことで、製鉄の広大さ、鉄の重要性を再認識していきます。高炉からは排出水だけではなく、余熱高炉スラグというものも排出します。排出物を使用したプログラムによって、製鉄を感じることのできる建築を提案します。製鉄所内で製造された鋼材を用いて建築を構成します。鋼材をあえて露出した意匠を施すことで、鉄が生活を支えていることを示し、製鉄と生活の親和性を高めます。形態ダイアグラムです。既存の高炉に水循環装置を設置します。水のため池のレベルから横にスラブを伸ばし空間をつくります。水、余熱、スラグの使用位置を考慮して建築用途をプログラムします。断面計画です。斜面上の建築は十分な細工を確保し、下に流れていく水を景観として機能させます。低層部には農地を広げ、1階に製鉄の副産物である高炉スラグを回収するスラグ場を設置します。豊富な鉄分を含んだ高炉スラグは肥料として使われます。高炉から流れる水を眺めながら、週末農業を楽しみます。製鉄から農業という産業を生み出していきます。中層部には温室や宿泊施設を設置し、ほどよい温度を保ちます。鉄に囲まれながら農業を行うことで、製鉄の恩恵を受けます。高炉煙突に最も近い上層部には、レストランや銭湯など比較的高温の余熱を利用した施設を設置します。湯に浸かり、製鉄を感じながら日々の疲れを癒します。高炉と呼吸するように流れる水は、新たな製鉄のシンボルとなり、地域のランドマークとして機能します。水素による公共的製鉄所として注目を浴びたこの建築は、全国各地の製鉄所にも広がっていきます。高炉を街に開き、製鉄と生活が共生することで、文明の礎としての、鉄の価値を再認識します。そして、鉄はこれからも必要な資材としてあり続けます。

決勝 第4回戦　質疑応答

先本凌さんへの質疑応答

秋吉 この後に、作品を対比させた質問が藤村さんからも出ると思うのですが、ちょっと聞きたいです。鉄工所の再生、鉄を媒介とした産業や景観のようなものが再生されていく、要は、砂防ダムをこういうやり方で変えていったときに、今後どうなっていくかという話が足りていない気がします。もう少し先の話や大きなビジョンとかですね。また、アルゴリズムの話があったけれど、評価があるはずなので、熱や風、光などがあるからこのような形になったという説明も抜けています。2点同じような質問だけれど、補足があれば。

先本 まず、通常の砂防ダムは土砂をせき止めてしまい流れるべき土砂の量や土砂から流れるべき養分などもせき止めてしまう問題がありますが、それに対して、砂防ダムをこういうつくり方で変えていくこと、キューブが土砂を涵養しながらこの絡め取る砂防をすることで、必要量の土砂や養分、生物の通り道、住処などを塞がないようにすることを意識していました。それと併せまして、荒廃を通してキューブに生まれる裂け目に、例えば土壁を壊すとモグラを見つけることがよくあると思うのですが、そういう生物などが入り込んで生物の糞尿などによって肥沃になった土が崩れていって……。

秋吉 いえ、そのあたりはおそらくみんなプレゼンでわかっていると思うのです。そうなることによって、この場がどのような場所になっていくのか。要は、裂け目が生まれて、おそらく形も変化していくけれど、それによってどうなるのか、ここを使う人の体験がどうなるのか、暮らしがどうなるのかなどを聞きたいです。

先本 例えば、土砂災害は津波や地震などに比べて線的な被害がもたらされるものであり、2m先の土砂が流れた2m先に住んでいた人なども、家は無事なのに砂防ダムをつくるから退去させられるといった問題があるのですが、こういう問題に対しても、このような砂防ダムをつくることでZ軸上に避難するような計画になるため、臨時的な住処をつくることもできるのではないかと思っています。

秋吉 ここに暮らしたときに、人がどう感じるのかといった話を聞きたいのです。でも、質問が長くなったので他の人の質問に移ってください。

藤村 私の中では、276番「モノの住所『我思う、そのたび世界在り。』」と似ているのではないかという疑惑があります。だから、寓話としてはわかるけれど、実際の空間はそれほど想定されていないのではないでしょうか。この泥だらけのボクセル上の空間で実際にどうやって暮らすのかということに対して、ビジョンというか方向性は示されているけれど、具体的に聞くとちょっと野暮になってしまうような気はします（笑）。だけど、ヒントくらいは教えてほしい。どのように家が建つのかなど。

先本 家のつくられ方としては、キューブ同士がずれたこういう隙間に、ここでは木材と、それに合わせて土壁を塗り、面的に住処をつくっていくようなことを考えています。この家具の空間は、土砂が流れてくることでGLが変化して、通常は階段ではなかった部分などにも動線が新たに生まれていくなど、それによって生物と人間の新たな出会いが生まれると考えていました。

藤村 それがイメージということですか、わかりました。この案は、技術的な点だと「モノの住所『我思う、そのたび世界在り。』」の方と、あるいは、砂漠の提案の70番「天泣で紡ぐ」との水循環対決となります。「天泣で紡ぐ」については、本当にその水が生まれるのかといった技術的な突っ込みはいろいろありますが、要素的な技術がいろいろ示されているので、断片的だけれどなんとなく想像できるところがあります。ただ、もし「裂目にて生きるを紡ぐ」がそういうことをできるなら、ボクセライズされたモデルを変形させる変数としての排水の数値などをどう導入しているのか、もしあるのなら教えてほしい。

先本 土砂災害のシミュレーションはずっとやろうと考えていたのですが、このモデル自体のメッシュがものすごい数だったので、スペック的に土砂災害のシミュレーションができなかったです。また、光の最適化や風の通り道の最適化については、僕自身がその最適化に対してすごく違和感を持っており、評価の仕方自体が本当に最適なのかがわかりません。

秋吉 最適化はしなくてもいいけれど評価の方が大事です。

藤村 評価指数は示さないとね。まぁでも、わかりました。

野口 ちなみに敷地はあるのですか？

先本 敷地はないです。

野口 敷地はあるほうがいいのではないでしょうか。敷地を1つ決めて何が課題だったかとか。川崎を変えるという提案ではあるけれど、最初から普遍的な提案をしようとしているのではないかと思います。でも敷地を1つ決めて、その場所をどう良くしようか突き詰めて考えた結果、おそらく他にも応用できる普遍性を持つと思うのです。敷地を1つ決めて、これがこの山の形状に対してどう働くから、この山はこの風がこう吹くから、どういう動植物がいるからなど、そういったところに応答していくように設計をいろいろ詰めていくと、結果として、いろいろなところに応用できる普遍性を持つと思いました。

先本 それに対する反論のようになってしまいますが、このアルゴリズムでつくる建築は、木が立つのと同じように、場所性によって変数を変えて適応していくような建築ができるのではないかと僕

4TH Q&A SESSION

な施設で──。

秋吉 そこで育てた野菜を売るとか、そういう話が聞きたかったです。

富永 模型でも見づらいですが、この下のほうにマルシェのような、ここで採れた野菜を売れるスペースを設けています。

長坂 この案は、そういう環境に対する問題に取り組みたくてこの製鉄所を選んだのか、それとも、製鉄所が大好きで選んだのか、どちらですか？

富永 両方ともありますが、川崎出身なので川崎にある製鉄所への想いが強く、製鉄所をこれからも残していきたいという意味で、この課題に取り組みました。

長坂 製鉄所というのはすごいスケール感で、日常では感じられないような空間をすでに持ち備えている場所ですが、それを全然見せてないというか、そこに人を絡ませていないのが私はちょっと気になります。要は、例えば施設がサンドイッチで挟まれていて、その巨大な空間を見られるとしたら、普通は感じられない巨大な空間を日常に取り込めるわけじゃないですか。せっかくそれだけ人を近づけているのなら、工場の素敵な大空間を施設の一部としてもう少し取り込んでほしかったです。

富永 二酸化炭素が排出されて1番問題となっているのがこのホールだったので、そこに着目し過ぎてしまったとは感じています。提案としてはまた別ですが、以前までは工場見学という形でバスに乗って製鉄所をめぐるツアーもあり、今は川崎の製鉄所が停止してしまったのでないけれど、そういうイベントと連携できたらいいなと思っています。

長坂 鉄工所を見ながら風呂に入れたり、コーヒーを飲んだりというのが、もうちょっと見たかったと思いました。

塩崎 私もこれを眺めながら、どういう人がどのくらいの頻度で使うのかなと思いながら想像していましたが、地域の人が毎日行くような感じにはならない気がしています。シンボル的なつくり方をしているけれど、もう少しツーリズム的なものと絡ませるといい気がしました。そうすると、ちょっと部分的な見学のツアーや、ここにアプローチする時のデザインなどが入り込んでくると、より現実味が増すかなと思います。

は考えています。敷地に対する変数での評価という部分はあまりできていなかったと思うけれど、その敷地を定義したことからできるような、アルゴリズムという手法を使っているからこそ、敷地をなくしたというのはあります。

長坂 上から砂と水が流れていますが、100年後も入口同様に出口も同じくらい水や砂が流れているため、つまり、入り口と出口は同じことになるけれど、その間ではまったく別の世界のことが起こっているという話なのかなと思っていますが、そういう話ですよね？ エネルギーはすべてそのエネルギーで、新たに何かを足すわけでもなく、気がついたら同じ状態が出口でも起こっているだけという話ですが、そこに素敵な状況が起きていたという話になりますよね。そのくらい大きな目線で見ると、すごく素敵なストーリーだと思います。それを裏付ける計画はしているのですか？ どこまで本当なのか考えてしまうところが少しあります。

富永玲央さんへの質疑応答

秋吉 最初に簡単に話します。まさに、そのボクセルであるというか、形の意味合いのようなところはあるのかなと思っているし、私はそもそも川崎に会社があるので、割と当事者意識を持っているようなエリアではあります。ただ、ここで働いている労働者とその周りにいる家族とさまざまな他国籍の人といった周辺環境のことを考えると、そういう地域住民がここにどう入ってくるかはもう少しリアリティを持っている提案だと思うので、もう少し聞きたいかな。

富永 最初の形については、日常的に鉄を建築で感じるには無骨なデザインのほうが感じやすいのかなと思い、あえてこのような形態をつくりました。それで、2つ目に関しては、まだ計画しきれていない部分があり、どのように住民が入ってくるかは、ちょっと考えきれていない状況です。

秋吉 入ってくるかというより、産業の生態系と地域の在り方は本当に密接しています。今ある問題は、これがなくなることによって失われる経済的なことであり、地域の雇用なども含めた課題も当然あるので、そちらに対する提案もあるとよりグッとくるかな。

富永 製鉄所で働いている人は1000人から2000人くらいいるので、この製鉄所が潰れてしまうと大きな雇用を失ってしまいます。製鉄所の周りにはその労働者たちも住んでいるので、街全体の活気もなくなってしまうという意味では、やはりこういう公共的

トーナメント第4試合 ─ TOURNAMENT 4TH MATCH   091

決勝トーナメント 第5回戦

ID158 高田真之介「他なる空間のあわい」

社会に対して1人になろうとする私、他者から離れようとする私。でも、世界はどうしようもなくつながっていて、私たちは常に他者との関係、社会との関係の中にあります。人間社会が成熟していく中で、人の内面が押し殺される社会的スタンダードによりコントロールされた競争的人間が生まれ、内面と表層の剥離が起こっています。社会が形成されていく中でこれは避けては通れない問題であり、社会的な生成物でもある建築もまた内面と表層の剥離を産むことに加担しています。私はまだ学生で大人の世界は十分に知りません。だから今まで生きてきた社会である学校と家を舞台にし、人間社会が人間をコントロールする問題に、人をコントロールする力を持つ建築で1つの解を示し、この矛盾に立ち向かおうと思いました。建築が人をコントロールする要因として、私たちは建築を1つのモノとして対象化してしまっていることが挙げられます。タイルの壁や木材の床のように、壁・床・柱など形で定義された空間は、記憶としてタイルの壁という印象が強く残り、何度見ても最初の印象に引きずられ、その都度感じた感情がかき消されてしまうように思いました。そこでカラフルなグラフィックを用います。マーク・トライブが"環境グラフィックと四つの目的"の中で述べた内容をもとに、グラフィックに装飾、錯視、隠蔽、分節、接続、領域の6つの効果を見出し、建築全体を覆いました。すべてをペラペラな表層としたことで、建築のプランニングが消滅し、空間によるコントロールが失われます。また複数のタイポロジーが複雑に組み合わさり、一見ヒエラルキーがないように見える空間の中に時差や隙間をつくりました。そのような隙間が空間のあわいになって、家と学校の間、個室とリビングの間などに生まれ、他者との距離感を調節し、個性を持つ群衆たちの居場所になります。また、ここで西倉美祝さんが提唱している"オルタナティブ・パブリックス"という理論を用います。この世界にはどんな人でも受け入れられる理想的な集団や空間はつくれませんが、不完全である個性を持った集団や空間は多数存在し、それらが相互補完しながら多様な人を受け入れるのが理想形と考えています。そのため、隙間である空間のあわい同士がつながっていてその中を自由に移動し、いろいろな集団や空間にアクセスできます。そこで、他者の群衆に出会ったりすることで、普段は知らない一面やつながりを感じたりします。プログラムは既存の小・中学校とは異なるまったく新しい学校、そして住居です。ここでは学年やクラスが解体され、年齢に関わらず成人した大人も子どもとして通います。クラスがなくなり1つになったホームベースには個人ロッカーがランダムに置かれています。視線が抜けいろいろな空間がかみ合っている職人エリアは、子どもたちの動線にもなります。しかし実は教員の姿はなく、AIロボットが子どもたちを見守っていたりします。授業では教室内の図書スペースで本を読んだりタブレットで調べたりしている子がいます。先生はいなくて各々が自分のペースで主体的に学びます。少し疲れたらロフトや大きくなったトイレで休みます。体育館は薄い壁で仕切られ、全体性が薄まります。壁のところどころにアーチ型の穴が連なり小さなスペースができます。そこで子どもたちが遊びます。空間のあわいで他者の群衆と出会います。電車が見える空間のあわいで休んでいたら、他の子が入ってきました。実は救急車の赤い車両が好きという共通点がそこで見つかったりします。ダンスルームとプールが重なり、教室内に街路が通ります。本棚が街路との結節点になり、このように空間同士の重なりによって1つの空間の中にいろいろな関係性が生まれます。大きな全体性のある校庭はなくなり、放置された木造家屋群の屋根が校庭になります。教室のような大きな空間では、さまざまなイベントが行われます。ここでピアノのコンサートが開かれています。街路にまでピアノの音が響いて町の人たちも子どもたちも一緒に楽しみます。図工室と町のアートギャラリーに囲まれた中庭で子どもたちとアーティストが一緒になって制作を楽しみます。なんだか、この画家の絵を見ているとそわそわしてきました。薄い膜で覆われて視界はさえぎられるけれど、気配は感じる空間のあわいに逃げ込みました。逃げ込んだ空間のあわいの先に、自分の部屋の入口がありました。親と喧嘩をしていてリビングが通りづらいな。そんなときは、空間のあわいから直接自分の部屋に帰ります。戦争はなくならないし、学校内や家庭内でのいじめや虐待が後を絶たないこの世界、この建築が町に広がり、少しでも多くの人に気づくきっかけを与えられることを願っています。私が思い描く世界を体現した学校と家です。

5TH MATCH

ID218 塚村遼也「ソルトロード」

新しい戦前、世界中に広まった未知のウイルスとの戦い、新しい戦争。世界はこれまで以上に激しく変動し、人々は混沌とした時代を生きる。小さな結晶で世界をつなぐ。バラバラになっていく世界で、私たちをつないできた海。そこから取れる塩は、人間にとって大きな力を持っている。子どもたちの飢餓を救い、汚れた海を綺麗にする力、塩にはそんな力があるのです。こんな時代だからこそ世界のつながりを感じながら生きていきたい。塩が、その小さな結晶が、大きな世界を1つにしていきます。本卒業設計は、世界航路と巨大船、その港の3つの提案になります。世界を巡る世界航路は現状の汚れた世界、ちりじりになった世界、飢餓の世界を、塩の力で救えるように1つの航路でつないでいきます。ソルトロードは日本から始まり、1年をかけて世界中へ。これがソルトロードになります。次に巨大船寄港所です。世界を巡る航路は、日本の瀬戸内海を通過します。瀬戸内海は古代から今に至るまで、時代とともにその航路を変化させてきました。古代からの航路を再生するソルトロードは、塩田跡地に寄港所を持ちます。十州塩田の1つ、鹿忍塩田が今回の港敷地です。この塩田跡地は今、雨水で水没し、ヘドロの課題を抱えています。そこで6つのフェーズに分けて、ヘドロ、にがり、塩を使った港を設計しました。まず敷地の雨水を排水します。ヘドロを乾燥させます。サラサラに乾燥させたヘドロとにがりを使って、にがりブロックの土台をつくります。土台の上に塩釜をつくります。塩でできた塩釜は、敷地の干満差で少しずつランドスケープに馴染んでいきます。土台となる、にがりブロックは乾燥させたヘドロとにがり、水を型枠に入れることで固形化する現象を使ってつくります。塩釜は、地域の結晶ハウスで生じた結晶化した鹹水（かんすい）を鱗状に重ねることでつくっていきます。塩とにがりを使うことで、敷地に馴染んだ港になるのです。涼やかな夜明け前の瀬戸内海、地平線から昇る温かな日の光とともに、少しずつ海面は上昇し、塩釜は海へと浸かっていきます。塩釜の中で塩をつくりながら備前に浮かぶこの港は、巨大船によってやってきた世界中の人々の温かなよりどころとなり、雨に降られると塩釜の表情はさらっと滑らかになり、日暮れとともに干潮を迎えた塩田跡地で、うっすら張った水面に大きな月が浮かび上がります。これがソルトポートになります。最後に巨大船です。巨大船は4つのゾーンで構成されています。Aゾーンは塩に添加する海藻を養殖する空間です。Bゾーンでは蒸発櫓が強い潮風を浴びることで、効率よく結晶化させていきます。Cゾーンでは、鹹水を広げて太陽の力で一気に結晶化させます。Dゾーンは塩をつくる人と船に乗り合わせた人が生活する空間です。これがソルトシップになります。3つが揃ったとき、83,000kmの幸せの結晶を届ける旅が始まります。世界へつながるソルトロードに乗って。

決勝 第5回戦　質疑応答

高田真之介さんへの質疑応答

塩崎　単純な質問ですが、学校と住まい、住居の部分が入っているものは、ボリューム構成の中でどう組み込まれているのかと、あとスーパーグラフィックのオーバーラップとどういう関係を持っているのか教えてください。

高田　学校に対して住居が結構へばりつくように重なっていて、というのも、複数の動線を生みたいという意図があり、学校から直接自分の個室に入る動線がへばりつくことによって生まれています。

塩崎　では、スーパーグラフィックの貼り付け方と似たような感じで、用途も混ざり込んでいる感覚ですかね？

高田　そうですね、混ざり込んでいるのは意識しています。模型の黄、赤、緑のボリュームを見てもらったらわかりますが、例えばこの緑のボリュームが既存の家で、そこに接合するように学校空間と家が重なっていますが、実は左側のここが個室になっていたり学校側に個室が入り込んでいたり、逆に家族と距離をおくスペースが生まれていたりと、いろいろ混ざって存在しています。

塩崎　それが、あわいの空間ですか？

高田　そうですね、2つの空間をつなぐ空間をあわいの空間と呼んでいますが、グラフィックをオーバーラップさせた意図としては、議論で使っているオルタナティブ・パブリックス自体が、パブリックとプライベートを明確に分けていることに疑問というか、家族の中にも社会があるし、家を建てるにしても法規制などいろいろな公共的な面が絡んでくるから、完全にプライベートとパブリックを分けるのではなく、グラフィックでちょっと重なりを生んだりしています。

塩崎　大体わかりました。

秋吉　グラフィックのありなしとか、グラフィックの重なりとか、全部グラフィックになっているけれど、グラフィックの部分であわいをつくるようなことも、このテーマならあってもいいのではないかと思いました。

高田　グラフィックであわいをつくっているところもあり、それも形と

オーバーラップさせようと意図しています。例えばこの模型をつくるときに、20人くらいの人に自分の住みたい空間や自分の部屋の心地いい空間をグラフィックの貼り方で表現してもらいましたが、すごく綺麗に貼る人や少し上から重ねて小さい領域をつくる人など、さまざまな人がいて、どうやって貼ったのか、何故このように貼ったのか、意図を聞くと、こういう壁にこういう模様があったら絵を飾るかもしれないという話があったので、グラフィックで領域を分けられたり、全然違うところに同じ柄が出てきてそこにつながりを感じたりといったところであわいを出しています。

藤村　社会学のほうで、そのように複数の所属意識を複数のまま維持するような新しいアイデンティの在り方などが議論されていますが、空間の構成でも似たような議論があり、例えば、部屋の空間が複数領域感覚を維持したまま複数の分岐点をそのままデザインできるのではないかという議論が20年前に出ていて、そのころの社会意識と重なると思いました。それでいうと、"分人"という話のように複数の所属意識を複数表示するような構想に対して、空間のボリュームが少し古いのではないでしょうか。グラフィックはオーバーラップしているけれど、空間の構成の単位はあまりオーバーラップしていないように思いますが、どうでしょう？

高田　そういう印象をお持ちになる人もいるかもしれないとは思ったのですが、自分の中ではなるべく空間同士をかみ合わせたり……。

藤村　階などがもうちょっと崩れたり貫入したりというのが具体的に表現されるとか、建築の議論としては、276番「モノの住所『我思う、そのたび世界在り。』」のようにエレメント単位に分けてセミラティスでつくっていくやり方で表現してみるとか、家の単位が崩れてきて3軒の家が崩れたようなものがぎりぎり残っているようなやり方で表現するとか。ある意味、カラフル模型対決、セミラティス対決としては面白いかなと思っています。「他なる空間のあわい」は割と床・壁・天井にこだわっていますが、積層させるためにそうなっているのでしょうか？

高田　形だけで崩すこともちょっと考えましたが、それよりもグラ

5TH Q&A SESSION

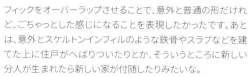

フィックをオーバーラップさせることで、意外と普通の形だけれど、ごちゃっとした感じになることを表現したかったです。あとは、意外とスケルトンインフィルのような鉄骨やスラブなどを建てた上に住戸がへばりついたりとか、そういうところに新しい分人が生まれたら新しい家が付随したりみたいな。

藤村　そのあたりの問題意識がわからないことはないけれど、建築のデザインレビューなので、建築のところでいろいろできるのかなと思うところはあります。趣旨はわかりました。

野口　もし自分でグラフィックもやりたいと思っているのであれば、色の使い方や線の意味、粒の大きさや密度によって何が変わるのかとか、そういうところに敏感になってほしいと思っています。あともう1つ。プレゼンテーションボードの後ろにもグラフィックをたくさんつけていますが、背景のグラフィックを何故そこに使ったのだろうと思っています。グラフィックで領域を変えていく提案をしているのであれば、私は背景のグラフィックのボードはいらないと思うのです。領域を規定するためにグラフィックを使うのならば、プレゼンでも紙でも模型でも徹底して、グラフィックを使うところと使わないところをよく考えて使ってほしいです。

塚村遼也さんへの質疑応答

塩崎　簡単な質問ですが、少し日本的要素が入っている気がして、その理由はありますか？

塚村　世界を回るとき、日本から出航するのでそういうデザインにしました。

塩崎　日本から出て、日本に帰ってくる……。塩の生成の仕組みについて、いくつか手法があると思いますが、これはどのようなものが使われていますか？

塚村　現在はイオン交換膜法というのが主流になっていますが、99.5%が塩化ナトリウムしか含まれないことになるため、今回採用したのは、天日塩という方法です。塩化ナトリウム以外に他の多様なミネラルが入るので、普通の市販の塩ではなく天日塩を使ったほうが世界中に幸せの結晶として塩を届けるという意味があります。

野口　ゲームの世界であれば、めちゃくちゃ面白くていいと思います。ただ、建築の卒業設計なので、もう少し建築として考えても良かったのではないかとは思っています。また、三日月をモチーフとして三日月型なのはプレゼンでわかりましたが、本当に三日月で良かったのだろうかというのはずっと考えていて、もう少し場所のいろいろな文脈を読み込んでも良かったのではないでしょうか。そうなってくると、今度は何で船にしたのかも少し気になります。子どもたちの避難所でもいいのであれば、海に道をつくっても良かったのではないかなとか。どうして船にしたのでしょうか？

塚村　まず、三日月型の理由として、瀬戸内海の風景美に馴染むような形態を模索しました。それで塩釜になっている理由は、塩をつくるときに下のほうに熱源を用意していて、それで効率的に塩の塩分濃度を上げていくのですが、それ自体が塩釜の強度を高める効果があること、さらに、世界を1周するときに船の旅で体が冷えているのを温めるという効果があります。ですので、熱が効率的に循環しやすいように三日月型であるという、両方の理由があります。そして船にした理由としては、天日塩を復活させるのに綺麗な海水が必要になります。どうしても固定してしまうと、綺麗な海水をとれる場所が少ないので、まずは塩分濃度が高いところを世界中で調べて、その後に海洋鮮度をレイヤーとして重ねて、1番綺麗で塩分濃度が高いところをソルトポイントとして4ポイント設定し、そこから良い海水をとれるのが船のメリットとなっています。

藤村　圧倒的なプレゼンテーションで、すごく完成度が高くて理解が深まりました。272番「日常の死角に夢を見る。」もそうですが、文章をモノローグのように読み上げている小説型のプレゼンであり、おそらく建築をやってない一般の人からすると、あまり建築学科の成果に見えない気がするんですよね。ちょっと失礼で恐縮ですが、建築を学んだからこその思考がどのあたりに現れているのか、ご自身ではどう考えていますか？

塚村　僕のモットーというか、やり方としては建築学生だけれど、玄人の審査員の方ではなく、素人の方がぱっと見ただけで「わっ」と思うような作品をつくり続けていきたいと思っています。あえて空間をどうつくっていったかは説明していませんでしたが、例えば入口に入ったときに、軸線が通っていて、奥ににがりでできた森が広がっているとか、ここから乗り込むと高い塔が広がっているとか、大海水浴場にはトップライトが入り込むとか、意匠的にこだわっています。ここをどれくらい伸ばすかも、建築学生だからこそ考えたことではないかなと思っています。

藤村　今日いろいろな発表を聞きましたが、35番「建築的欲求解放宣言」の方は、欲望に任せてつくるんだと言いながらパターン分けして組み合わせており、これはすごく建築っぽいんですよね。そういう手法が感じられない。それが個性であり、それが狙いというのなら狙い通りではあります。受け手側からすると、そのあたりが1番ハテナに思います。

トーナメント第5試合 — TOURNAMENT 5TH MATCH　095

FINAL CONSIDERATION

最終検討

10作品の中からクリティークの議論で
各受賞作品を決定する。

10 → 3

FINAL
CONSIDERATION

松山　2日間にわたり、さまざまな議論をしてきました。いよいよ最終のディスカッションに入りたいと思います。進め方としては、クリティークの先生方にまず10作品のうち3作品を推薦してもらってスタートしたいと思います。

藤村　話題が多岐にわたった10作品だったので、当初トーナメント形式にはできないと思っていましたが、意外とできそうなのでステージに置かれている10作品のプレゼンボードを並べ替えていいでしょうか？ 133番「イキモノタテモノ」は結構ビジョン的ですが、話を聞くと実は寓話的だったのではないかということで、隣に置くなら295番「裂目にて生きるを紡ぐ」です。この2つは寓話的な点で対決ができるのと、ドロドロした素材という特徴が共通しています。その次に329番「鉄の起水とアグリズム」と70番「天泣で紡ぐ」の水循環対決です。どちらも技術的、断片的にいろいろリアリズムがありますが、トータルで聞くと飛躍がたくさんあり、本当にそんなに水が循環するのかという疑問がわくところもよく似ています。その次に272番「日常の死角に夢を見る。」と218番「ソルトロード」ですね。どちらも小説を朗読しているように見えました。次に非言語対話対決をしていたのが、152番「共編の詩」と35番「建築的欲求解放宣言」です。そして最後の158番「他なる空間のあわい」と276番「モノの住所『我思う、そのたび世界在り。』」はカラフルな模型対決です。

プレゼンボードの並びを変更

295番「裂目にて生きるを紡ぐ」
133番「イキモノタテモノ」
70番「天泣で紡ぐ」
329番「鉄の起水とアグリズム」
218番「ソルトロード」
272番「日常の死角に夢を見る。」
152番「共編の詩」
35番「建築的欲求解放宣言」
276番「モノの住所『我思う、そのたび世界在り。』」
158番「他なる空間のあわい」

※プレゼンボードが舞台左から置かれた順番

藤村　左がビジョン、右がモデルというように、私が思う順に並べています。建築家というのは、ビジョンを提示してモデル化していくことがロールモデルだとすると、10作品がこの並びに見えました。133番「イキモノタテモノ」と295番「裂目にて生きるを紡ぐ」を比べると、後者のほうが参照が多かったのでより共感しました。329番「鉄の起水とアグリズム」と70番「天泣で紡ぐ」を比べると、後者は他人事に聞こえてしまうと感じました。272番「日常の死角に夢を見る。」と218番「ソルトロード」を比べると、後者のほうが空間がすごく広がっていたので評価できると思いました。152番「共編の詩」と35番「建築的欲求解放宣言」を比較すると難しいのですが、普遍性という意味で言うと前者のほうに説得力を感じました。158番「他なる空間のあわい」と276番「モノの住所『我思う、そのたび世界在り。』」で比較すると、後者のほうが建築的なエレメントを扱っていると思いました。それをふまえたうえで3つ選ぶとすると「ソルトロード」、「共編の詩」、「モノの住所『我思う、そのたび世界在り。』」です。

秋吉　決勝の10作品の中に、自分の選んだ8作品のうち7つが入っているので、どれもいい作品だと満足していますが、その中で3個を選ぶとして個人的な趣味嗜好で選ばせてもらうと、70番「天泣で紡ぐ」、272番「日常の死角に夢を見る。」、295番「裂目にて生きるを紡ぐ」です。藤村さんのモデルとビジョンの分類に関しては、ビジョンのほうを評価したいと思っています。要は、"何故それをやるのか""どうやるのか""何をつくったのか"が重要で、"何をつくったのか"に関しては一定の水準を超えている人たちが決勝に来ているとすると、"何故それをやるのか"という、取り組んでいる課題に対しての共感や面白さで選ばせていただいています。理由としては、「天泣で紡ぐ」は遊緑民のような新しい人類の暮らし方を提案しているところまでやっているのと、取り組んでいるものに関しても、実感がないことをまさに問題視し、さまざまなアプローチで着実にリアリティのある蓋然性を積み重ねてきていたと感じています。「日常の死角に夢を見る。」は、まさに自分たちの場を自分でつくるとか、コモラーにおいての公共性を考えるなど、自分の興味あることに割と関心があるという作品です。「裂目にて生きるを紡ぐ」は、酸化マグネシウムを使って土を固め、それが劣化していくところとか、高気密や高耐久性に対する違うアプローチという結構大きいところから取り組んでいること、かつ、できあがった空間や中身に関して「天泣で紡ぐ」ほど語れなかったけれど完成度が高く、コンペティションのようなものを使ってここまでのものに統合したのはすごく評価したいと思いました。

野口　いろいろ話を聞き、いろいろなことがわかってきたので、私の中でワクワクしているものを選びたいと思います。ワクワクするものというのは、ギャップが生まれているものになると思います。1つ目が276番「モノの住所『我思う、そのたび世界在り。』」です。手元を見ているようだけれど、それをすごく広げて街区や都市

まで見ようとしており、まだ手法に納得してはいませんが、知覚するとか全体をつかむようなところをよりどころに、これから広げていけるのではと思って選びました。2つ目が152番「共編の詩」です。お姉さんのことについて深く深く考えていった結果、もしかして家の在り方など、いろいろなところに普遍性を持たせられるのではないかと思いました。私の頭の中にある階段やドアといったものが、このエリアでは全然違う立ち現れ方をしているところにすごく興味を持っています。最後の1つは、70番「天泣で紡ぐ」、329番「鉄の起水アグリズム」、133番「イキモノタテモノ」が個人的に好きなので迷いました。3つとも技術的なことを言おうとして、そこから空間を起こしているところが共通していましたが、「天泣で紡ぐ」を選びました。「鉄の起水とアグリズム」は敷地があり、その地域の未来を描こうとしているけれど、空間のつくり方とか、技術のつくり方のようなところまでは至っていないのかなと思っています。「天泣で紡ぐ」はペットボトルでのつくり方などから考えているのだけれど、何が足りていないかというと、プレゼンテーションのような気がします。みんなが夢を見られるようなビジョンがあるのだろうけれど、まだ伝わっていないからうまく夢を描けていないのかなと思っています。

塩崎　私は152番「共編の詩」、158番「他なる空間のあわい」、276番「モノの住所『我思う、そのたび世界在り。』」の3つを選びました。藤村軸に乗るのもどうかと思いますが（笑）、藤村さんの言うモデル側の作品が多いのは、イメージとして提出しているという意味で、ビジョンや寓話的な作品も含めイメージをつくるのが上手い人が最後まで残っていると感じています。建築をどのように捉えるかというときに、モノというキーワードが多く出ていましたが、部分と組み上げ方としての全体だったり、内外のことを重ねたりしつつ、最後まで良く完成している3作品だと感じます。「共編の詩」は自分の家族の問題から設計しており、リチャード・ノイトラのような手法だと思いました。精神分析のように患者と向き合い、それをカルテ化して組み上げるときに、もう一度自分なりの分析を加えていく。それが住宅になったときに、私は印象深いプランニングになっていると思いました。2つ目は、イメージのほうが圧倒的に可能性を感じたというのはもちろんありますが、平野啓一郎さんの"分人主義"について読み込んだりしていて、公共性の問題、空間のかみ合い方の問題、表層的なスーパーグラフィックの問題を同時に使い、それほどチグハグしないように解いて表していることに非常に可能性を感じました。最後の「モノの住所『我思う、そのたび世界在り。』」は、塩崎的なる3段階審査のときには、実は2段階目で残念ながら選ばれていませんでした。模型はすごいなと思っていましたが、平面・断面という基本図から読み取りづらいというか、建築の図面の力がもう少し欲しいとそのときは思っていました。ですが、今日の発表を聞いて非常に明快な説明でわかりやすかったので、再審議の末に選ばせていただきました。

長坂　この人に付いて一緒にものをつくっていくと楽しくなりそうだな、きちんとビジョンを持って挑めそうだなという作品を最終的に選ぼうと思います。一方で、それがまだ見えていないけれど可能性がありそうな作品も、この話を聞いて見えてきました。例えば、票を入れていませんが、133番「イキモノタテモノ」はもっと知りたいとすごく思いました。ただ、まだちょっと私が助けるには及ばないというか、どうしていいのかわからないと思ったので今回は入れていません。152番「共編の詩」はテーマが温かいしリアルな問題だと思うんですよね。もう少し理解できるところまで、というか信用できるところまで持っていってくれればいいなと思ったのですが、まだちょっと私には掴めなかったというか、どうなっていくのかがわからなかったんですね。単純に、この空間で他の家族が気持ち良く過ごせるかが私にはまだ想像できなかったので外しています。逆に言うと、これからもっと伸びしろがあると思っています。それで言うと、正直なところ35番「建築的欲求解放宣言」が1番理解できていません。非自覚的な部分は本来自分にあるもので、それをどう見つけ出してどう形にしていくか、そのプロセスはおそらく他にもあるのではと思いつつ、建築に限らずものをつくっていく上でそこが非常に大事な部分なので関心はあるけれど、選ぶにはまだ形が見えてこないというのがありました。158番「他なる空間のあわい」も惜しいと思っています。要は、人が支配している建築。そしてプランがあってそれを壊していくためにスーパーグラフィックを使っていくのだけれど、そのプランを自分で描いているのがなぜなのか、私にはまだわかっていません。改めて形をつくる必然性がいまひとつ理解できていませんが、そういうことがわかるようになると、きっと面白いのだろうなと思って期待している4つです。それで、私が選んだ作品というのは、295番「裂目にて生きるを紡ぐ」です。単純に水と砂が流れてくるプロセス、同じプロセスではあるけれどプロセスの解釈をこれほど変えると、これほど夢のある世界が描けるんだと非常に感心しましたし、その生まれている一つひとつの形がアルゴリズムと言いながらも、本人の作家性というか、きちんと信用できる感じがして選びました。それから70番「天泣で紡ぐ」です。どこを突いてもしっかり答えが出てきますし、本当のことなのかというのが、どんどん高まっていっているうえ、大学院に進んだらもっと詰めますと言っていたので、2年後にもっとすごいリアリティの上がったプロジェクトになっていることを期待して選んでいます。そういう意味で言うと、35番「建築的欲求解放宣言」と218番「ソルトロード」も同様で、最初はすごくゲームの世界のように聞こえるのですが、一つひとつ質問していくと、すべて答えが返ってくる。ただ自分がこの世界観が好きだからという理由だけではないのがすごく伝わりますが、同じようなものを2つ選ぶのはどうだろう

と悩んだ結果、「天泣で紡ぐ」を選んでいます。そして最後に選んだのは、276番「モノの住所『我思う、そのたび世界在り。』」です。今日のプレゼンテーションを聞いて圧倒的に理解が深まりました。世界観や問題意識はわかるけれど、どこまで本気なのかずっと疑わしくて最初は選べませんでした。ですが、今日の話を聞いて本当に好きなのだなというか本当につくりそうだと感じたので、信頼がおけると思い選ばせていただきました。

松山 最初の投票結果が出ました。4票が276番「モノの住所『我思う、そのたび世界在り。』」、3票が70番「天泣で紡ぐ」、152番「共編の詩」。2票が295番「裂目にて生きるを紡ぐ」、1票が158番「他なる空間のあわい」、218番「ソルトロード」、272番「日常の死角に夢を見る。」です。推しの優劣により、結果が変わってくるので意見を聞かせていただきたいです。

秋吉 私が選んだ3作品はフラットなので、特に結果を踏まえてまた議論する必要はありません。他の人から票が入っていないので、そこから議論を広げるフェーズではないかなと思っています。

塩崎 158番「他なる空間のあわい」は議論の題材としてはうってつけな気がしますが、自分が入れた3作品については比較的同等に入れてはいます。

藤村 朗読型の218番「ソルトロード」はストーリーに共感するところが多く、70番「天泣で紡ぐ」と似ていて技術的な裏付けや数字など、ある種のいろいろなレイヤリングがすごく良かったです。ただ、建築のモデルがないのが根本的に足らないところかなと。結果的に私の票しかないのは、もしかしたらそういうところかもしれないですね。私の中にそれを覆すまでの力量がないと思っているので、私が共感を示させていただいたところで、ひとまずはよろしいかなと思います。

松山 では大変申し訳ないですが、1票の作品は外させていただき、4票、3票、2票の4作品から議論して最優秀賞を決めたいと思います。70番「天泣で紡ぐ」、152番「共編の詩」、276番「モノの住所『我思う、そのたび世界在り。』」、295番「裂目にて生きるを紡ぐ」の4作品のコメントをいただきたいと思います。

長坂 152番「共編の詩」はテーマも非常にいいですし、お姉さん側の話はすごくいいと思うけれど、そのほかの家族4人の、この建築から得られる新しい生活がまだ見えてこない。入れなかった理由はそういう点ですね。もう1回戻って考えないといけないと思います。それ以外は、どんどん進めていったら面白くなりそうだと思います。

塩崎 藤村さんがモデル軸とビジョン軸を示されていましたが、70番「天泣で紡ぐ」と295番「裂目にて生きるを紡ぐ」は比較的、具体的な問題に取り組んではいるけれど、それの構築や時間軸の中でどのように使われていくのか、あるいは建築がどう変わっていくのかが少し弱いと思いました。そういう意味で、藤村さんがモデル側ではないと言われていたのかなと思います。なので、私は152番「共編の詩」、276番「モノの住所『我思う、そのたび世界在り。』」に票を入れました。

野口 295番「裂目にて生きるを紡ぐ」に入れなかったこと、他の3作品との違いは、鳥の目と虫の目が入っているかどうかです。私の中で、建築としてリアリティがあると思ったところで分けられるかなと思っていて、70番「天泣で紡ぐ」、152番「共編の詩」、276番「モノの住所『我思う、そのたび世界在り。』」の3作品は実際に人がどう動くかどうするかなどから大きいビジョンまでを提示できているのが良かったです。「裂目にて生きるを紡ぐ」に関しては、鳥の目でものをつくろうとしているところまではできていると思いますが、虫の目の中に人が入ってどう動くか、どういった植物が取り付くかなどまで、まだ詰め切れていないかもしれないと思ったので、私は票を入れていませんでした。

秋吉 長坂さんが言ったように、152番「共編の詩」は対話と言っているのに対話していないのが気になる点としてあります。また、お姉さんに模型を見せたか質問をした際、そのフィードバックも見せたけれどコミュニケートはなかったという回答でした。家族と一緒に暮らしているとか、家族との住宅というのが、先ほどのプレゼンテーションでもまったく想像できませんでした。そこが見えないのは、やりたいことに対する誠実なアプローチなのかというと、疑問符が付きます。276番「モノの住所『我思う、そのたび世界在り。』」は10作品を選ぶ際に挙げており、モノのように愛していくために建築をモノ化して身近な存在にしたいというのには完全に共感しています。ですが、気になっていることがあります。寸法や部品、スパンなどの設定、例えば断面400mm寸法というのはやはり少し大き過ぎるように思いました。モノを何と呼ぶかにもよるし定義もしていましたが、身近なものという点で言うと、その大きさでいいのかが引っかかっています。それ以外は異論ありません。

2票以上の作品のみ残して再度並び替え

70番「天泣で紡ぐ」
295番「裂目にて生きるを紡ぐ」
276番「モノの住所『我思う、そのたび世界在り。』」
152番「共編の詩」

藤村 今度はどのような順番に並べているかといいますと、右側がパターンランゲージで複雑なもの。そして左側が単純な作品です。設計のモデルで言うと、70番「天泣で紡ぐ」は、柱を低くしたり高くしたりという操作だけなのでモデルとしてはとても単純です。295番「裂目にて生きるを紡ぐ」はボクセルモデルをいろいろ最適化したけれど、評価関数の説明ができていなかったのと、実際にそのように設計しているのか怪しい。でも、モデルとしてはボクセライズされた全体系を評価してパッケージを操作したもので、いわゆるパラメトリックデザインです。276番「モノの住所『我思う、そのたび世界在り。』」はセミラティスです。152番「共編の詩」はパターンランゲージです。そして、建築を"設計する""学ぶ""研究する""教える"という中で、建築家として一番共感するのは、私の個人的な評価にはなりますが、やはり複雑なものを設計した人なのです。「天泣で紡ぐ」は、218番「ソルトロード」の方にも先ほど言いましたが、建築を勉強しなくてもこの物語を描けると言いたくなってしまう。プレゼンを聞いても、どうしても票を入れら

れなかった理由はそれなのです。ただ、それらを比較して単純だからいいとか複雑だからいいという話でもなく、2024年に建築を選ぶというのは、そういうことでもないのです。「共編の詩」は70年代の方法であり、「裂目にて生きるを紡ぐ」は技術的には一番進化しているけれど、まだ確かではないんですよね。私の中で今日一番確かだと思ったのは「モノの住所『我思う、そのたび世界在り。』」です。全体像を崩してエレメントに分解してオブジェクト志向でセミラティスをつくると。

秋吉　そういう意味で言うと、私が276番「モノの住所『我思う、そのたび世界在り。』」をあまり推せなかったのは、いわゆるSDレビューや35歳以下の若手建築家展などに出てきそうなくらい実力は高いけれど、要は、該当の世代やその上の世代の価値観で選ばれてしまうような作品ではあるので、学生の卒業設計でそれを1番としていいのかとは思っています。自分はまさにそのあたりを模索しているわけですが、審査員のみなさんそれぞれの評価軸があるとは思いますが……。

藤村　295番「裂目にて生きるを紡ぐ」が完成していれば1番現代的だと思いました。今の建築ジャーナリズム的な気分だと、276番「モノの住所『我思う、そのたび世界在り。』」ですね。今日説明してくださった本人のストーリーがありますが、その説得力で言うと私は結構大きなものを感じました。私の場合、模型を前にして耳で聞きます。模型を前にして、その人が言葉として何を言っているのか、耳で聞いて本人に確信があるかどうか、確信があるように1番感じたのはこの作品でした。聞こえ方や手法、今日のプレゼンの内容で比べた結果です。言葉の響きで言うと152番「共編の詩」は、圧倒的に当事者意識が響き、手法などを抜きにして、耳だけで聞いていても結構推したくなるようなプレゼンでした。

長坂　藤村先生に質問です。何が建築的なのか、藤村先生の言う建築というのは、一般的に言える話なのか。複雑で当事者意識の高いものが建築であり、まだお絵かきというか、ストーリーイメージが強いものは建築ではないとは単純に言えないのではないかと思っています。これからその建築が社会に関わっていくときに、社会をどう見ているかも建築家にとって大事なところで、そこに絡んでいこうという姿勢に関しては、70番「天泣で紡ぐ」のほうに感じるし、これからの建築家としてはそちらに絡んでいかないと建築もどんどん小さな世界に留まってしまうのではないかと感じています。藤村先生はどうお考えでしょうか？

藤村　"先生"というキャラ設定に悪意を感じるので、後で塩崎先生にも話を聞きたいです（笑）。これが建築的であり、これは建築的ではないと言わないようにしたつもりではあります。設計モデルの複雑度で言うと、276番「モノの住所『我思う、そのたび世界在り。』」と152番「共編の詩」が70年代であり、295番「裂目にて生きるを紡ぐ」が発展途上という言い方をしています。70番「天泣で紡ぐ」に自分が共感できないと言ったのは設計モデルがない

からで、建築は設計モデルがあるべきと自分は思っている、つまり、あくまで自論ではあります。だから、建築的であるかどうかの話は自論ではありますね、塩崎先生はどうですか？（笑）

塩崎　同期から話をふられたので話すと（笑）、藤村さんは複雑なほうが好みだとおっしゃいましたが、私はどちらかというと逆で、基本的にシンプルなほうが好みなんですね。だけど建築というのはどうあがいても複雑なものであり、とてもたくさんのことを考えないといけないときがあります。例えば、70番「天泣で紡ぐ」の分解しないごみを埋めてそれに保水力を持たせるという提案は驚いたし、ある風景としてつくろうとしているのも綺麗だし、未来に向かっていると思う一方で、他のいろいろ考えなくてはいけないことのいくつかが少し置き去りになっている気もしました。建築を構築化していくときのペットボトルの礎石のつくり方とか、その膜の布の貼り方の話とか、それが見えてくるときの活動の話など。そういうことを少し置いて設計されている気がしました。295番「裂目にて生きるを紡ぐ」も非常に楽しかったのですが、どちらかというとある一点を切り取っているけれど、その先だんだん消滅していくところの面白さ、そこの表現をもう少し見たかった。276番「モノの住所『我思う、そのたび世界在り。』」、152番「共編の詩」の2つに関してはどちらも、複雑な事柄を途中で脱色したり抽象化したりして、少しシンプル化する方向へ、あるいは時間軸の中で将来こなれていくというか、建築の座りが良くなっていくところを見据えて、未来を現代に持ち込んでつくるほうが私の好みではあります。どちらかというと「モノの住所『我思う、そのたび世界在り。』」は、設計途中の思考過程をそのまま形にしたようには感じますが、より多くの複雑なことにきちんと取り組んでいるのはこの2つなので、それで4票が入ったようには思います。

野口　お話を聞く中で何が建築的なのかを考えていました。一つひとつの建築が集まって街になって都市になるので、その際に、ここに選ばれている4人の方が自分の発見したことを他の人にも共有し、その他の人も自分なりに考えて自分なりの建築をつくれるような、可能性のあるものがいいと思っています。295番「裂目にて生きるを紡ぐ」はコンピュータのモデルになっていて、モデルを使える人でないとつくれないと思うのです。秋吉さんが"建築の民主化"を謳っていますが、民主化とは何かをみんなで考えられると思います。こういうことを民主化と言えるのではないか、こういうやり方ができるのではないかということにも発展できるような気がしました。そういう意味で、今あるこの3つは手法をただ真似するだけではなく、例えば276番「モノの住所『我思う、そのたび世界在り。』」で言うと、モノ化するというのは、どういうやり方をすればモノになるのかとか、なんかそういうことを考えられるのかなと思いました。152番「共編の詩」に関しては、モデルを家族の前に置いて対話したのかとか、動線モデルは建築を学んでいない人にはわかりづらいので、どうやって家族の方にこの建築を理解してもらったのかがすごく気になっています。対話の仕方について質問したかったのですが、結果として面白いものができているのは、それはそれで対話として成功したのかなと勝手に思っていました。もしかしたらこれらのやり方は、例えば小学校をつくる際などにも応用できるのかなと思っています。70番「天泣で紡ぐ」も同様で、もしかしたらペットボトルなどからまた新しく発想できる人が出てくるのではという意味で可能性があると思っています。

秋吉　まったく先生と真逆な立場です（笑）。改めて今日の先生お二方の話を聞いていると、大学で設計の授業を覚えていくと、このような設計をする人が再生産されていくんだなと改めて思いました。1番推しているのは70番「天泣で紡ぐ」です。ある種、モデ

　　　ルや様式などは再生産されていくし、先細りしていくものだと思っています。それよりも学部生でやるべきことや大学生の卒業設計で評価すべきことは、穴だらけだけど追求されていくであろう、卵のようなゼロポイントを見つけてそれを確信しているか、その確からしさを評価したいと常々思っています。信頼できるかどうか確信があるかどうかなど、そういうことをしっかり見つけた人を推したいと思っています。「天泣で紡ぐ」に関しては、水循環や水系のスタートアップはグローバルにもたくさんありますが技術の範疇に留まっていて、水問題は解決されるかもしれないけれど、その周りの風土や風景、建築がどう変わるかまでは技術者やスタートアップでは提案できないんですね。案としては粗いけれど、それなりに結構検証しているので、旗を挙げればいろいろな人が手助けするだろうことが想像できます。大きなことに真摯に旗を掲げること、それをこれからの未来を創る建築系の人に期待したいので、大学の中でいろいろな設計方法論や手法、モデルなどを学ぶ人より、社会の外に出て建築の力で旗を張ってみんなを集められる人がアーキテクトであってほしいと思います。なので、「天泣で紡ぐ」を1番推しています。

藤村 みなさんの話を聞いて反省し（笑）、70番の「天泣で紡ぐ」以外の3作品を複雑と言っていましたが、「天泣で紡ぐ」もきちんと位置付けしないといけないと思いました。おっしゃるようにスタートアップ界隈の流行りのトピックではあるし、SDレビューと先ほど言っていたけれど確かに安定的な手法だし、今のジャーナリズム的な気分のようなところもあるかもしれない。ある種、ヨーロッパというよりアメリカの建築の中で1番流行しているような案でもある。ただし、「天泣で紡ぐ」がもっときちんとマテリアルを開発していて、サンプルとプロトタイプなどがいろいろ並んでいるプレゼンであったなら票が集まるのはわかります。でも、まだこれはそういう具体性に欠けていて、ペットボトルのモデルがまだ成熟していないと思ったので、私はそこまで推せていません。大学という場が再生産をしているとは思っていなくて、教育の現場の中にも動きがあり、世代差があって多様性があって、その中で議論しながら少しずつ変わっていくのがアカデミズムでもあります。自己批判しつつもう一度見たときに、4作品を相対化していったときに、各先生方の評価軸でどれが建築家の共感を示すかということで選べばいいのではないでしょうか。

塩崎 私が先ほど言ったのは、トピックが複雑なことを処理しているという話ではなく、基本的に私はどのテーマも面白いと思っています。課題の設定はそれぞれであり、私個人の評価としてはどういうトピックに食いついたかはなるべく評価していません。それは審査員それぞれだとは思いますが、1回テーマを決めた先で、そこから立ち現れてくる複雑な事象にどれくらい向き合って構築していったのかという意味で、藤村さんが複雑という言

葉をずっと言ってきたように、さまざまなことに向き合っているかどうかを考えて票を入れてきました。スタートアップ的と言ったようなテーマは、個人的には非常に共感しているし、場所が変われば、そういうテーマの作品も複雑なことを処理していると思えたら評価します。

長坂 この中でどれを選ぶか考えた際に、未来に対してどの作品が期待できるのかを考えていました。どれも期待できますが、私個人としてという話をさせてもらうと、70番「天泣で紡ぐ」と276番「モノの住所『我思う、そのたび世界在り。』」のどちらかではないかと、ずっと思っています。藤村さんに指摘されたように、現時点で「天泣で紡ぐ」はまだそこまで詰まっていませんが、相手にしている範囲が非常に大きいため、時間をかけていけば2年後にはもっとすごくモデルができていると思うので期待できると考えています。ただ、「モノの住所『我思う、そのたび世界在り。』」も、おそらくこのままでは終わらないんですよね。問題意識は私を含めみんな共感できていると思うし、きっとこのままではいかないんですよね。それがどう変わるのかという意味では、すごく期待しています。もっと違うところに進むのではないかと思っていて、それはまだ全然想像できておらず、意外とその想像できなさ加減に今日1日虜になっています。

松山 議論を聞いていると、投票することさえやめたいですね。ただ、時間の制限の中で決めなければならないので、1人1票を投じていただきたいと思います。

最優秀賞・投票結果
70番「天泣で紡ぐ」2票（秋吉、野口）
276番「モノの住所『我思う、そのたび世界在り。』」3票（塩崎、長坂、藤村）

松山 276番「モノの住所『我思う、そのたび世界在り。』」が最優秀賞、70番「天泣で紡ぐ」を優秀賞と決めたいと思います。おめでとうございます。そして、152番「共編の詩」と295番「裂目にて生きるを紡ぐ」より優秀賞を1つ決めたいと思います。どちらかに1票を投じていただきます。

優秀賞・投票結果
152番「共編の詩」3票（塩崎、野口、藤村）
295番「裂目にて生きるを紡ぐ」2票（秋吉、長坂）

松山 152番「共編の詩」を優秀賞とさせていただきます。おめでとうございます。

最終検討 — FINAL CONSIDERATION　101

PRELIMINARY EXAMINATION
予選審査コメント

九州大学助教/ICADA
岩元 真明

たくさんの力作がありました。予備審査の第一段階では300点を超える作品を見て、そこから25点を選ぶという作業を求められました。所要時間は2時間。単純計算して、作品一点あたり15〜20秒ほどしか内容を吟味する時間はありません。このような審査方法のため、一つひとつの作品の内容を深く把握することは困難です。そのため、私は1）プレゼンテーションボードからテーマを即座に把握できるか、2）把握されたテーマに対して有意なデザインが提示されているか、3）プレゼンテーション（模型、パース、図面等）の質、の3点に注視して審査を行いました。どうしても、わかりやすさに重きを置かざるを得ないことに、忸怩たる思いを抱きました。数年前、パンデミック時に参加した予備審査会では、提出は全てデータで、予備審査員は予めデータを見ることができました。その時のほうが、一つひとつの作品をじっくり見ることができて、良かったように思いました。

福岡大学助教
四ヶ所 高志

今年度は338の作品が集まり、どの作品も問題設定や調査、それらの分析から建築的コンセプトの提案、そして紡がれる具体的な空間や形まで、丁寧かつ密度高く情報が盛り込まれ、見応えはありました。
けれども、338作品を2時間程度で回らなければならないので、一つの作品を読み解く時間は20秒程度。学生が情熱を持って、精神も体力もすり減らしながら取り組んだ何百時間の全てを読み解くべく、集中して審査に取り組みましたが、やはりたった20秒では全てを理解することはできませんでした。特に今年は、テキストもイラストレーションも、サイズは小さく情報量は多い、といったシートが多かった印象です。コロナ禍入学のオンライン授業世代ということが関係するかもしれないが、スケールは建築の重要な要素なので意識的になってもらいたいです。一方で、自ら課題を発見し、解決のための方法論を導き出すスキルは、他の世代より卓越していると日々感じさせられる世代でもあります。社会性よりも個人の経験に紐づいた建築的な気づきをテーマにしている作品が印象に残ったのもそのせいだろうと思います。
本選では、大きなシートと大きな模型でディスカッションできる場が用意されると思います。小さなA3のシートに押し込められたエネルギーを解き放ち、新しい建築の可能性が議論されることを期待しています。

九州大学BeCAT／中原拓海建築設計事務所
中原 拓海

自分が学生の時に出展者として参加して以来、十数年ぶりにDesign Reviewに関わる機会をいただきました。並べられているのは小さなA4の紙面であるにも関わらず、熱量を感じる提案の数々に、改めてDesign Reviewという場の価値を実感しました。
今回私は予選審査員ということもあって、①取り組むテーマの明確さと共感性、②テーマに対する自分なりの発見の有無、③テーマに対して魅力的で個性的なアウトプットができているか、の3点に重点を置き審査に挑みました。正直、理由はとても個人的経験に寄るものです。業界に関わらず、どんな逆境でも誰よりも楽しみながらパワフルに前に進み、まるで起爆剤のように社会を刺激し彩りを与えてくれる、そんな魅力的な人は、いつも前述の3点がはっきりしているのです。そんな人を一人でも応援したいという、未来への期待を持って票を入れました。
残念ながら本戦に挑めなかった学生達の中にも、各大学内で評価されたような優秀な学生や、通過者と同等以上に真摯に取り組み、高いクオリティで挑んだ学生は、きっといたのだと思います。今回の結果に関わらず、参加してくれた学生全員が、これからも自分と向き合いながら、さまざまなオリジナリティあるチャレンジを続けてくれることを期待します。

近畿大学講師
渕上 貴代

はじめてこのような審査に参加し、当たり前なのでしょうが、予想以上に似たような作品ばかりで驚きました。また、私の学生時代よりも、社会ではなく自己に向き合う作品が多くなったと感じました。結果的に社会に結びつく議論になればOKなので、出発点として自己内省から始めるのは自然なことかもしれませんが、それにしても社会への発信よりも自己顕示欲が強い印象でした。また、A3用紙による審査なこともあって、テーマの力と建築物としての力、どちらかに偏っていて、両立している作品はほとんど発見できませんでした。

審査では、ただ目立とうとしたり、設計手法が目的化したりしているものは省きたいと考えながら見ました。昨年度から大学で指導するような立場になりましたが、「どうだ、面白いだろー！」みたいな設計手法でも、本人に聞いてみると、あまり建築への信念を感じられず、がっかりすることが多くあります。
日頃から、建築を通して感じる社会への不満だとか小さな疑問、違和感に敏感になって、建築の力を世の中に向けて、私も含めて皆さんと共に発信できるようになりたいものです。

JIA九州支部長／松山建築設計室
松山 将勝

今年のDesign Review2024の司会を依頼された立場として、予選審査にも参加させていただきましたが、応募数338作品を限られた時間で評価するには、審査側の集中力と洞察力が求められると同時に、応募側にもA3シート1枚で訴えかけるプレゼン力が求められます。そうした意味では、本選に進んだ作品にはプレゼンシートそのものに訴求力があったと言えるでしょう。審査の進め方としては、それぞれの審査員が票を入れ多数の作品は、ほぼ無条件で本選に推薦し、少数の作品

は審査員全員で議論を行い最終的に62作品が本選に進む結果となりました。私自身は「本選で議論が展開できる強度があるか」という視点で予選審査に挑みましたが、直接対話をしなければ思考の深度がはかれない作品も多く、本選では提案の本質を明らかにしていくような議論が展開できるように司会を務めたいと思います。パンデミックの中で学生生活を過ごした皆さんが、今何を思考し未来を切り開いて行こうとしているのか。本選での議論を楽しみにしています。

アーキペラゴアーキテクツスタジオ
吉野 太基

総数330を超える案を審査する過程はなかなか困難でした。評価の座標となる設計テーマの傾向のまとまりとしては、①私的な興味や物語からの建築理論の組み立て、②エコロジー的観点からの建築の再編、③建築の形態のスタディ、④リノベーション・コンバージョンによる既存価値の更新、⑤遺構の顕在化、⑥伝統や慣習がつくる非建築オブジェクトの建築エレメントへの転用、⑦テクノロジーの発展に伴う建築構成の発明、⑧プログラムに対し固定化された建築タイポロジーの改変などとして分類されました。

いずれもテーマに依る評価の優劣はなく、①②建築の普遍的問題に達しているか、③既視感がなくプログラム設定に妥当性があるか、④⑤既存条件の都合の良い部分だけを設計の材料にしていないか、⑥建築の刷新性につながっているか、⑦タイポロジーになりうる合理性・都市への波及力があるか、⑧対象を低く見積り改変が改悪になっていないか。
それぞれに項目をクリアし、いずれも建築の概念の輪郭を押し広げるにまで達しているかどうかが選出に至るか否かの基準となりました。

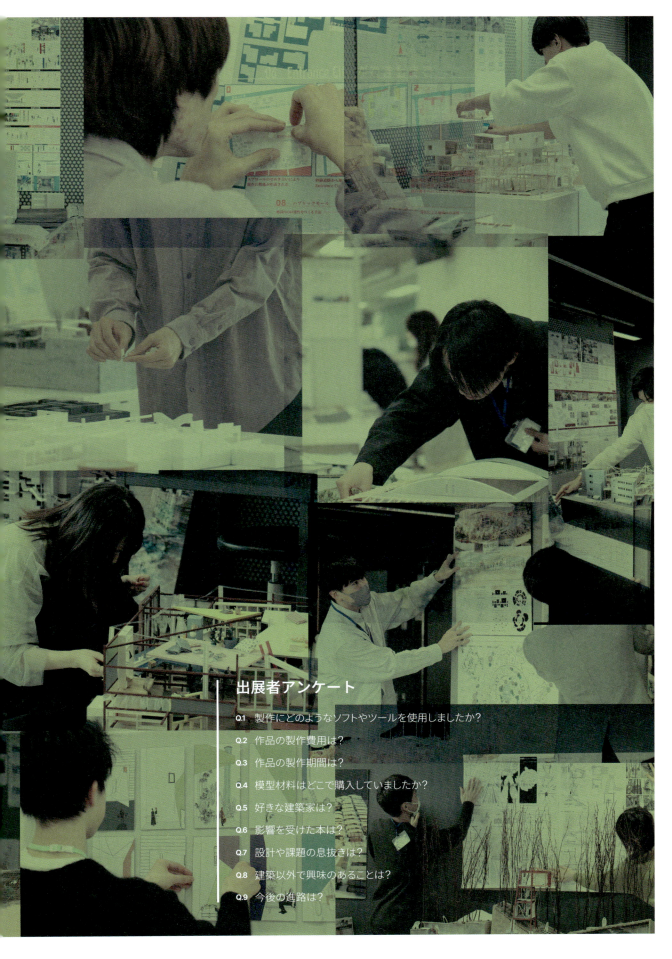

出展者アンケート

- Q.1 製作にどのようなソフトやツールを使用しましたか?
- Q.2 作品の製作費用は?
- Q.3 作品の製作期間は?
- Q.4 模型材料はどこで購入していましたか?
- Q.5 好きな建築家は?
- Q.6 影響を受けた本は?
- Q.7 設計や課題の息抜きは?
- Q.8 建築以外で興味のあることは?
- Q.9 今後の進路は?

壱岐の断面
-山・街・海を紡ぎ直す一本の建築-

敷地は壱岐・勝本浦。海岸線は急な斜面になっており、僅かな平地に民家が密集し漁村を形成する。現在、湾を埋め立て観光拠点を整備する計画がある。しかしそれでは山・街・海が近い距離にあるという敷地の良さが失われてしまう。そこで、従来の面的に海を埋め立てる開発ではなく、山・街・海を貫く断面線としての建築を提案する。

ID002
米田 律輝
九州大学芸術工学部
芸術工学科B4

A1. Illustrator, Photoshop, Lumion, SketchUp
2. 5万円程度 3. 1〜2ヶ月 4. 山本文房堂、レモン画翠オンラインショップ 5. 安藤忠雄 6. なし 7. 犬の散歩 8. 合唱、旅行、鉄道 9. 大学院等へ進学

米田 まず、僕の出身地である壱岐の漁村の1つを敷地にしています。そこは海岸線が急峻な斜面になっており、山から海までの距離が近いのが特徴です。近年開発が進んだことで観光拠点のために湾を埋め立てるという計画があり、それが実際に行われてしまうと模型で示している海の部分がほぼすべて陸地になってしまいます。そうなると漁村のアイデンティティが失われてしまうので、海との距離を遠ざけない開発として1本の線上の建築を提案します。

設計手法としては、敷地にある狭い路地や急な階段などの空間的な特徴を建築に落とし込んでいます。たとえば、山のところは急な階段があったり、ボリュームとボリュームの間を抜けるような狭い道があったりします。海のところだと、竹や木でつくった足場のようなものがあるのですが、それは高低差がありながら連続していることがリサーチからわかったので、そういったものをスキップフロアとして建築に落とし込みました。また、山の植栽を屋上緑化に利用し、最終的には建物の断面的にも山・街・海という連続的かつ立体的な空間体験を生み出すものとなっています。

松山 これをつくることにより、その開発を止められる戦略はありますか？

米田 プログラムとしては、ボリュームなどを含めて実際の計画に則っているのでその計画の代わりにはなり得ます。

松山 なるほど。たとえばこの先には何があるのですか？

米田 模型では表現できなかったのですが、埋め立て地に駐車場をつくるという実際の計画に対し、そうではなく、このように山のほうに持ってくることで人がこの建築を歩くきっかけになるし、集落がよりウォーカブルになることを期待しています。

松山 これをつくることによって周辺の集落に還元されるものはありますか？

米田 このあたりに商店街があり、この建築をつくることによって上から眺める視点が新たにできるので、そこに行きたいと思わせるような機能を考えています。

松山 そういうのは面白いかもしれない。用途をしっかり入れているのが良いですね。

米田 このあたりは、もともと海に蓋をしているような形で横向きに公民館があったのですが、それも立て替えてここに入れ込んでいます。

松山 めちゃくちゃ面白いですね。

壱岐の断面

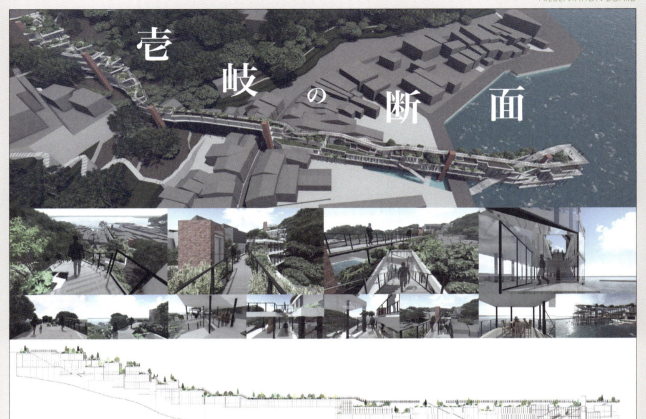

01 対象敷地 - 断面に特徴が現れる島、壱岐

敷地は長崎県壱岐市の漁業集落、勝本浦。古くから西日本屈指の漁港として栄えてきた。壱岐の島の断面は海岸線は急峻な斜面になっており、山から海までの距離が近いのが特徴。

漁村の家々の背後には裏山があり、急な斜面に階段や坂道が張り巡らされている。山から続く路地は海に対して放射状に通っており、家の間を縫うような狭い路地を抜けると、一気に海が広がる。この連続的な空間体験の豊かさも特徴である。

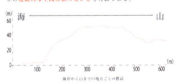

02 敷地の課題 - 遠ざかる海岸線 -

狭い平地に形成された集落は、近代以降、埋め立てによって開発が進んでいき、次第に海は遠くなっていった。現在もなお、湾の最奥部を埋め立て遊覧船の発着所、道の駅のような観光施設、多目的広場、観光バス等の駐車場の用地など、観光拠点を整備する計画が進行している。その背景には、遊覧船に乗る観光客が増加しているが、クルージングするのみで、街の商店街などに経済効果が波及していないという状況がある。今回の開発で、商店街など街への来訪者増加を図っているが、海岸線はさらに沖へ遠ざかり、道のすぐ脇に海が広がる風景、山と海が近いという勝本浦の固有性は失われる。

近代以前の海岸線 → 宅地造成のために埋め立てが始まる → 沿岸道路が建設される → 観光拠点整備のために湾が埋め立てられる

03 提案 - 断面線的開発 -

勝本浦の固有性でもある、山・街・海が近いという地形的・空間的な特徴を保全すべく、

海との距離を遠ざけない開発のあり方を探る。

〈従来の開発〉　〈新たなの開発〉

海岸線に沿った開発では、街と海の間にレイヤーを増やしてしまい、海までの距離が遠ざかってしまう。

開発の方向を90°反転し、山・街・海を貫く断面線を縫うように。海までの距離は変わらなが、山、街と海を結ぶ新たな道が生まれる。

04 全体設計手法 - "にわ"の拡大 -

1. 勝本浦の伝統的な民家には"にわ"と呼ばれる通り土間があり、表通りと海を結ぶ道として機能し、家の住人以外の人も使い、近所付き合いの場でもあった。

2. 各住戸にあった"にわ"を集落の背後にある山から街を抜け、海に至るまでの大きさに拡大する。

3. 建築ボリュームを浮かせ、1Fをピロティとすることで、"にわ"に沿った方向だけでなく、"にわ"を横断する動線も確保し、建築が集落にとって"壁"とならないよう配慮する。

4. "にわ"を拡大させ出来上がった建築は、山・街・海を結び、集落の断面方向の動線となり、地上部分は多方向の動きを誘発し、ウォーカブルな街を創出する。

05 詳細設計手法 - 浦ボキャブラリーの抽出 -

造形と空間は集落に存在するモチーフや空間を分析し、建築に落とし込むことで、集落の特徴である山・街・海を結ぶ連続的な空間体験を建築内に生み出す。

 ▶蛇行しながら登る階段
 ▶道の下をくぐる路地
 ▶途中で分岐する路地
 ▶異なるレベルを繋ぐ路地
 ▶家と家に挟まれた階段
 ▶異なるレベルで連続する"にわ"
 ▶直角に曲がる擁壁路

百鬼夜行
非在的空間との共存の可能性

もし自分たちが感じる『都市のほころび』が妖怪によるものだったら。そんなことを思いながら都市を眺めてみれば、日々通り過ぎていた日常風景が妖怪を生み出す定点となり、妄想がとめどなく溢れる。毎度粛々と街を歩く中で『都市のほころび』にこそ、都市の本質が宿っていると思う。

ID 005
髙橋 侑臣
日本大学理工学部
建築学科B4

A1. Archicad、AutoCAD、手描き 2. 15万円程度 3. 4〜5ヶ月 4. レモン画翠 5. 安藤忠雄、篠原一男 6. 妖怪文化入門 7. 友人とふざけてます 8. 哲学、心理学 9. 大学院等へ進学

髙橋 私は都市の中でヒヤッとしたり不気味だと感じたりする空間や場所をすごく魅力的に感じており、そういう場所を建築に代用できたら面白いのではないかと考えたことから卒業設計が始まりました。その原因究明をする中で妖怪に出会います。妖怪というものは、たとえば異質なシミに対して昔の人々は理解できない現象として捉えていたので、"天井嘗（なめ）"という妖怪で納得していました。自分も、それらの場所を妖怪で説明できるのではないかと考え、異質な場所を集めてそこから妖怪を採集することを始めました。これは25体のオリジナルの妖怪です。そして、今の合理的な建築とは違って、妖怪という不確かなものからつくられる建築の可能性について探ります。設計では、採集した妖怪の特徴と、その特徴を建築言語に変換したものと、妖怪の溜まる場所と考えたものを組み合わせることで建築をつくっていき、ケーススタディ的に3つをつくりました。まとめとして、人間に歓迎されない空間ができて、何かが潜んでいる空間を持つ建築が、人々が空間に近づく主体性を取り戻す装置になるのではないかと考えています。

野口 都市の中に違和感のあるものをつくろうとしていることはできていると思います。聞きたいことは、"再現して"と言われて自分の中で再現できるつくり方があるかどうかと、妖怪が発生するところは境界にあるのかということです。

髙橋 そうです。

野口 境界というのはどこに入っているのか知りたいです。

髙橋 まず再現できるかに関しては、現象というものを抽象化して、そこから出てきた特徴を分析して組み合わせることで再現可能と考えていて、それはコンテクストの読み取りと考えています。境界の話は、たとえば模型で見ていただくとわかりますが、この部分の厚みは無意味な厚みですが、そういう場所に何かが潜んでいるような興味を持ってもらうとか、このスラブでいうと同じ空間にあるけれど下の空間には歓迎されない空間があるなど、この曲面の裏や、そういう細部の境界部分、見えない部分をどうつくるのかで妖怪を表しています。

野口 一度イラスト化して、別の言語に置き換えるのがとても面白いと思いました。

PRESENTATION BOARD

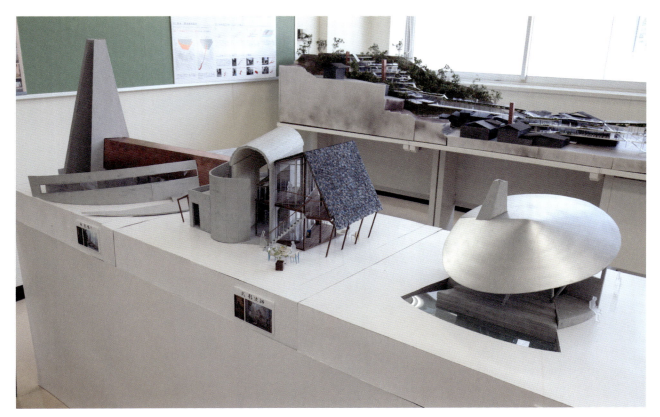

加速社会に於けるユートピア・幽霊とため息

加速社会において、特に電車の発達は面で拡がる世界を、駅を結ぶ点での世界に変化させる。この移動間の世界は速度によってスキップされた不可視のユートピアだ。ならば「緊急停車」は世界の出現である。本提案はこの認識のギャップで、迷惑施設である火葬場などを堂々と設置可能であると仮定した、社会への挑発である。

011
渡邊 晴哉
法政大学デザイン工学部
建築学科B4

A1. Illustrator、Photoshop、Rhinoceros、InDesign 2. 20万円程度 3. 1〜2ヶ月 4. 世界堂 5. 小堀哲夫 6. 1Q84 7. 飲酒 8. サブカルチャー 9. 大学院等へ進学

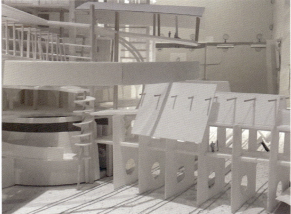

POSTER SESSION

渡邊 私はまずアルド・ロッシと絡めてユートピアについて論文を書きました。私自身、電車通学であり、駅と駅の間の都市は下車しなければ気付かないように感じ、それがある種のユートピア状態ではないかと考えました。そう捉えると、現在、迷惑施設とされている火葬場や納骨堂といったものがそのような状態の場所に置けるのではないかというのが私の問題背景です。選んだ敷地は高輪ゲートウェイと田町駅の間の場所で、そこから水平的に都市軸を見出して迷惑施設を鉛直状に上げるという構成です。プログラムの一つとして、街の空室率が高い一方で再開発が進んでおり、それに対する皮肉を考えて納骨堂を建てました。

塩崎 ユートピアは存在するのかしないのか定かではない中でどこかに存在しているだろうということを、都市のインフラを皮肉に見て途中駅に目をつけたのはすごく面白いのですが、それを説明するための図面表現はあったほうがいいと思います。もっと引いた都市のスケールでつくり、都市の中でユートピア化している状況とはどういう状況なのかを見せると説得力が増したと思います。ものの部分に注力し過ぎて、初めて見るとどこかの駅前につくっているかのように見えてしまい裏返しの部分が伝わらないような気がしました。そこが少し勿体無いように感じます。形は楽しい形になっていると思います。白模型ではなくても良かったかもしれませんね。そのほうが迫力はあっただろうというのが一番思ったことです。図面表現がないのはやはり勿体無いですね。

渡邊 なるほど。

塩崎 もう少し都市の記述の手法を探し出すといいと思います。見えているはずなのに見えていない場所がいろいろなところにあると思います。

PRESENTATION BOARD

加速社会に於けるユートピア・幽霊とため息
Utopia in an Accelerating Society : Ghost Signs

電車を頻繁に利用する方なら、「緊急停車」「遅延」と聞くと思わずため息をつきたくなるだろう。実際に私もその一人で、スマホを眺めっこすることで対応していた。だけどある時停車した車窓から、不思議な形のビル・名前だけ知るあの大学・色とりどりな居酒屋が映り続けた時気づいたのだ。毎日そこを通り過ぎているけれど、今まさに探している古着がこの街にあるかもしれない。理想的な生活が過ごせるかもしれない。詰まるところ可能性の遮断は、「知らなかった」ではなく「知るつもりが無い」世界であることに。それは「何かしなければならない」という病で常に選択を迫られていることが原因ではないか？こうして「加速社会」の是非でなく可能性を探ろうとしたのが設計のきっかけであった。 ふと21世紀少年の半生を振り返ると中ロナと共に建築を学び始め、一度停止した社会にて、目まぐるしい変化を憎んでか、新規地に対しがむしゃらに挑んできた。しかしそのトライ＆エラーの機会は社会の回復と共に「何かしなければならない」と言うレトリックで減少している。そんな今私からの提案は加速社会による「ユートピア状態」の誕生と、停止による「知ることの可能性」の2点であり、生身の痛みで獲得した以上の経験談からである。この際、知ることの対象は、理想 or 危険である事は言うまでもない。速感施設の設置にはこうした憩窓がある。そんな自己防衛の強りよがりな提案は、社会への皮肉と抵抗を繋げることで卒業制作の立ち位置としている。

00 背景・提案 加速社会に於けるユートピア透明な都市

01 提案 幽霊とため息 停止による出現

02 敷地 高輪ゲートウェイ駅・日野電園

03 ダイアグラム 速度と建物による物理的関節

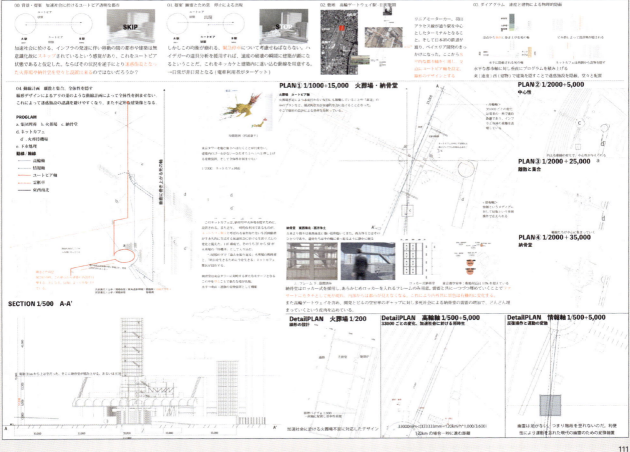

赤い塔のゆくえ

私が生まれ育った町には一際目を引く『赤い塔』があった。不気味な印象を与える塔は、怖くて近寄りがたい忌避な存在だった。そんな塔がついに解体されることになり、不意に寂しさを感じた。不気味で近寄れなかった塔に、なぜ寂しさを感じたのか。この寂しさと向き合おうと思い、赤い塔が撤去されない世界線を考えることにした。

022
金子 豪太
京都工芸繊維大学大学院工芸科学研究科建築学専攻M1

A1. Illustrator、Photoshop、Archicad 2. 1万円程度 3. 1〜2ヶ月 4. 大学生協 5. 伊藤維
6. なし 7. 設計コンペ 8. 大河ドラマ 9. 未定

金子 僕の家の近くには、子どもの頃から"近寄ってはいけない"と言われて避けられていた赤い鉄塔があり、なんだろうとずっと不思議に思っていました。最近になってそれが解体されるという話になり、いざ解体されるとなると意外と寂しいと思いました。寂しさの正体を明かそうとしたら、最終的には逸脱したスケールだからこそランドマーク的な役割があるのではないかと思いました。"近づくな"と言われるけど、遠くから見ると愛着がある。そのような関係性を解いていったときに、街のスケールの部分とそうではないスケール部分で何か切り替わるものがあってもいいのではないかと今回の設計を考えました。

松山 この案が完成したときにはもう解体されてしまったのですか？

金子 これが完成した週にたまたま解体されてしまいました。

松山 プレゼンテーションできると良かったですね。この案は絶対良い。用途は何でしょうか？

金子 福祉施設です。避けられているところだったので、麓に入っていくような街の拠点となる施設をつくりたかったのです。

松山 こういった事例はなかなかないと思います。街の廃墟と化しているような状態、既に悪とされているような状態からシンボルとなるということですよね。着眼点も良いし、提案としてはすごく穏やかというか質素だけれどめちゃくちゃ良いと思います。プレゼンテーションすれば実現できる感じがしました。

金子 本当にこの世界線を実現したかったです。

松山 外皮が生まれて建築用途が発生していくけれど、そうではない可能性というか、未来を提示していくような、そういうコンセプトのある建築になればいいですね。

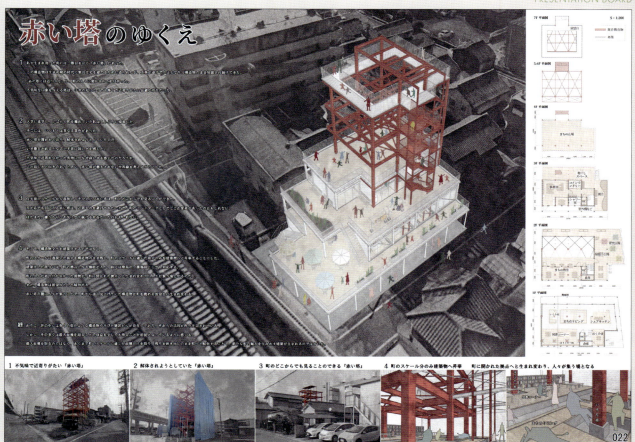

便所的パラサイト
-トイレ的手法で都市構造を再解釈する-

私達の生活に欠かすことのできない「トイレ」、つまり排泄行為は根源的営みである。ふと日常で見る飲みの場での光景も日々の鬱憤を排泄する「トイレ」と言えるのではないか。目まぐるしく変化する世の中において多様な場で議論されるトイレの在り方。人間の排泄行為を広義的に捉えトイレを起点に都市構造を再解釈する。

ID038
藍野 友輝
日本大学理工学部
海洋建築工学科B4

A1. Illustrator、Photoshop、Rhinoceros、Lumion、AutoCAD 2. それ以上 3. 1～2ヶ月 4. レモン画翠 5. 門脇耕三 6. ノンタン おしっこしーしー 7. 千葉県の学校の近くにある横浜家系ラーメン北習家に行ってきました。 8. 「すべては建築である」ハンス・ホライン 9. 大学院等へ進学

藍野 現在、さまざまな場でトイレについて議論されています。ニューヨーク市では2017年から公共トイレはすべてジェンダーニュートラルにすることが法律で義務付けられ、私たちの身近で言うと、東京の渋谷区で実施されている"THE TOKYO TOILET"ではトイレが変われば街も変わるのではないかという社会的実験が行われています。永山祐子さんがファサードデザインされた"東急歌舞伎町タワー"ではジェンダーレストイレが導入されましたが、開始から6カ月で廃止されました。私は、トイレはもっとポテンシャルのあるものでこれから変わっていくものだと思っており、トイレの常識を変えたいと思っています。それが何のためになるかというとマイノリティーのためにあると考えていて、トイレの特性を利用して建築をつくっています。

藤村 どのようなバリエーションがありますか?

藍野 私たちの排泄物は尿と便ですが、都市の排泄物は何か、言語を与えてそれらを組み合わせて建築をつくっています。歌舞伎町の場合は放置自転車が年間7000台くらいあるので、その車輪を使ってショーケースを組み合わせ、こういうものをつくっています。都市のリズムが歌舞伎町にはあると思っていて、歩行者天国で車が入れない時間帯にこれがやってきてゴミを投げ入れるという人の特性を利用しています。

藤村 こちらの模型ではどのように表現されているのですか?

藍野 これは建築のロジックとしての表現です。上にパチンコの椅子が置いてあるのですが、これはパチンコ店が出したゴミとなります。パチンコの椅子は、ギャンブルの記憶を持っているものだと思っていて、それで歌舞伎町のギャンブル要素を表現しています。

藤村 建築のロジックをもう少し聞きたかったです。

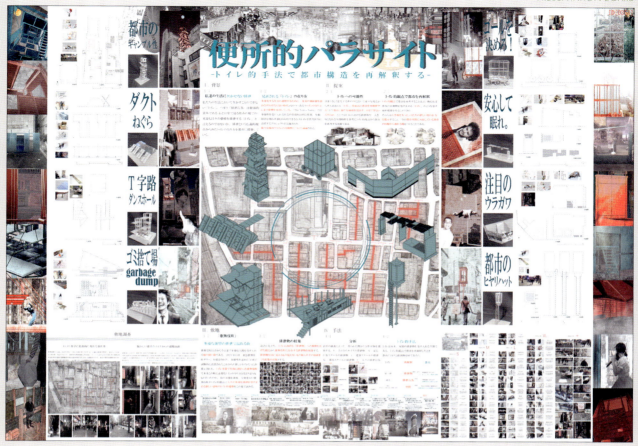

感性の眼と知性の眼
-心象と伏線の立体交錯駅-

私は、建築知識を身につけるごとに見え方が変化したような気がした。直感的に建築を見る時の視点を「感性の眼」、知識を得てから見る時の視点を「知性の眼」と名付けた。この二つの眼で建築を観察するリサーチを行い、導き出した「伏線建築」を設計した。リサーチと同様、三段階の体験の想定と、抽出したデザインコードで設計を行う。

ID.042
中西 さくら
芝浦工業大学建築学部
建築学科B4

A1. Illustrator、Photoshop、Rhinoceros、Procreate 2. 15万円程度 3. 10〜11ヶ月 4. レモン画翠 5. 槇文彦 6. 空間の経験 7. YouTubeを見る 8. 情報系 9. 大学院等へ進学

中西 私は建築巡りが趣味ですが、建築の知識を身に付けるごとに"知性の眼"で見るばかりで、感動のような"感性の眼"で見ることが少なくなったような気がします。この二つを大事にする方法はないのでしょうか？これは感性の眼と知性の眼による2つの体験の違いのリサーチを通して、今後の建築表現を考える思考実験です。まずリサーチでは30の建築に赴き、1度目は事前情報なしで体験し、2度目は建築家の言説を知ってから体験しました。それぞれの体験の良さを4象限に分類し、感性の眼よりも知性の眼による体験のほうが設計者の意図を知ることで伏線回収ができることから、その中でも豊かに変化する建築を"伏線建築"として今回の設計対象としました。敷地は四ツ谷駅で、普段何度も通う中で感性の眼で利用していた利用者の体験を通じてこの地に隠れたコンテクストを回収することで、今後、知性の眼で体験できるようになる駅を設計しました。

野口 2回経験することで経験が変わるのが面白いと思いました。聞きたいことは、感性の眼でいろいろな建築を体験した中で心が動いた瞬間というのは何であったのかと、言説を見て体験したときと、ここに書かれている知性が少し違う気がすることです。

中西 今回の設計対象は知性の眼でひっかかる建築なので、感性の眼では身体スケールや一目でわかるような形態が印象に残ったことから、わざと身体スケールから外れたわかりやすい形態ではなく、建築要素のようなスケールで伏線を張っています。そして言説を読んでから体験して変わったことに関しては、言説だけでなく図面も見たのですが、それが一種の何度も体験して図面ができていくという知性の眼でもあるのかなと思いました。だから今回は、言説と自分の体験という身体的に獲得される知性の眼も対象にしています。

野口 この空間を体験しないと、この空間に気が付けないのが良いことなのか悪いことなのかがわからないです。

中西 それに関しては、伏線建築が良いというより、この4つを設計することが重要だと考えています。

Entrance City
-ショッピングモールから始まる地域再生-

郊外地域においてショッピングモールを起点とする都市を設計した。新都市はショッピングモールに公共機能が挿入されたパブリック・モール、経済効果によりスプロールが発生する地域に対して施設と一体的な宅地開発を行い生まれるリージョナルモールによって構成される。それぞれのモールに連続性をつくり、地域に循環が生まれる。

ID 050
河野 裕翔
佐賀大学理工学部
理工学科B4

A1. Illustrator、Photoshop、AutoCAD、Blender **2.** 5万円程度 **3.** 5〜6ヶ月 **4.** ホームセンター **5.** 佐々木翔 **6.** 建築の多様性と対立性 **7.** 漫画を読む **8.** 芸術 **9.** 大学院等へ進学

POSTER SESSION

河野 僕は田舎のショッピングモールの近くで育ってきました。ショッピングモールは郊外地域から商圏を奪って地域を破壊していますが、一方で、実体験としては車社会である郊外においてショッピングモールは切り離せないものでもあります。そういう背景を踏まえて幹線道路と既存地域について、ショッピングモールを栄養源とする都市をここにつくることによって課題解決に臨んでいます。具体的には、地域の中央の入口となる立体駐車場を核としたショッピングモールをつくり、幹線道路沿いにはファストフード建築群があります。商業一色の空間だと文化的な機会が得られないので、文化公共空間を挿入しながら地域との連続性をつくっています。

秋吉 この土地は、もともとどのような土地なのですか?

河野 もともとは田畑が広がっている余白の土地です。

秋吉 ショッピングモールと公共施設をハイブリッドした、という提案ですか?

河野 それに加えて、宅地開発を一体的に行うことで既存都市と接続するという提案です。

秋吉 そのオリジナリティについて、これとの関連性はあるのですか?

河野 はい。ここにある機能が部分的に拡張していきます。

秋吉 では、お店が入っていないということですか?

河野 そうです。それに対して任意で後から住宅がついてくるので、たとえばフードコートが拡張されて席が配置されます。

秋吉 立体駐車場を起点とする意味は何ですか、分散化の提案なので分散化させればよいのではないでしょうか?

河野 郊外地域において車でショッピングモールに入ることは必須だと思っています。

秋吉 立体駐車場に集約する必要性は?

河野 集約した後に歩き回ってもらいたいと考えました。

秋吉 それなら集約も分散し、たとえば100台ずつエリアごとに分散するとか。場合によってはモビリティが必要かもしれないし、クラスターでつくっていくようなこともできるのではないでしょうか?

河野 それに対しては、マイクロバスのバス停を配置するなどしています。

秋吉 モビリティで解くか配置で解くかに関しては、計画の提案なので計画で解いたほうがいいと思います。

PRESENTATION BOARD

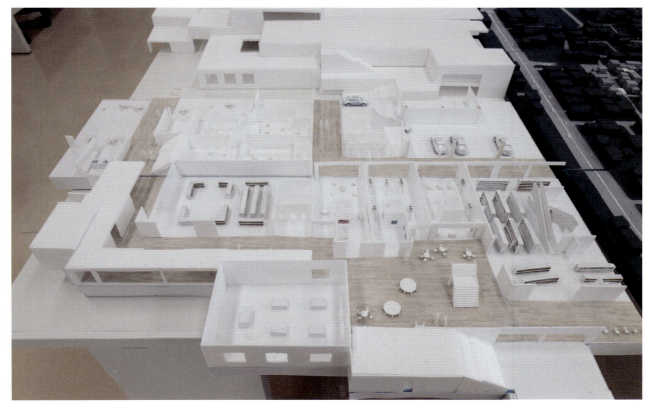

めぐる、学び舎
-菌糸と更新する小学校-

素材は建築と化す。その不可逆的変化は生態系に組み込まれることで可逆性を持つ。環境と共存する建築が求められる現在、建築も生態系の循環の中に組み込まれるべかではないのか。本提案では菌糸を用いて建材の分解、再生を児童と地域住民が行う。菌糸により時代に適応、更新し続ける小学校を目指す。

057
齋藤 巧
九州大学工学部
建築学科B3

A1. Illustrator、Photoshop、Rhinoceros、Lumion、Procreate、Grasshopper **2.** 1万円程度 **3.** 1〜2ヶ月 **4.** キノコ農家(譲渡)、ナフコ **5.** 秋吉浩気、佐々木翔、アントニ・ガウディ、藤森照信、末光弘和 **6.** 建築家の解体 **7.** 麻雀 **8.** 生物学、食 **9.** 未定

齋藤 まず僕は菌糸に興味を持っていて、自宅のシンクの下で菌糸ブロックを育てています。糸島市の学校の近くの農家さんから要らなくなった菌糸をもらってブロックをつくっています。菌糸ブロックのメリットとしては自己再生したり撥水性があったり、そのほかにも圧縮試験と熱伝導率の試験をして、構造的にも断熱的にも優れていることがわかりました。その結果をもとに、小学校の設計課題と菌糸は相性が良いのではないかと考えました。コンセプトは2つあり、1つ目は、デジタル化が進む教育現場では、子どもたちが実際に手を動かしてものをつくる感覚や経験を得る機会が減っており、その感覚を再獲得できる建築空間を提示します。2つ目が、素材をアップサイクルさせることを念頭に設計することです。素材を使い捨てにするのではなく、ここで使われた菌糸や茅葺きの屋根などが別の場所に転用され、建築自体が自然の中に組み込まれていくような小学校を提案します。1年前くらいに菌糸ブロックについて本で読み、建築材料にすると面白い空間ができるのではないかと考えました。

松山 これは何ですか?

齋藤 キクラゲ農家さんが3回くらいキクラゲを収穫すると、味が落ちて菌糸ブロックが駄目になるため今までは焼却ゴミとして捨てられていました。でも、捨てるくらいならと農家さんからもらって、こんな感じで解して型枠に入れて乾燥してブロックにするという感じです。

松山 実際に建築資材として使えそうなのですか?

齋藤 圧縮試験をしたら7800N、約800kgくらいの力が加わったときに破壊されることがわかりました。

松山 強いですね。

齋藤 密度に対する強度はレンガを上回っています。

松山 熱伝導率もすごいですね。

齋藤 断熱性能もあります。

松山 めちゃくちゃ軽いですね。

齋藤 1個100gくらいでレンガと同じくらいの大きさです。

松山 自然に還るんですよね?

齋藤 そうですね。この内壁も菌糸でつくっていますが、壊れたら小学生たちが図工の授業などでブロックをつくり、壊れたものはビオトープで茅の葺き替えと一緒に分解されて地中に還るという感じです。

松山 特許を取ったほうが良いのでは?

齋藤 はい、取ろうという話をしています。

めぐる、学び舎 〜菌糸と更新する小学校〜

01. 失われた感覚
● 現状
近年教育現場でも著しくデジタル化が進み教育の合理化が進んでいる。それに伴い児童の経験、体験のデジタル化も進んでいる。
一方で児童はモノに触れ、身をもって経験や感覚を得る機会を失っている。

● 提案
児童が失った感覚を再獲得する機会を建築空間で作り出す。
教育のデジタル化の中で児童が触れてこなかった自然のモノに触れる経験をアナログ化し、感覚を再獲得する小学校を提案する。

02. マテリアルの行方
● 現状
現在ある建物の多くはマテリアルフローの終点になっている。マテリアルフローとは建築材料の生産から消費までの一連の流れのこと。消費するエネルギーを少なくしても建築材料を使い捨てていては真にエコスクールとは言えない。

● 提案
これからの建築物（特に公共建築物）はマテリアルフローの通過点や始発点になるために、建築材料のアップサイクルを念頭に設計する必要がある。そのため、自然素材とその新たな利用方法を用いた小学校を提案する。

03. まちをめぐるマテリアル

○ 木のめぐり
建て替えや家の解体で生じた木材は形を変えながら再利用されていき、最終的には次の木材の成長のための豊かな土壌となる。

○ 菌糸のめぐり
キノコ農家が廃棄する廃菌床を菌糸ブロックとして再利用する。菌糸ブロックは内壁や間仕切り、断熱材として利用され風化すると砕いてビオトープに撒き分解される。

○ 藁のめぐり
今津周辺の畑で毎年大量に焼却されている稲藁や麦藁をチガヤから集めて茅葺屋根として利用する。茅の葺き替えで不要になった茅は地中の温度維持のためビオトープで敷き藁とする。

○ 土のめぐり
小学校や周辺の施設の建設で生じた土はビオトープで貴重な土と菌糸と混ぜることで再利用可能となる。海藻類や川砂と混ぜれば土壁や児童の遊び場となり最終的には再びビオトープへ。

04. 平面図 1/400

06. 断面図 1/100

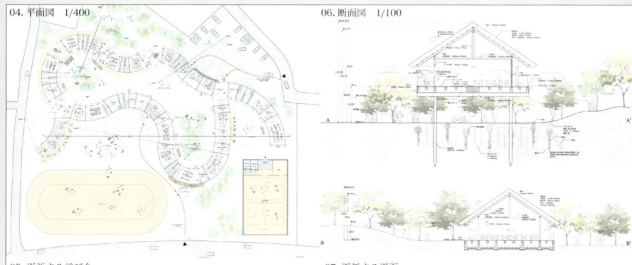

05. 更新する学び舎
□ スケルトンインフィル
菌糸の壁や茅葺の屋根は定期的に更新が必要なため、建物全体を構成する部材をスケルトン（躯体）とインフィル（内装）に分けて設計を行う。

○ スケルトン
校舎全体の躯体は木で作る。杭、柱、梁は基本的には更新の必要がない。

○ インフィル
菌糸の内壁、間仕切り、断熱材、土壁、茅葺屋根はインフィルとして扱い数年単位で更新を行う。

○ インフィルの更新
インフィルの更新は主に菌糸の壁と茅葺屋根を行う。更新には児童や公民館を利用する地域住民が中心となって行う。

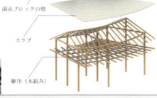

07. 更新する平面
建物の基礎は木杭の杭基礎とコンクリートもべた基礎の2種類を用いる。
木杭は5年〜10年程度で腐るため建て替えが必要になる。小学校は10年、20年と時間がたつにつれ児童の人数や地域での使われ方から変わる。それに伴い建物の規模も更新する必要がある。
時間とともに更新する必要があるクラスルームや公民館の棟は木杭を用い、更新の必要のない職員室などのコアはコンクリートのべた基礎とする。

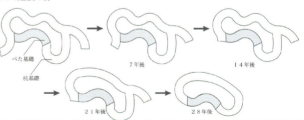

水上ビルの終活
-川の上に建つビル群から農業公園への提案-

川の真上に建設された15棟、全長800mの水上ビルを敷地とする。廃墟と化したビル群は街を分断し、水辺は暗渠によって失われている。一方、水上ビルの愛称で親しまれ、川の上に建つという建築的な魅力も持つ。正負の側面に悩んだ私は、20年かけて水上ビルを減築し、農業公園へと変化させていく、水上ビルの終活を提案する。

ID 087
早坂 秀悟
鹿児島大学工学部
建築学科B4

A1. Illustrator, Photoshop, Archicad 2. 15万円程度 3. 10〜11ヶ月 4. ハンズマン、レモン画翠 5. 乾久美子 6. なし 7. サウナ、ピアノ 8. 不動産 9. 大学院等へ進学

早坂 敷地は愛知県豊橋市の駅前から約800m続くビル群で、川の真上に建っています。川の真上に建つという魅力や、水上ビルの愛称で親しまれているという特徴がありますが、街中を分断していて廃墟になっているところや店が失われているところがあるなど、良い面と悪い面に悩んだ結果、水上ビルを20年かけて建築を解体していき、農業公園へとシフトしていく水上ビルの終活を提案します。流れとしては、暗渠という課題に対して解体していき新しく農業公園のデッキをつくっていきます。また、壁になっている水上ビルの壁を抜いて道路と道路の視認性をつくっていきます。そして、取り壊しのパイプが農業をするための足場となり、取り壊しと人の活動が共存するようになっています。1番奥の模型だと、水上ビルのフレームを生かし、光の当たる部分はハウスを設計しており、光を与えながら仮設的につくっています。透明性があるので、道路から緑が見えたり、庇を設計することで道路との関係性もつくれたりという提案になります。

松山 この模型は完成形ですか？
早坂 10年後の水上ビルを表現しています。
松山 20年かけるんですよね？
早坂 20年かける過程での10年後です。
松山 そうすると、最後の状況はどうなるのですか？
早坂 最後は水上ビルが一部残り、水辺はほぼ無くなっています。この暗渠の風景を一部残したり、一番価値のある部分は丸ごと1棟そのまま残したりして、それ以外はほとんど解体するといった提案になります。
松山 建築というのは永遠ではないので、そこの限界値を定めていく戦略が見えます。そのプロセスはつくっているのですか？
早坂 まず減築していったとしても、仮設コアがあることでどの場所も行き来できたり、必要なところは壁を残したり、としています。

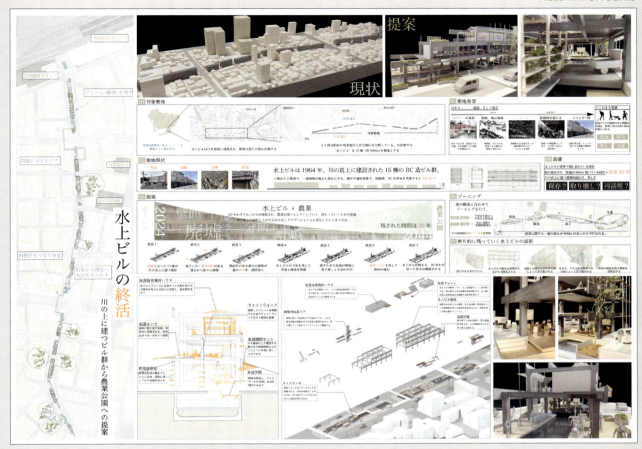
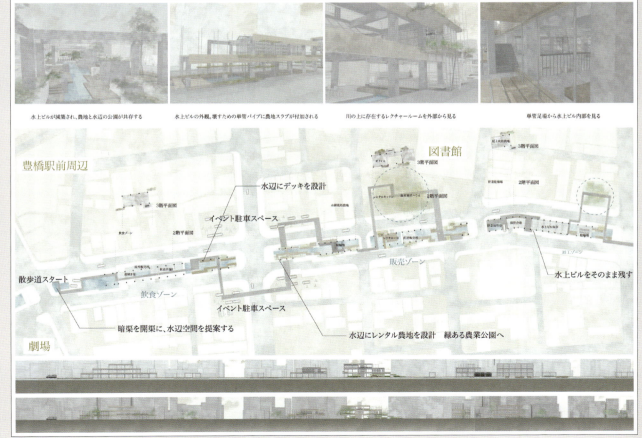

内窓の家

開くと閉じるを同時に満たす建築とは何か。私たちは建築の開閉を司る要素である窓に注目した。窓の三次元的な操作に可能性を見出し、建築的な開閉に対する人間の応答について、身近な空間である住宅から考えた。二次元に存在していた窓は空間を伴って、三次元の世界へ干渉し始める。それは私たちの暮らしをどう変えていくだろう。

心088

末松 拓海、細田 雅人
芝浦工業大学建築学部
建築学科B3、B3

A1. Illustrator、Photoshop、Rhinoceros、AutoCAD、コンセプト 2. 2万円程度 3. 1〜2ヶ月 4. スーパービバホーム 5. 原田真宏 6. a+u「建築と都市」 7. オセロ 8. 映画、漫画 9. 大学院等へ進学

末松 開くことと閉じることを同時に満たす建築という出題から、私たちは、建築の開閉を司る窓から住宅を設計していきました。窓のリサーチと形態のリサーチを続けていると、窓に対する三次元の追求に新しい空間を生み出す可能性を見出し、設計を進めていきました。模型を使って説明すると、十字の内壁が大きな空間に室をつくっており、三次元の窓が壁となり床となり天井となり、さらに細かい場を立体的につくっています。このような窓がつくる家が、私たちの暮らし方を変えていくのではないかと考えています。その新しい暮らし方や変化した暮らし方をドローイングで表現しています。

藤村 これは、このように開閉しますということを表現しているのですか?

末松 はい。土台の十字と内壁の十字が対応していて、同じ位置に窓があります。

藤村 これとこれはもっと同じに見えてもいいのではないでしょうか、それとも、こちらは外壁だから分厚いということですか?

末松 そうです。

藤村 こちら側の張り出しているものは外壁のようになっていて、反対に、こちらは内壁のようになるということですか?

末松 内外が反転する感じです。そのため、窓も内側に開くような感じです。

藤村 今の印象だと、内壁にするのはもったいないような。反転させるのであれば、こちらに断熱性をもたらしたいなら、外壁・内壁という感じにする必要はないような気がします。そのほうが、反転することがレトリックとして伝わるように思います。

末松 中にいると内壁の厚みを感じる場所が部屋の間を通る場所しかなく、この間を通ることが、壁の薄さへの意外性や面白さになるのではないかと考えています。

藤村 2000年代で言えば、妹島和世さんの"梅林の家"で同じようなことをしていましたね。

境界の融介

私の故郷である福岡県築上郡吉富町の中心部には、町のさまざまな公共施設が一カ所に集中しており、多くの世代が集う場所であるが、無計画な開発のために、人々の活動は分断され、町の中心部はどこか空虚な雰囲気が漂う。この分断された空間を再配置し、新たな空間が人々の活動の幅を広げるこの街ならではの公共施設再編を提案する。

No.090
道祖 浩満
九州大学芸術工学部
芸術工学科B4

A1. Illustrator、Photoshop、SketchUp、手描き、Fresco 2. 5万円程度 3. 1〜2ヶ月 4. レモン画翠 5. フランク・ロイド・ライト 6. 有機的建築 オーガニックアーキテクチャー 7. コーヒーブレイク、寝る、散歩 8. 鉄道 9. 大学院等へ進学

道祖 僕の設計のテーマは地方の街の公共施設再編です。僕の地元にはさまざまな公共施設が一カ所に集まっており、一つひとつの空間が分断されてしまっていることから、いろいろな人が集まる中心部であるにも関わらず、人々の交流は内に閉じてしまっていて空虚な空間が広がってしまっています。そこで現状の主体別に小分けされた空間に対し、互いが触れ合える空間を新たにつくり人々の活動を広げ、賑わいのある街の中心をつくりたいと考えました。すべてをスクラップアンドビルドするのではなく、現状うまくいっていないながらも潜在的な魅力があるものにも目を向け、残すものや再配置するものを選び、新たな公共空間を既存と繋げつつ敷地に伸ばします。そして新たな空間を介することで、これまであった隔たりがなくなり、人々の交流や活動を敷地全体に融解させることができます。

藤村 再配置とはどういう意味ですか？

道祖 潜在的な魅力を潰してしまっていると僕が考える施設、たとえば、中心部に流れている川の上にプールが建設されて暗渠になってしまっているとか、幼稚園の空間が内側に閉じてしまっている場所などを中心に、3つのゾーニングをもとに適切に施設を再配置させました。

藤村 ストーリーとして明快だと思うのですが、水辺のところは今まで無かったところですか？

道祖 公民館がここにあったのですが、3階建ての鉄筋の建物の中で閉じていた図書スペースを、水辺で憩える空間と繋げながら再配置しようと考えています。

藤村 方向性はわかりました。パラサイトしている感じが、提案における個性のようになっていますね。

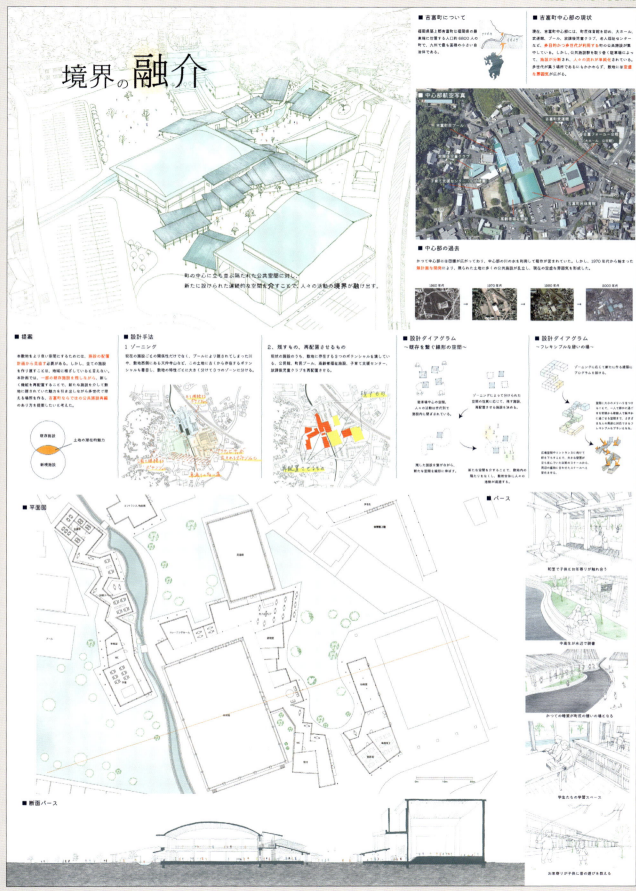

豊島事件を辿る
－ヴァイツゼッカー講演録を用いた過去の再生と再解釈－

産廃違法投棄事件が起きた「豊島」でヴァイツゼッカー講演録を頼りに過去を読み解く手がかりを模索する。豊島住人が見た風景を視覚、聴覚、心情から感じ取り、記憶から風化されることのない事件の再解釈を行った。これは過去の闘いと現代の課題を結びつけ、過去の出来事の壮絶さを知るきっかけを生み出す。

ID:104
長野 耀
近畿大学工学部
建築学科B4

A1. Illustrator、Photoshop、Rhinoceros、InDesign、Procreate、手描き **2.** 4万円程度 **3.** 5〜6ヶ月 **4.** ジュンテンドー **5.** ダニエル・リベスキンド **6.** ブレイキング・グラウンド **7.** SEKAI NO OWARIのライブを見ること **8.** 映画 **9.** 大学院等へ進学

長野 三年に一度、瀬戸内海では瀬戸内国際芸術祭が開催されます。その舞台の一つに豊島があります。今では緑溢れる山々に囲まれる豊かな島ですが、過去に目を向けると90万tに及ぶ大量の産業廃棄物が埋め立てられたという歴史が存在します。4つの建築は、豊島の住人が連帯性をもって産業廃棄物について話し合いを続けた場所、豊島事件の事件現場へと続く一本の道、大量の産業廃棄物が埋め立てられた事件現場、そして公害調停が成立するきっかけとなった山に点在させます。設計手法としては、闘争中に豊島事件の解決へと導いた中坊公平弁護士が引用したヴァイツゼッカー演説録『荒れ野の40年』を用い、その言葉と背景から過去の歴史を模索します。建築はどれもが負の遺産を表していて、どこか悲しい過去を連想させますが、空間としてはポジティブな表現がされています。

長坂 その事件を巡る話をミュージアム化したのでしょうか、何を見せる場所ですか？

長野 こういうことがあったと後世に伝える場として設定しています。

長坂 そこには何があるのでしょうか？

長野 住民が産業廃棄物を撤去しようと取り組んできたことを語り継ぐ場所として設計しています。

長坂 何かを展示しているわけではなく、それを象徴するような形として表現するということですね。このあたりは？

長野 事件現場に続いている道が一本しかなく、ここには昔、住人がどうしたらいいのか思い悩みながら歩いてきた過去があるという……。

長坂 歴史を形にしているということであり、具体的にコンテンツがあるというよりも、そういう話を形にしているということですか？

長野 そうですね。それをヴァイツゼッカー講演録から過去を模索していき……。

長坂 これはどういうことですか？

長野 大量の産業廃棄物が埋め立てられた実際の事件現場を表現し、地面の起伏が足に伝わるようにしました。

長坂 これは？

長野 公害調停が結ばれるきっかけとなる山に549本の柱があり、その一本一本に名前が書いてあって、それが建築的に、上が産業廃棄物を模したような形に見えたり住人が押しつぶされているようにも見えたり、住人が一致団結して戦っているようにも見えたりと、二面性のある建築にもなっているのではないかと考えています。

長坂 このストーリーを使って造形したということですか？

長野 はい。

PRESENTATION BOARD

豊島事件を辿る
ヴァイツゼッカー講演録を用いた過去の再生と再解釈

act.0 緑を取り戻すために一矢報いる

豊島の未来を暖かく包み込むように見守る

観光客と地域住民の受け入れを誘発

act.1 静けさの中歩く道のり

自分を見失わないため「自然の音」を聞く

歴史的背景を読み解く憩いの場

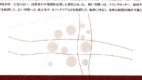

act.2 大地の起伏は足元に伝わる

記憶から消えることのない些細な操作

地形に呼応する配置計画

act.3 平和へ向け心から和解する

笑いあう空間を作る

二面性のある建築へ

129

獅子と境棲する集落
-野生動物の行動特性と人間の振る舞いを掛け合わせることで生まれる新たな建築形態と暮らし方の提案-

これまでの人間の主観的な視点で設定された野生動物との境界線を見直し、野生動物の行動特性と人間の振る舞いを掛け合わせることで、人間と野生動物が共に生きるための新しい境界線を提案する。このアプローチにより、人間と野生動物が"境棲"し、相互に共生関係を築くための建築空間を提案する。

ID114
神山 響
大阪工業大学工学部
建築学科B4

A1. Illustrator、Photoshop、Archicad、Twinmotion 2. 10万円程度 3. 4〜5ヶ月 4. 大学の購買、Amazon 5. studio velocity 6. なし 7. 銭湯に行く 8. なし 9. 大学院等へ進学

神山 まず背景として、近年は農業の衰退によって耕作放棄地が増加しており、それによる獣害が問題化しています。その結果、人間と野生動物は互いに害を与え合う悪い関係になっています。そこで、野生動物の目線や行動特性から人間と野生動物の境界線を再考することで共生を可能にする建築空間を提案します。敷地は京都府京都市北区上賀茂赤尾町。農家の減少に伴って耕作放棄地が増加したことで、野生動物による獣害の問題化に悩まされています。次に、敷地に生息する野生動物6種の調査を行い、その行動特性からそれぞれの組み合わせによる建築形態を決め、人間の振る舞いからそれぞれの建物の機能と配置を決定しています。

松山 すごく興味がありますが、その境界は具体的にどこですか？ たとえば猪でも何でも良いけれど……。

神山 たとえば、猪なら通れる場所が建築の外側に一部あってこの屋根の上は通れるとか、鹿はここを通れるとか、通れるところと通れないところを素材や屋根の勾配を変えることによって操作しています。

松山 これは人間の領域ですか？

神山 そうですね。

松山 動物の領域がよくわからないです。

神山 動物の領域は、人間が生活しているところの外側を取り巻いています。建築の一部の空間を介し、人間が営んでいるところを動物が通っていきます。

松山 動物の領域から来るものと人間の領域から来るものの接点から生まれる空間、あるいは建築ということではないのですね。

神山 建築は、動物の特性からすべてつくっています。

松山 たとえばこのルーバーは何ですか？

神山 ニホンジカの特性として奥行きがわかりづらいというものがあるので、このような格子があることで鹿に配慮しています。そのようなものをすべての建築に反映しています。

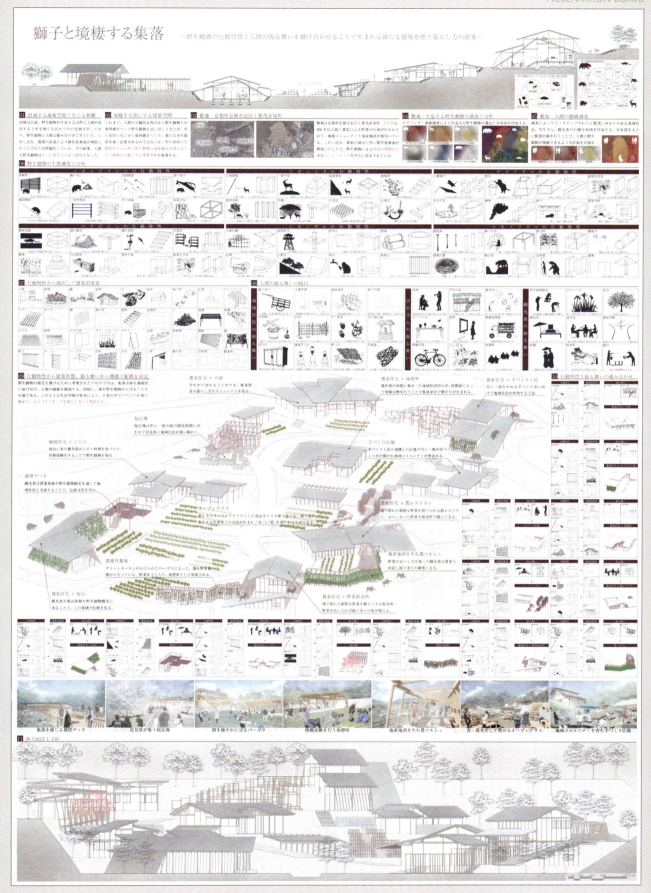

つながり、ひろがる

地域の人たちのつながりが減少し、地域の関係性が希薄化した今の時代こそ昔のようなあたたかい地域のつながりが必要になるのではないか。つながるきっかけを生むためにも地域コミュニティの拠点となるような場所が大切になるだろう。1枚の板からつながっていき、子供から高齢者までさまざまな人がつながる複合施設を提案する。

ID 128
鎌田 悠斗
近畿大学工学部
建築学科B4

A1. Illustrator、Photoshop、Rhinoceros 2. 6万円程度 3. 2〜3ヶ月 4. 学校の購買やインターネット 5. 藤本壮介 6. なし 7. 音楽を聴く、好きな野球観戦 8. なし 9. 大学院等へ進学

鎌田 最近は昔と比べて地域での関わりが減少しており、地域の関係が希薄化しています。地域の繋がりが希薄化している今の時代こそ、誰でも入りやすく、地域住民が繋がれる拠点づくりが必要ではないかと感じました。設計手法としては、一枚の板が繋がり、その間で子どもから大人の身長差によってさまざまな用途に変わっています。たとえば大人が椅子として使っているものが子どもにとっては机、幼児にとっては潜る場所などになります。時代が進むにつれて人々の生活も変わり、繋がりも減ってどこか寂しさを感じます。その繋がりが減った今の時代こそ、昔ながらのような人の繋がりが大切になるのではないでしょうか。街のさまざまなところに温かいコミュニティが溢れた街になることを信じています。

長坂 繋がりというのは、建物の外と中であり、中同士の繋がりもあるわけですよね?

鎌田 はい。

長坂 その際、この造形は何を考慮してつくったのですか? たとえば、こことここは、子どもに合った高さとそうではない高さを緩やかに繋げつつ関係をつくっているのはわかりましたが、やはり外と中も意識してこういう形をつくっているのではないですか?

鎌田 たとえば子どものころは、壁の向こう側を見るには身長が足りないので下にレンガなどの段差を使って向こう側を覗こうとしますが、成長するにつれて身長が伸びて段差がなくても壁の向こう側が見える。自分の成長を感じられたときに外と中の繋がり……。

長坂 外と中がやはり足らなそうです。外に向いている人の居場所が実はあまりないような気がします。このテーブルくらいですか? 全部中側に向いている人の居場所のような気がします。

鎌田 この外側だとここに座っている人がい たりしますが……。外のほうが少ないかもしれません。

長坂 そうですよね。床を全部繋げて地面が繋がっても、中と外が繋がるでしょう。その中の要素がもう少し外に出ていれば、この場所も中のように使えるようになるだろうし、現状では全部中に限定されていると思います。

つながり、ひろがる

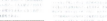

おばあちゃんが認知症になった
-バレバレ的認知症グループホーム-

認知症の人は社会的弱者とされているが、本来の人間は社会的役割と居場所を欲している。閉じこもりがちである認知症の人にとって外へ出るきっかけとなる小さな居場所"バレバレ"。従来のグループホームでは日中の大半をテレビの前のテーブルで過ごす。認知症社会へ向かう今、もっとそれぞれの個性に寄り添い、人間らしく暮らせる「バレバレ的認知症グループホーム」を提案する。

ID132
酒井 麻衣
千葉工業大学創造工学部
建築学科B4

A1. Illustrator、Photoshop、Rhinoceros
2. 4万円程度 3. 5〜6ヶ月 4. 100均、ユザワヤ、レモン画翠 5. なし 6. なし
7. ガチャガチャ 8. 絵本 9. 大学院等へ進学

酒井 認知症グループホームでは、日中の大半をテレビの前で過ごしています。もっと個性に寄り添った暮らし、認知症のグループホームを提案します。敷地は畑と住宅街が広がる東京都立川市です。インドネシアの小さな居場所である"バレバレ"の発見から、バレバレを日本の畳のサイズに変換し日本風のバレバレを設計します。認知症の人にとって寝床で1日を過ごすのは良くないとされ、第二の居場所をつくるには家具より大きく、建築より小さいバレバレが最適です。入居者は"寝床バレバレ"と"ペルソナバレバレ"を所有します。シェア農園と住宅に囲まれた苗畑のポリカハウスを計画します。グループホームに畑があるメリットも大きく、全国の農地で汎用できます。ご飯の匂いに誘われたり、おばあちゃんに会いに来る孫や畑を見に来たりする人など、さまざまな暮らしが紡がれます。

秋吉 これはビニールハウスがある農地に住環境を挿入するということですか？

酒井 最初は苗畑なのですが、隣の敷地にシェア農園のビニールハウスがあり、そこと連動するようにしています。

秋吉 温室の中に個室がありますが、夏は暑いのでは？

酒井 夏は開放されるので暑くないです。

秋吉 この計画によって認知症の人は何が変わるのですか？

酒井 寝床を最低限にすることで必然的に外に出るという行為が生まれます。

秋吉 外に出させたほうが良いということですか？認知症の人のことをあまり知らないけれど、これらはシステマティックに決まっていますよね。配置計画や通路計画がドンッとつくられているし、それはいいのですか？

酒井 認識しやすくしています。水回りもあえて成分を突出することによって、トイレであることなども認識できます。

秋吉 でも、どれが自分の家かわかるのですか？

酒井 自分好みにアレンジできるので自分色にできるのと、障子やカーテンなどで自由に仕切ることができるため自分の第二の家とすることができます。

溜まり場
-水文化の再生と潤いのまちづくり-

かつての島原は、湧水を介した産業や洗い場でのコミュニティにより賑わいに溢れていた。そのような先人達の賑わいに立ち返り、1792年の雲仙・普賢岳噴火による湧水でできた日本一小さな陥没湖の白土湖を中心とした全体の回遊性と発展の計画を含めた3箇所の親水空間、溜まり場を提案する。

ID144
金子 真歩
福岡大学工学部
建築学科B4

A1. Illustrator、Photoshop、Archicad 2. 10万円程度
3. 10〜11ヶ月 4. レモン画翠、山本文房堂 5. 石上純也 6. なし 7. 散歩、カフェ作業 8. なし 9. 大学院等へ進学

金子 島原には、1792年の雲仙普賢岳の噴火により湧水が溢れ出してできた、日本一小さな陥没湖である白土湖があります。白土湖は湧水に恵まれた象徴となるスポットにも関わらず廃れており、周辺は観光スポットとして整備されていません。そこで本設計では、白土湖の排水路として人力でつくられた音無川沿いに敷地を3カ所設定し、親水空間を計画しました。また、3カ所は周りの環境に呼応させるような意匠にして、それぞれ洗い場の水を室内に取り入れて川と平行に構成し、川の暗渠を解放するなど、昔の湧水利用の人の動きを取り入れた溜まり場を形成しました。

長坂 それぞれの場所はもともと周りに特徴があるのですか、それとも、すべて同じような場所なのですか？

金子 それぞれ、町屋敷通りと商店街の結節点とか、音無川沿いにそれぞれの周辺環境のスポットが結節点となるようにしています。

長坂 今つくっている建築と何か関係するのですか？周辺がこうだからこの形になるとか。

金子 SiteBの場合、町屋敷通りは旧島原街道の通り道なので昔ながらの町屋敷の景観が残っており、それに合わせた意匠にしています。

長坂 様式ということですよね？

金子 はい。商店街についてはアーケードがかかっているので、それに連続するようにアーケードを取り入れた空間構成としました。

長坂 これがこのアーケードに繋がるということですよね？

金子 はい。それから白土湖については、背景として雲仙普賢岳の噴火により眉山が崩壊したことで岩屑なだれが起きて窪地ができたことから、眉山の形に呼応した形にしました。

長坂 それぞれどういう施設が入っているのですか？

金子 大まかにいうと、地産地消レストランや学習施設です。観光地の再生と歴史の継承、産業の活性化という用途のテーマに決めて設計しています。

PRESENTATION BOARD

溜まり場
― 水文化の再生と潤いのまちづくり ―

島原には雲仙・普賢岳の噴火により湧水でできた歴史ある日本一小さな陥没湖の白土湖（しらちこ）がある。本設計では、白土湖近くの人力で作られた排水路である音無川に沿った敷地を三つ選定し、白土湖エリアを中心とした全体の回遊性と発展の計画を行う。かつての島原の姿である湧水を介した産業やコミュニティにより賑わいに溢れていたまちを新たな親水空間で再生し、潤いのまちづくりを提案する。

対象地　長崎県島原市
島原市は、70ヶ所を超える湧水地があり、その湧水量は1日2万tと言われ、水の都でもある。湧水を用いた観光スポットも多くあり、島原城の旧城下町は歴史も感じられる風景が広がっている。

現状・問題点　就業人口と総生産額の減少
高齢化・人口減少により、若い世代の就業人口が減少している。かつて、過疎化が進んでいることで耕作地や農業の担い手、後継者が減少し、総生産額にも影響を及ぼしている。

湧水の歴史的価値の希薄化
かつては湧水に恵まれたことより、湧水を使用した産業が多く発展していた。また、湧水での洗い場を介したコミュニティにより賑わいに溢れていた。だが、現在では、上水が発達したことより、洗い場を利用する目的がなくなり、洗い場を活用したコミュニティは見られなくなった。

周辺地図

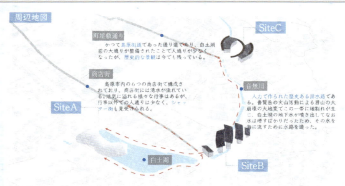

- 町屋敷通り：かつて島原街道であった通り道でもあり、白土湖前の大通りが整備されたことで人通りが少なくなったが、歴史的な建物は今でも残っている。
- 商店街：島原市内の6つの商店街で構成されており、商店街には湧水が流れているので潤いに溢れている様々な行事が行われているが、行事以外での人通りは少なく、シャッター街も見受けられる。
- 音無川：人力で作られた歴史ある排水路である。普賢岳の大山活動時による眉山の大崩壊の大地震でこの一帯に地割れが生じ、白土湖の地下水が噴き出してなお水は増すばかりだったため、その水を海に流すために水路を造った。

設計手法

1. 湧水利用の形式を取り入れる
かつての湧水利用の形式を公共空間に取り込むことで水と人の集まり方を考える。

2. 周りの環境に呼応させる
建物がメインのものとしてではなく、それぞれの周辺環境に呼応させ、プラスアルファの要素として周辺環境をより魅力的にさせる計画を行う。

1

SiteA	SiteB	SiteC
眉山	町屋敷	商店街
背景となる眉山に沿うように形状を計画する	町屋敷通りの活気の再生のため外観に取り入れる	商店街と音無川の延長線上に続くようにアーケードを設ける

提案　都市全体に潤いをもたらす都市計画

○交通手段の拡大
一回遊空間のための交通手段

めぐチャリ
島原城／島原港／清流亭／島原駅

島原コミュニティバス
予約に応じて経路を決め、乗客でのレンタサイクルが行われており希望する停留所で乗降できる。り、主に観光客が島原の散策を目的に使われている。

- 島原コミュニティバス
- めぐチャリ貸し出し場

○既存の観光ルートに繋ぐ新たなルート
------- 現在の観光ルート
白土湖エリアまでのルートがなく商店街の途中で分断されている

提案する観光ルート
商店街から白土湖までの新たなルートを提案

○白土湖エリアの整備
白土湖は1792年（寛政4年）に雲仙岳の噴火によって起きた地殻変動によって産地に多量の地下水が湧き出したことによってできた日本一小さな陥没湖であり、ジオサイト・ジオパークにも登録されている。島原全体をエリア分けすると、白土湖エリアには整備された観光スポットが少なく、白土湖エリアまで足を踏み入れないという現状がある。

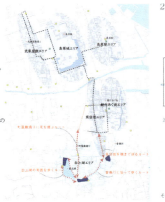

2

すそ分け利用型	洗水洗い場型	囲み利用型
それぞれの場所で同じ水を使う形式	お互いが見える場所で同じ水をそれぞれ使う方式	みんなで一つの水を使う方式

洗い場からの水を取り入れる　音無川を挟むように視線を囲む　川の暗渠を解放し、車を排除し一ヶ所に集まる場を設ける

それぞれの場を見つけてたまる　お互いの視線がある場でたまる　一ヶ所に集中してたまる

冬の纏い方
-雪国における自然と人の関係を再構築する公共建築-

雪とのつながりを介してまちの活性化を行う公共建築の提案。雪の行き先を決める勾配屋根が積雪によって雪山のような外観をつくり出し、まちのシンボルとして機能する。雪の行き先では、建築と雪の関係によって多様な空間がつくられる。建築を介して雪と人の在り方が変わり、まちの活性化へと繋っていく。

ID 182
田辺 悠馬
東京理科大学工学部
建築学科B4

A1. Illustrator、Photoshop、Rhinoceros、Archicad、AutoCAD、Procreate、Twinmotion 2. 6万円程度 3. 2〜3ヶ月 4. レモン画翠 5. 大西麻貴 6. 人の集まり方をデザインする 7. 遊び歩く、本を読む 8. なし 9. 大学院等へ進学

POSTER SESSION

田辺 テーマは、雪を介して地域特有の問題を解決することです。新潟県湯沢町を敷地に、この街の問題であるリゾートマンションの定住化を支援する施設を、雪を介して考えました。雪国の建築にはいろいろな形態があるのですが、今の建築は"排泄"と言って雪と建築を切り離してしまうものが多く、それによって人と雪が建築によって切り離されているのではないかと考えました。そこで、僕は雪を生かせる建築を提案しています。仕様としては勾配屋根によって雪の行き先を決めてあげ、雪の行き先で建築と雪の関係で空間をつくっています。まず、ここから近づいて行くと雪の間から活動が垣間見えてきて、中心のホール空間で人々は迎え入れられます。そこから雪の空間が点在しているのですが、たとえばここは急勾配屋根がついていて雪を纏うような空間をつくっています。

野口 雪があるとき、ないときでは、どう空間が変わるのですか？

田辺 雪があるときは、雪に覆われて静かになったり、雪の動線ができたりという感じです。ないときは、テラスに1mくらいの差をつけているので普段は行けない動線になるとか、中庭に雪が溜まっているときとないときではレベル差が変わるとか、そういう違いをつくっています。四季の移ろいをつくるために他の季節もランドスケープの計画をしていて、そこで対比をつくっています。

野口 雪の塊が中の空間に影響してくることを意図し、雪がどう動くかを設計しているということですか？

田辺 屋根によってそれを決めています。

野口 では雪が落ちてくると、ここにある空間が変化していくということですか？

田辺 そうです。雪は勾配によって落ちるか落ちないかが変わります。たとえば1寸や2寸であれば落ちないので氷柱になるとか、3寸以上であれば自然に落ちるので先ほど説明した壁や動線のようなものをつくれます。

野口 落ちないところもあり、雪以外に氷柱なども取り込まれているということですか？

田辺 そうですね。ここは足湯があるのですが、そこに氷柱ができることで風景を彩ることができます。

野口 なるほど。建築ではないものを取り込んでいるのが面白いと思いました。ちなみに、この公共施設の中には何が入るのですか？

田辺 たとえば冬場でも遊べるような子どもの遊び場などです。一応ゾーニングでは中心のホール空間から右上に子ども施設、左上に公共的な普通の施設、右下が町役場、左下が食物系のものを集めるという構成にしています。

PRESENTATION BOARD

冬の纏い方
- 雪国における自然と人の関係を再構築する公共建築 -

View1：様々な勾配のついた屋根が連なる外観は、冬になると雪山へと変化する。町のシンボルとなるこの建築のもとで、まちの人々と観光客が交わる。

Background　雪国における自然と人の大きな溝

元来、自然は畏れ敬うものとして大切にされてきたが、現在は自然と人の間には大きな溝が存在する。雪国において、雪は生活するうえで厄介な存在である。しかし、現在も雪を中心としたコミュニティーが存在しており、かまくらなどの雪まつりや雪を使った遊び、雪を資源とした産業などが行われている。

雪と人を繋ぐ建築は作れないだろうか

Site　新潟県湯沢町 - まちの衰退とバブルの遺産 -

新潟県湯沢町は、山間に位置し積雪が特に多い「特別豪雪地帯」に指定されている。温泉とスキーを中心とした観光業のまちとして栄えたが、現在はまち全体の活気が失われている。湯沢町は、バブルの遺産として残されたリゾートマンションの定住化を進めている。しかし、南北を通る鉄道高架によりまちが二分されているため、リゾートマンションが多く建つ駅西側には生活するための機能が少ない。
この敷地は JR 越後湯沢駅に近く、宿泊施設や飲食店などに囲まれており多くの観光客が訪れる。また、リゾートマンションに住む人々が訪れやすい場所である。この場所は、まちの人と観光客が交わる潜在性を秘めている。

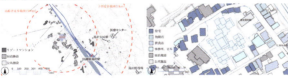

雪を介してこのまち特有の問題を解決できないだろうか

Ploblem　雪を排する建築形態

雪国の建築には、厳しい冬を乗り越えるために特異な形態が見られる。現代の雪国建築では、人が常に豊かな生活環境を享受できるよう建築から雪を切り離す「排雪」が多く見られる。建築は雪に対して過保護になってしまった。

- 屋根は急勾配屋根か融雪屋根。
- 基礎を高くし、生活空間を2階にすることで住空間を確保。
- 2重ガラスや断熱材により、外と縁を切っている。

- 湯沢町特有の建築「リゾートマンション」
- 非定住目的で設計されているため、住居内の機能は最小限。
- 足りない機能は共用部で補う。
- ベランダがなく高層であるため、外は完全に切れている。

雪と人は建築によって引き離されている

Concept　雪を受け入れる建築、雪を使いまちを活性化させる建築

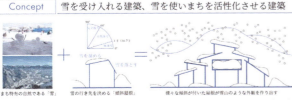

まち特有の自然である「雪」　雪の行き先を決める　様々な傾斜が付いた屋根が雪山のような外観を作り出す　傾斜屋根

このまち特有の自然である「雪」を受け入れる建築を提案する。傾斜屋根によって雪の行き先を決め、雪の行き先では建築と雪の関係によって様々な空間が作られる。屋根が連なった建築は、雪に覆われることで雪山のようになり、まちのシンボルとして機能する。この建築に町民と観光客が訪れ、雪を介して交わりが生まれることでこのまち特有の問題の解決へ繋げていく。

Design　冬の纏い方 - 湯沢町の風景、雪国の風景を纏う -

空間に風景を落とし込む

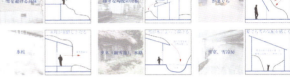

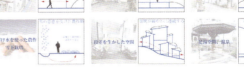

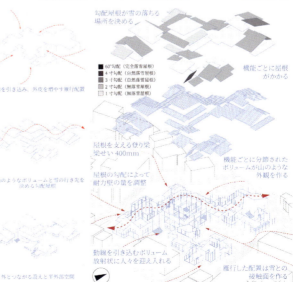

スキマの住みかえ
-隙間を介した機工商的設計-

田端新町における機工商による街のつくられ方を設計に転用し、機工商を起点にモノづくりの街を回帰させ、機工街第二章を提案する。既存の建物間の隙間のあり方を設計し、その後既存が建て替わる際に、隙間から建築を考える。スキマとケンチクは繰り返し変化する。隙間を介して、街を更新していく。

ID 198
遠藤 美沙
日本大学理工学部
建築学科B4

A1. Illustrator、Photoshop、Rhinoceros、AutoCAD、Procreate、手描き **2.** 5万円程度 **3.** 2〜3ヶ月 **4.** レモン画翠 **5.** 西沢立衛 **6.** なし **7.** 飯と酒 **8.** 麦芽 **9.** 大学院等へ進学

POSTER SESSION

遠藤 私は幹線道路の外側から侵食されて"らしさ"が失われていく都市開発に対して、内側に生き残る機工商を起点にモノづくりの街を回帰させ、住戸一体の"機工街第二章"を提案します。敷地である田端新町は、工場に対して工作機械を販売・メンテナンスする機工商によってつくられた街です。そうした過去の機工商の仲介的な立場を設計者である私が担うことで、まちづくりに転用していきます。この街の隙間を見ると、住宅と工場が渡り廊下で繋がっている痕跡があり、田端新町にとって隙間がさまざまな繋ぎ目であることがわかりました。そこから、既存の建物に対して隙間を活用し、既存の建物が無くなったときに隙間から建築を考えることを行っています。たとえば、この隙間を内包して工場の見学動線にしたり、ボリュームとして拮抗させたりしています。

藤村 すごくわかりやすいです。断面図も非常にわかりやすい。このバラバラ感はどう設計したのですか？

遠藤 隙間から建築、建築から隙間という基本的なプロセスをつくり、建物間の関係性などもつくっています。

藤村 素材の貼り分けは、どのように定義しているのですか？

遠藤 まず1階部分が工場になっているので、ポリカーボネートで透明度をあげて工場を明るくしたり、既存の建物のつくられ方がパッチワークのようになっていたので、それを踏襲して街のらしさを演出したりしています。

藤村 興味があるのは、これが設計されているのかどうかということで、模型でその場で貼っていっただけなのか、それとも図面でルールがあって貼り分けているのか、どちらですか？

遠藤 場所によって模型で貼り分けていますが、基本的に平面で考えているため、平面上での使われ方からマテリアルを決めています。

藤村 ライブでやったわりには、少し秩序があったような気がします。

遠藤 それはいい意味ですか？

藤村 いい意味です。すごくクリアで良いと思いました。

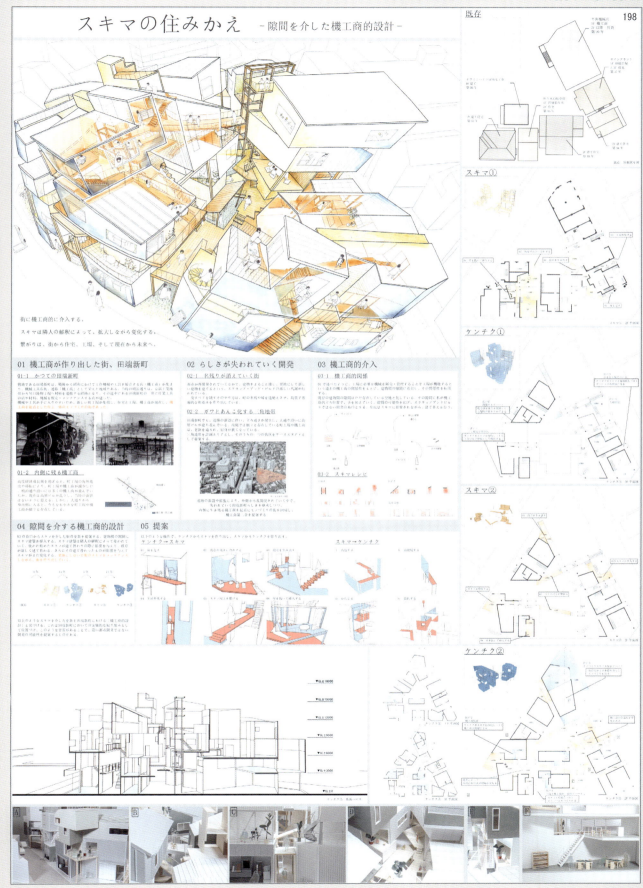

辿る資料館 -新しい記憶の継承-

ハンセン病資料館の新しい在り方の提案である。資料展示のみでは学びの質に限度がある現状を変えるべく、展示空間のほかに患者が人生で体験した感情を建築の操作によって空間内に表現し、ストーリー順に動線に絡ませた。この2つの空間を持つ資料館で、ハンセン病を過去の出来事ではなく、より現実的で身近なものとして向き合う。

205
古賀 凪
熊本大学工学部
土木建築学科B4

A1. 手描き　2. 1万円程度　3. 1〜2ヶ月　4. ホームセンター　5. 内藤廣　6. 蜜蜂と遠雷　7. スポーツとスイーツ　8. スポーツ　9. 大学院等へ進学

古賀　ハンセン病資料館の新しい提案です。従来の資料展示だけでは、学びの質やそこで起きたことをただ事実として知るだけになってしまうため、歴史が風化してしまう現状に繋がっていると思います。そこで、資料展示の場としてハンセン病の患者さんが人生で体験したような負の感情やプラスの感情を表現した感覚的空間を、ストーリー性を持たせて動線へ順に配置しています。建築の形自体は、ハンセン病患者たちが壁や堀に囲まれたすごく閉鎖的な土地に収容されていた歴史をそのまま具現化した形にしており、その立ち上がった壁の中に生じた空間へ感覚的空間という、感覚に加えて床や天井の高低差、明暗、床の傾きといった建築的暴力性による操作で表現しています。

松山　たとえばどのあたりですか？

古賀　たとえばこのパースがここと一致しており、どんどん床が傾いて下に行くような感じになっているのですが、これにスリットを入れてこの円がどんどん小さくなっていくことで時間的印象を操作し、円の間隔が小さくなることで時間が長く感じるようにしています。そのような表現を各空間に置いて繋げ、そこへ歴史順に資料を並べて展示しています。

松山　今の風潮からすると、そういった今まで閉じていたものや伏せていたものを社会に開いていくことが正義と思う節があるけれど、貴方の場合は逆に閉じているところが興味深い。社会と分断している施設の見え方、それをさらに分断しようとしているのはなぜですか？

古賀　それこそ大西麻貴＋百田有希／o+hがつくった"熊本地震 震災ミュージアムKIOKU"などは開けていますが、この場合は人為的に起こした差別であり、地震などの自然現象とは異なり、人が行ったものは人が責任を取らないといけないというマイナスの捉え方で立ち会わないといけないと思いました。

松山　説得力がありますね。

辿る資料館 －新しい記憶の継承－

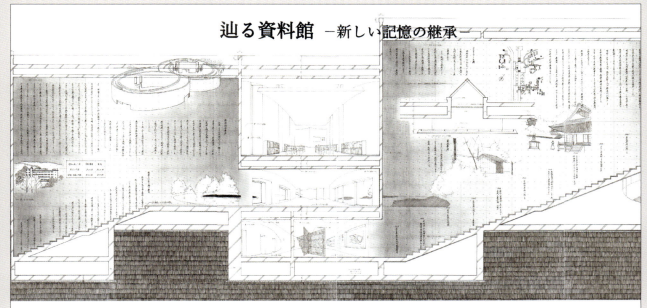

01. 背景
熊本県にある国立ハンセン病療養所のひとつである恵楓園。ハンセン病回復者たちが静かに暮らす敷地である。一方で、ハンセン病を学ぶ場として利用し、差別問題に向き合ってきた。しかし、新型コロナウイルスに際して、同じような偏見や差別が起こってしまった。差別問題に向き合ってきたという免れない事実の解決策として、ハンセン病を通して起こった出来事を過去の悲惨な出来事ではなく、より現実的なものとして向き合う新たな資料館のあり方を提案する。
そして、将来的に菊池恵楓園の入居者がゼロとなってしまったとしても、隔離、差別といったこの場での歴史が忘れ去られることがないよう、記憶を刻む。

02. 敷地
熊本県合志市の菊池恵楓園内の北西部に位置するコンクリート壁に沿った部分を対象とする。この敷地の西側は再開発によって整備されており、将来的に商業施設とその広場が隣接予定の場所である。
また、入居者の減少も相まって、コンクリート壁で覆われた取り残された場所のようになっている。

03. 提案
今までの資料館は訪問者が資料を見たりすることで"知識"として記憶していたが、新型コロナウイルスの事例からもわかるように"知識"としての資料館では学ぶ場として不十分である。
この状況を建築において解決すべく、「建築で感情を表現し、"体験"として記憶させる空間」を提案する。

04. 建築方法
■空間構成
資料館は展示物を見て知るという行為によって知識として記憶させる"知覚的空間"のみによって構成されている。
本提案では、この資料展示の知覚的空間をハンセン病患者が人生で体験した様々な感情を表現した"感覚的空間"を動線上にストーリー性を持たせ配置し、そこに知覚的空間を入れ込んだ構成である。

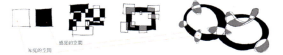

■壁による操作
菊池恵楓園の敷地内に突如として現れたような壁に囲まれた空間、そしてその壁の内部に生じる空間に感覚的空間を作り出す。そのために壁の「厚さ」「開口」「間隔」「高低差」等の操作を加える。

孤独

永遠

奈落

疼痛

暗闇

表裏

生活

隣胎

隣人

奪回

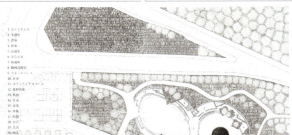

溶光炉

計画、西側緑道公園にも隣接した恵まれた立地である「岡ビル市場」。今では老朽化により集客力は低下し、私が訪れた時、市場の人と馴染みづらい印象を受け、疎外感を感じた。この市場に訪れた人達が多様な感情にも対応できるよう、さまざまな「光」を造り、自分の居場所を見つける図書館と商業施設を組み合わせた複合施設を提案する。

ID 212
中村 優吾
岡山理科大学工学部
建築学科B3

A1. Illustrator、Photoshop、Archicad、Twinmotion
2. 2万円程度　3. 2〜3ヶ月　4. ボアラ　5. 石上純也
6. 建築のあたらしい大きさ　7. ゲーム　8. なし　9. 大学院等へ進学

POSTER SESSION

中村 私は岡山にある緑道公園という自然豊かなプロムナードに隣接する計画地に、岡ビル市場という活性化を目指した複合施設を提案します。岡ビル市場は衣食住一体の複合施設となっており、現在は設備の空洞化が進み衰退しています。私は、岡ビル市場の衰退の原因は市場のアットホームな雰囲気に新規客が疎外感を感じ、馴染みづらいことではないかと考えました。そこで私は"溶光炉"という疎外感を維持していく光の空間をつくりました。溶光炉の中では疎外感を一旦忘れ、市場を俯瞰して見ることで負の感情が取るに足らないことだと気づくきっかけとなり、さらにひと休みの空間となるように構築しました。

塩崎 光の取り入れ方としては穴からですか？

中村 そうですね。基本的には穴から入っていくのですが、たとえば穴をもう1つ開けて新しい光炉から光を差し込み、この光炉から光を通して……。

塩崎 これとこれが繋がったりするのでしょうか？

中村 光が差し込むような時間帯も設定していて、そういった空間をつくりました。

塩崎 不思議な雰囲気の建築だと最初は感じましたが、図面がわかりづらいように思います。昨今コンクリートでガシッとつくる人はいないですが、光を考えたときにコンクリートの滑らかな曲面がつくる美しさを捉えるのも一つの考えとしてあると思います。あとは構造的に大丈夫なのかが気になります。

中村 構造はラーメン構造と言いますか、梁を……。

塩崎 結構柱が落ちているのかな、いや、あまり落ちていないですね。

中村 こちら側で支持するようにはなっています。

塩崎 梁がしっかりはしっているんですね。

中村 梁も光炉に引き寄せられるようなイメージで考えています。

塩崎 ここは隙間に土がありますか？

中村 はい。隙間は土で、穴から地層が見えるなど、自然空間を感じられるようにしています。

塩崎 新築であるのに、どこか廃墟のように感じられるような図面表現を開発するとより良くなると思います。

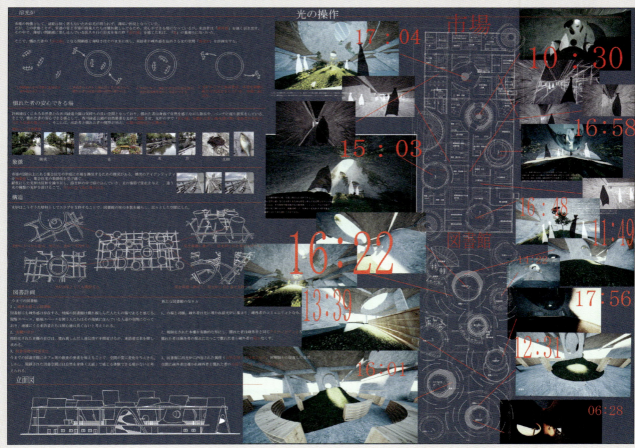

豊かに廃れる幻庵に群がる生物たちへ

私たちは生物というモノの1つだった。大自然に自らの真空の小世界をつくるモノたちだった。生物のつくったモノはやがて朽ち、大自然へと還っていく。原初であり忘れられてしまった自然への不信感と共に、幻庵は人の唯一の居場所はココだったと、古めいている。それを鑑賞する生物として、自分の身体感覚を狂わせるモノと体験の提案。

id 230
恵良 明梨
法政大学デザイン工学部
建築学科B2

A1. Illustrator、Photoshop、Procreate、手描き **2.** 3万円程度 **3.** 1ヶ月未満 **4.** レモン画翠 **5.** 谷口吉生、石山修武、吉阪隆正 **6.** 吉阪隆正 地表は果して球面だろうか、セルフビルドの世界、野生のエディフィス **7.** 歩く **8.** 舞台演出 **9.** 大学院等へ進学

恵良 石山修武の設計した"幻庵"のビジターセンターを設計する課題です。自分がもともと問題意識を感じていた、大自然に存在するものの一種として、生物としての人の在り方が見直せないかという点と、幻庵が朽ちていく中でどんどん内に凝縮されて真空化の空間性が強くなっているという特徴から、豊かに錆びていく幻庵に対して群がるようなものとしてのビジターセンターを設計しました。その手法として、幻庵の大切な価値観として用いられているアニミズムや敷地の特性などを用いて3つの要素を設計しました。自然に対してとても適わない存在であると人が感じるような、生命体としての在り方を感覚として再認識させるような設計を目指しました。

長坂 錆びていく、朽ちていくことをどのように表現されているのですか、自分がつくっているところは全部朽ちていくことを前提につくっているのですか?

恵良 そうです。

長坂 3つの要素をもう一度説明してもらいたいです。

恵良 まずこれは、上下運動を介しながら人としてのスケールから離れていきながら幻庵を鑑賞するもの。大地の視点から徐々に人から生物へ、そして人のスケールから離れて幻庵をこちらから鑑賞する体験。狭い出入口から入り、シェルターのように一番広い空間があってまた出入口が狭いという、巣としてのシェルターの在り方を設計しました。

長坂 住宅ではないということですか?

恵良 ビジターセンターという、幻庵をいろいろな人に公開するときに必要な施設を設計しましょうという課題です。

長坂 ここにたくさんの人たちが並んでその体験をするとなると、そういう体験にはならないですよね?

恵良 そうですね。

PRESENTATION BOARD

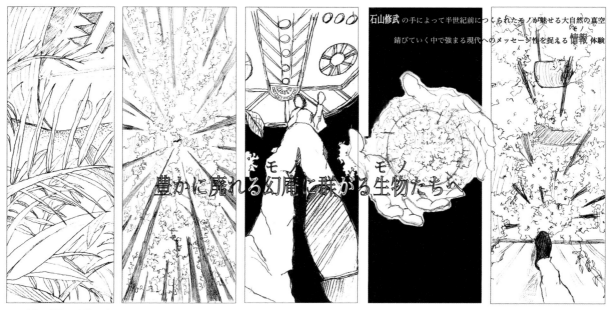

豊かに廃れる幻庵に群がる生物たちへ

00 自然との拮抗、関係性の誤読

Background
人が創り上げた世界に上乗せされる建築たち。大自然に内包された小宇宙を創っていたはずのヒトはいつから"自然を守る側"と勘違いをし始めたのだろうか。

本来ヒトは、大自然に在る生物の一種であり、自然と拮抗するシェルターとして建築は存在していた。その在り方を取り戻すことはできないだろうか。

01 幻庵

Object
石山修武設計 竣工から半世紀が経とうとしている幻庵は、豊かに古めき、内に凝縮された真空の空間性が強くなっている。

幻庵は"大自然に内包された生物の一種としてのヒト"という立場に戻って、「私の場所はココだ」と主張しマーキングするようなモノであり、自然とヒトがつくるモノの関係性を再考するメッセージ性をもつ

02 外界からやってくるビジター

Theme 課題概要
幻庵を公開する、あるいは活用するために必要な施設（＝ビジターセンター）の設計

Concept
豊かに錆び、朽ちていく幻庵を軸とし、外界から群がるビジターはそれを生物の一匹として鑑賞する

↓

ヒト以外の生物からの視点を提供する空間
＝自分の主観でない見方により、幻庵を軸としたセカイを察知する

03 朽ちるモノに観る芸術

では、幻庵の鑑賞体験を提供するビジターセンターはどう朽ちていくことを目指すか

ヒトがこの建築を使っていたことを想像できる朽ち方

幻庵という魅力的なモノを介して

アニミズム（すべてのモノに霊魂があるという考え方、モノへの愛情）を宿すことで実現されるのではないか

アニミズムが宿ること

形式、動作などによる生物的体験 ／ 素材や寸法から捉える建築と生物の寿命と朽ち方 ／ ヒトのつくるものと大自然との境界設計

04 幻庵に群がる外界の設計手法

幻庵設計時に石山修武氏が重要視していた視点をもとに、02、03で述べたビジターセンターの在り方を実現させる複数の要素を用いて設計をおこなった。

05 アプローチから幻庵の宇宙観へ

幻庵に内在されている宇宙観は、敷地内の設計だけにあらず、敷地にアプローチする道から始まっている。
山の中に入っていく入り口から、道は極端に暗く、垂直に立ち並ぶ杉の木によるアーケードのようなシークエンスとなる。
敷地を読みときながら、幻庵の宇宙観へと実際にのまれていく。
森に入る道と明るい車道との境界に敷地へのシークエンスの始まりとなる場をつくる。徒歩5分ほど歩いていった先の樹木に囲まれた幻庵をビジター自ら散策、探索し見つけていく。

1. 樹木のアーケードに導かれた先に見える鳥居
2. 坂を下って先のわからない森へ
3. 川と交錯する道 橋を渡る
4. 樹木の陰間から少しだけ幻庵が見える

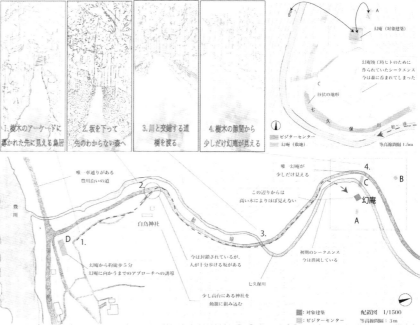

配置図 1/1500

重複する境界
旦過市場に広がる境界の重ね合わせによる再整備計画

旦過市場は大正初期に生まれ現在でも北九州の台所として親しまれている。しかし、昨年の2度の火災が市場を襲い、被災を免れたエリアも再整備計画により取り壊される予定である。本計画は旦過の本質的要素として抽出した市場の境界を拡張し重ね合わせることで、これまでの積み重ねを継承しつつ新たな魅力をつくる再整備計画である。

238
岡本 哲平
近畿大学産業理工学部
建築・デザイン学科B4

A1. Illustrator、Photoshop、手描き、Lightroom 2. 3万円程度 3. 4〜5ヶ月 4. オンラインショップ 5. 伊東豊雄 6. 「しあわせな空間」をつくろう。 7. ゼミ室卓球 8. プロダクトデザイン 9. 大学院等へ進学

岡本 敷地は、大正時代に生まれた北九州の台所と言われる旦過市場になります。昨年の二度目の火災に加え、水害や老朽化といったいろいろな問題で今は再整備が行われているような場所です。私は店舗の表出と市場の変遷を見ていく中で、河川と市場の境界、客と市場の境界が重要であることに気付きました。提案になります。2つの帯状に広がる境界を拡張し重ね合わせることによって新たな関係を築いていきます。たとえば、河川と市場の境界では、かつての小倉城の石垣が残っているところまで水を引き込むことによって市場と河川を重ね合わせていき、また、客と市場の境界では、既存の店舗間はこのようになっていますが余白をつくることで表出物が拡張できるようなスペースを設けます。ここは客と市場の境界の拡張に繋がるように考えています。最後にプロセスだけ話すと、火災による被災エリアの拡幅ラインがちょうど重なっていることで、最初にここを竣工させ、拡幅でこの部分が失われたときに、この店前だった部分が店の裏となり、こちらに表出が生まれることを考えています。

松山 この上の階は何ですか？

岡本 学生や単身者が住む住居です。既存の旦過市場も15年前くらいまでは市場の関係者が上に住んでいたのですが、スペースが足りなくなったり老朽化したりして他の場所に住むようになりました。提案では、学生や単身者を住ませることにより、新陳代謝として高齢化を改善できればと思っています。

松山 旦過市場はさまざまなものが混じり合ってゴチャゴチャしていることで世界観をつくり出しているけれど、提案のものは形式的というかデザイン構造がみんな同じになっていますね。

岡本 表出の部分に着目して、建築自体はその表出の中に入るようなものになれば良いなと思っています。表出自体は、店舗の種類などによってパターンが変わっていくことで特有のゴチャゴチャ感は残っていくと思っています。

松山 中はかなり可変性があるのですか？

岡本 再開発のときには、柱を共有して隣の店舗ができていくことになるので、この外壁だった部分が内壁になるとか、1階の部分も壁が取り払われて表出を拡張するスペースが新たにできるなど考えています。

額縁から見る
-建築の作品化による街道沿いの分散型展示廊-

埼玉県桶川宿の残してきた建築の新たな価値と経験を発見するため、現代的な視点「額縁」から建築そのものを作品として鑑賞する。額縁に収められた建築という作品は中山道をギャラリー化し、地域全体が展示通路となる。街道沿いを人々が散策することで、桶川そのものを再発見していく分散型展示廊。

ID248

菅野 大輝
工学院大学建築学部
建築デザイン学科B4

A1. Illustrator、Photoshop、Rhinoceros、Lumion 2. 15万円程度 3. 9〜10ヶ月 4. レモン画翠、世界堂 5. 宇野友明 6. 見たことのない普通のたてものを求めて 7. 猫と戯れる 8. イラストレーション 9. 就職

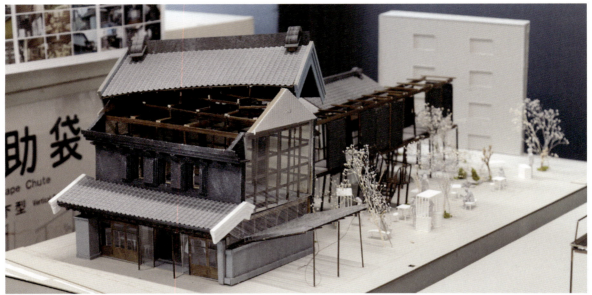

POSTER SESSION

菅野 私の提案は、地元である埼玉県桶川宿という宿場町の空き家で取り壊し予定の5つの建築を立体的な額縁に収め、建築そのものを作品、フォリーとして鑑賞します。桶川宿の街並みは大半が失われましたが、残る建築は当時の様式や構造自体が現代では強調的に主張されています。しかし既存の文化や技術という"オーセンティシティ"は、建築を知らない人には伝わりづらいと考えます。そのため、既存が持つ構造や構法をこのように抽出し、抽出した強調要素をフレームとして、あるいは相対的に具体化する、または引き立たせる立体的な額縁となる装置を加えることで、要素に対する視線や動線の誘導、視覚化を計ります。また解体した既存の一部をこのように小さなフォリーとして再構築して分散することで、街道沿いそのものがギャラリーとなり鑑賞して散策する中で、街を再発掘していく分散型展示廊の提案になります。

塩崎 フォリーは大体パビリオン型になりがちですが、既存のものに寄り添うフォリーがとても魅力的に感じました。その際の寄り添い方がもう少しクリアだとさらに良くなると思います。1番わかりやすいと感じたのは、建物の妻側の断面を視覚化するという部分。その他は、何に寄り添っているか説明できますか？

菅野 各蔵の配置が図面上で見ると少しずれていて、それを視覚化するために柱と梁を使うことで少しずれているという……。

塩崎 このスパンのリズムということですね。

菅野 リズムを規格化したり、この場合は、町屋の部屋の連続性を外部から比較するために縦に立ち上げて、パースのように、外から見てもこういう建物だとわかるような規格化であったり……。

塩崎 ボキャブラリーを開発してそれを明快に一気に述べると相手に伝わりやすいと思いました。そのための形の形象化は楽しくできている気がするので、接点となる部分に対する言語化ですね。造形力があるのが伝わって見ていて楽しかったです。

和紙の里
-地場産業のプロセスが生み出す建築と風景-

集落独自の建築や風景をつくりたい。地方の集落ではその土地の自然環境にあった生業が存続し、独自の魅力的な文化を形成しているのにも関わらず、その魅力は十分に伝わっていないと感じる。集落独自の魅力が建築や風景に反映されれば、独自の魅力的な集落になっていけるのではないか。

ID 255
壹岐 裕実子
奈良女子大学生活環境学部
住環境学科B4

A1. Illustrator、Photoshop、AutoCAD、SketchUp、Procreate、手描き 2. 3万円程度 3. 5〜6ヶ月 4. 大学生協、カワチ画材、ダイソー 5. 千葉学 6. なし 7. 散歩、お菓子を食べる 8. 音楽 9. 大学院等へ進学

壹岐 私はその土地だからこそ成立する建築をつくりたいと思い、集落独自の生業を建築化しました。敷地は産業が盛んな私の地元の鳥取県青谷町です。後継者不足により継続が困難な家族経営に代わり協業を提案し、職人に加え住民や観光客もリアルな和紙づくりに参加できる生産観光建築を設計しました。既存の観光施設の室外側にあり、川沿いの休耕地化した畑に設計しています。里の断面形状から建築のボリュームを決定し、日当たりや作業動線を考慮してゾーニング、作業内容に合わせて細かい設計をしています。高さが必要な蒸す空間を中央に配置して干す空間を外に配置することで、中央は雑談しながら皮むき作業をするなど、人々が集まるのに適した空間となっており、外側で干されている様子は道路から見たときのファサードにもなっています。

長坂 この建具自体は、紙などと何か関係があるのですか?

壹岐 建具自体は和紙に関係しています。

長坂 産業として衰退していくところに一般のお客さんを参加させることで、後継者をその中から見つけようという話ですか?

壹岐 そうですね。

長坂 かつ、それを観光として経済も生もうとしているのでしょうか?

壹岐 そうですね。

長坂 このデザインは、紙を思わせるようにデザインされているのでしょうか?

壹岐 紙を思わせるものとしてつくっているのと、作業がしやすいように。

長坂 おそらく、これがパタパタと開いたり開いてなかったりしている風景がいいんですよね? すべて開いたりすべて閉じたりではない、儚い感じを求めてつくっているということですか?

壹岐 はい。

長坂 この柱がたくさんあるのも、そういうイメージですか、それとも機能だけですか?

壹岐 細い柱で支えているみたいな、繊細な感じは出したいと思っています。

越境する海辺暮らし
海の離れとしての郊外都市住宅群

神奈川県茅ヶ崎市を敷地として海と共にある開かれた暮らし方を模索する都市住宅の提案である。海に関わる活動を共有する小さな公共空間を備えた住宅が"海の離れ"として地域の暮らしの領域を再定義する。海へのシークエンス、周囲との関係によって変化する"海の離れ"は地域と共にこの街らしさを継承する建築となる。

ID260
遠山 大輝
京都工芸繊維大学大学院
工芸科学研究科建築学専攻M3

A1. Illustrator、Photoshop、Rhinoceros、Lumion、InDesign、Grasshopper、手描き **2.** 7万円程度 **3.** 6〜7ヶ月 **4.** 大学生協 **5.** カルロ・スカルパ **6.** 場所の現象学 **7.** 美術館巡り、カラオケ **8.** 美術 **9.** 就職

遠山 海を生活の中心とした"海の離れ"によって、地域が開かれた暮らしを構想しています。今回は公共空間を持つ住宅を5つ設計しています。海の存在を前提として、海と建築の関係や、周辺と建築の関係、道と建築の関係を特に意識して設計していますが、街を実際に歩いてみると、これらのキーワードに紐付いた海街のおおらかさに繋がる種をたくさん発見できたので、塔をモチーフの主題としながら統合するように設計しました。内部と外部の関係や、海風と光の存在によって海を感じるとか、暮らしている街から徐々に海へと意識が移っていくシークエンスを空間の魅力として考えています。

塩崎 この5つは、実際にはもっと点在しているということですよね？

遠山 そうです。

塩崎 わかりやすいプレゼンテーションだと思いながらプレゼンボードを見ていました。1階のグランドレベルが魅力的ですが、敷地内の外構について、この場所を選んだ理由と合わせてもう少し魅力的に説明されるといいなと思いました。周りの建物と周囲との関係は何かありますか？

遠山 周囲との関係に対してはそれぞれ違うところがありますが、敷地内に閉じこもらないのがすべてに共通する1番の主題であり、サーフボードやシャワーなどが使える領域に対しては、この街の開かれた様子を見ることができるので、それを前提に周辺との連携を取り持っていくようなデザインにしています。

塩崎 海・住宅地・敷地を考えたときに、コンクリートとそこにくっつく木造というグラデーションのようなものが、敷地、住宅地、海というさらに広いグラデーションに色変わりしていくと、さらにわかりやすい説明になると思いました。

遠山 奥の2つは袋小路に繋がっており、海から来るときに隙間から塔が徐々に見えてくるようになっています。街の中での海との関わりを象徴しているのがこれらの塔なので、それらが隙間から垣間見えるように徐々にこれに向かっていくことを考えています。

生駒山タイムマシン計画
-土木的構築による日常と非日常のオーバーレイ-

大阪と奈良を分かつ生駒山。ここには日本神話から昭和の遊園地まで、一万年の幅を持った歴史の断片が点在している。鉄道会社のレトロ売りによって上書きされるこれらの歴史を人々の記憶にアーカイブし、生駒山という巨大な質量の塊が今後一万年残り続けるために、土木的構築によるワームホールというわずかな内部空間を設ける。

ID:264

乾 翔太
京都大学工学部
建築学科B4

A1. Illustrator、Photoshop、Rhinoceros、手描き 2. 20万円程度 3. 3〜4ヶ月 4. 画材屋、Amazon 5. なし 6. 銀河鉄道の夜 7. 知らない街の電車に乗る 8. 材料工学、哲学 9. 大学院等へ進学

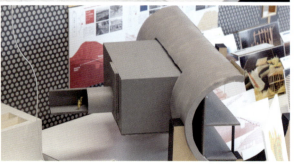

POSTER SESSION

乾 敷地は大阪と奈良の県境にある生駒山という山です。標高624m、だいたいスカイツリーくらいの高さです。僕はここで20kmほどのトンネルを掘ります。なぜトンネルを掘るのかというと、この場所が、日本神話の時代から昭和の遊園地まで1万年くらいのスケールのものがグシャっと1カ所に集まった異様な時間の幅を持った場所であるからで、現在はそういう場所がかなり点在しています。そういった場所を1日で巡ることができないので、いろいろな場所が忘れられつつある。それを、トンネルを用いて繋げることで1万年を1日で体験できるようにするのが今回の設計です。なぜトンネルなのかというと、A地点とB地点を移動の風景なしに同時的に体験させるにはトンネルがいいのではないかと考えたからです。縦に長いトンネルは乗り物で高速移動し、乗り物を降りて枝道に沿って歩いて出てきた場所が各場所となっています。

藤村 これはどれくらいのスピードで走るのですか？

乾 設計上は一応時速150kmを出しても曲がれるようなカーブで、最小回転半径を設定しています。各トンネルの出口は、あえて土砂災害特別警戒エリアに出てくるようにしており、この土木的な構築を用いて山を土砂災害から守りつつ、各時代を繋いでいます。

藤村 建築的にはどのような特徴があるのですか？

乾 各部分は土木的な構築を基本としていて、各場所に近い歴史的なエピソードを盛り込みながら設計しています。この寸法や軸線などは、この敷地で1番古い場所に天照の孫の神様が降り立った磐船神社があるのですが、そこの軸線になっていたり階段が伸びていたりと、そのように形を決定しています。

藤村 軸線などは象徴的な場所の記憶を拾っているのですか？

乾 そうです。

藤村 各駅で場所の意味を拾った設計になっているんですね。

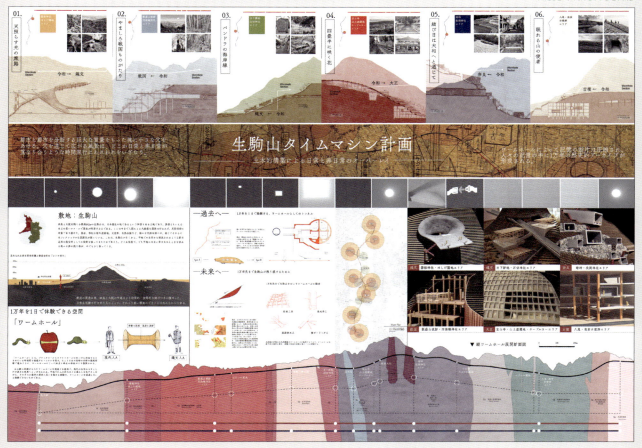

揺らぎ -残存と再生-

建築は揺らいでいる。しかし、それを人々は知覚していない。その象徴として、私は都庁をリノベーションした。都庁の背後にある情報をモンタージュし、建築の揺らぎを可視化させた。揺らぎこそ建築の強さである。これまでの残存と再生が強さとなって現れる。

ID277

神保 太亮
日本大学理工学部
建築学科B4

A1. Illustrator、Photoshop、Rhinoceros、Lumion、手描き、Lightroom 2. 15万円程度 3. 1ヶ月未満 4. レモン画翠
5. 磯崎新 6. 反建築史 7. 睡眠 8. なし 9. 大学院等へ進学

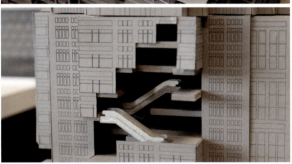

POSTER SESSION

神保 磯崎新の研究として"つくばセンタービル"を一度見てから、自分の建築観の研究をスタートしましたが、20世紀以降の建築が関係性の中に埋没してしまっており、建築の自立性がなくなってきているのが問題としてありました。そこで、建築の自立性とは何かを考えたときに、建築は揺らいでいると仮定しました。その建築の揺らぎについて、都庁を対象として断片化することにより、このようなコラージュをつくって、この中で揺らぎ続けているという表現を残しています。その建築の認識を図式化して逆行することで都庁を断片化しました。都庁を断片化したものから、断片のもともとの時代性や空間の意味を分析し直し、改めて都庁に投影し直したものを改修しています。

藤村 実際にやったことが、エスカレーターを付けたり、壁を無くしたりしたことのように見えますが、それは概念的になのか実体的にこうあるべきということなのか、どちらでしょうか?

神保 概念から、抽象的な話と実体的な話は完全には一致し得ないと思っています。概念というものがもともとあり、それを実体に落とし込むと、広場が通路に変わってこのように巻き付くとか、都庁のゴシックという、もともと捉えられている概念がまた捉え直されたときに、都庁が1つのファサードに単位化されていき、それが剥がされていき実体化されている感じです。

藤村 なぜ都庁なのでしょうか?

神保 都庁はモニュメントとして……。

藤村 磯崎の解体をやって丹下健三を選ぶのは、別の意味が出てくるような気がします。

神保 全体主義的な1つのモニュメントとしてあるけれど、それは他のものとの差異としてしか存在しておらず、建築の自立性とはまた違うのではないかと思っていて、そういう認識になっているけれど、結局自立性とは何だろうと考える、つまり、都庁を通してもう一度自立性について考え直すということです。

藤村 自立の象徴ということですか?

神保 そうです。

藤村 それをずらしていくときにもう一つ別の概念があるといいですね。だから私はこうしたという発露の説明が聞きたかったです。

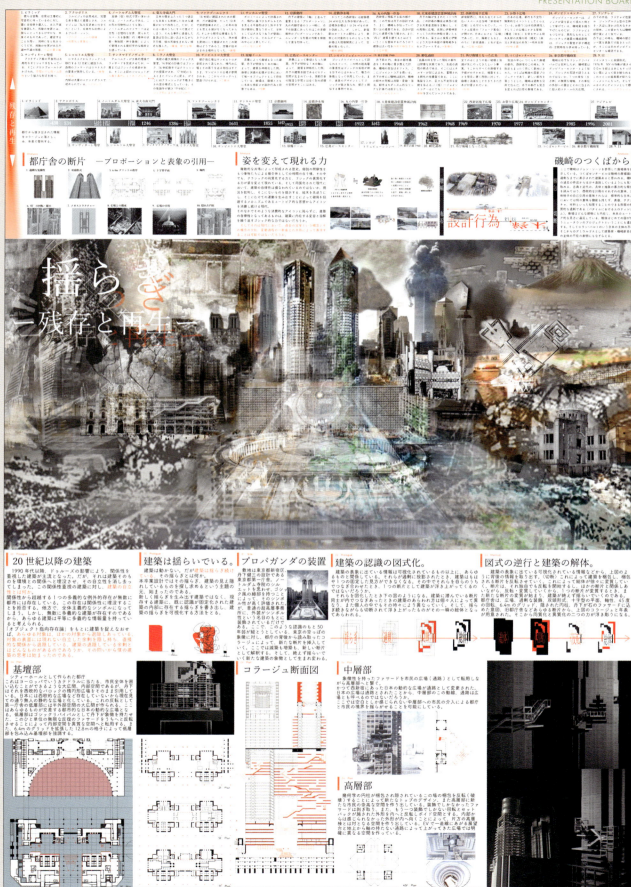

都邑湊
-水上交通インフラを見据えた防災船着場の更新計画-

防災船着場は日常利用されないために認知度が低く、災害時に有効活用されないのが現状である。本計画では来るべき災害に備え、新しい防災船着場のあり方を提案する。五街道の起点であった日本橋を布石として、都市の輪郭を描くように水上交通インフラが推進されることを目指す。

№280
山田 蒼大
法政大学デザイン工学部
建築学科B4

A1. Illustrator、Photoshop、Rhinoceros、InDesign、Procreate 2. 10万円程度 3. 2〜3ヶ月 4. レモン画翠 5. ピーター・ズントー 6. アイデアのつくり方 7. おしゃべり 8. 自然の摂理 9. 大学院等へ進学

山田 日本橋に防災船着場を計画しました。災害時の物資・人員を輸送する防災船着場は認知度が低く、主要拠点の整備が間に合っていないのが現状です。現在の川と街の境界は強くて固い堤防で守られていますが、これからの境界には強くて柔らかい船が求められると仮説を立て、柔らかい境界と水景の記録から、座れる場所や和める場所など、身体スケールの所作を導く形態を土木スケールの固い堤防に挿入することで、固い堤防が柔らかい場所になるように設計しました。既存の堤防を掘削して、蹴上の異なる大きな階段状の地盤をつくり、街と川を跨ぐような大屋根が人々を受け入れます。また、内外の仕上げを揃えることで内と外を穏やかに分けるように意識しました。

松山 水位はどうなっているのですか？

山田 満潮時はおおよそこのあたりまでできます。

松山 意外と浅いですね。

山田 普段ここは浸かるような場所ではないです。

松山 満潮時に浸かるようになれば、浸かっている状態と干潮時とで状況が変わって面白いと思います。

山田 それは建物に干渉するので難しいと思いました。

松山 このあたりは外部ですか、内部なのですか？

山田 内部です。この骨組みに沿った形で大屋根がかかっていますが、これは半屋外と内部です。

松山 こことここに屋根がかかっていて、ここはオープンなのですか？

山田 屋根は全部かかっています。それで、この櫓のところだけ屋根に開口が開いていて……。陸屋根を採用したので、下は日中に日光が差し込んで真っ暗にならないことを想定しています。

松山 屋根の素材は？

山田 膜屋根です。

松山 屋根がなくてもかっこ良さそうですね。

山田 屋根を付けてしまうと見えないため、屋根だけ外している感じです。

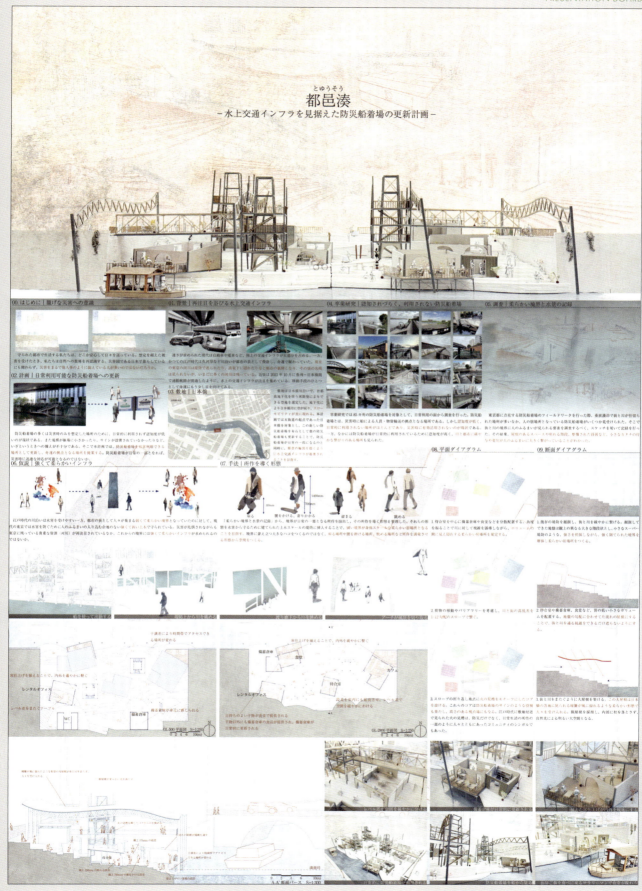

『小学校もツリーではない』
セミラティスな雑多さがつくる豊かな子どもの居場所

セミラティスとは、接点のデザインである。雑然とした関係性のなかで、森や路地を歩くかのように、各々が心地よい場所を見つけ、好奇心を膨らませてゆく。そんな余白をもつ自由な螺旋を用いて、街と人と自然の接点をかたちづくり、学校建築のあり方を再考する。『都市はツリーではない』ように『小学校もツリーではない』のだ。

ID 289
佐々木 道啓
九州大学工学部
建築学科B3

A1. Illustrator、Photoshop、Rhinoceros、AutoCAD、Grasshopper **2.** 3万円程度 **3.** 2〜3ヶ月 **4.** オンラインショップ **5.** フライ・オットー **6.** 都市はツリーではない、構造と感性、自然な構造体 **7.** オーケストラ指揮者 **8.** 音楽 **9.** 大学院等へ進学

佐々木 「小学校もツリーではない」とは、クリストファー・アレグザンダーの"都市はツリーではない"に呼応したもので、これからの学校は急速な教育変化に対応すべく、より雑然とした関係性の中で各々が心地良い場所を見つけ好奇心を膨らませていく余白が求められていくと思います。そこで本設計では、従来の片廊下型、中廊下型を螺旋で巻いてみることによって新しい教室同士の関係性をつくり出して、さらにその内側と外側の螺旋の境界を崩していくことで、街や自然を巻き込んでいくようなセミラティスな学校を提案しています。そして、この独特な形態を実現するための構造として、水平方向に引っ張ると鉛直方向に反り返るシャンプーハットの構造が生かせるのではないかと考えました。具体的には螺旋状に並べた50本の鋼管柱を一つながりに緊結し、その法線方向に伸ばしたケーブルで屋根を吊るというリングガーター構造の応用のような形にしています。

秋吉 セミラティス型というのはもっとネットワーク型なのに、接点が1点のような気がします。だから、セミラティスと言わなくていいのではないでしょうか。これはこれで面白いけれど、セミラティスからこれになったと言うのは少し無理があるのではないでしょうか？ 要は、1つの基点をもとに何方向かに行けるようになってなさそう。

佐々木 基本的にはそうですが、下をくぐれて、こことここが繋がって、ここと は直接的には繋がっていないけれど間接的に繋がっているようなところが面白いと考えました。

秋吉 屋根をわざわざ吊る意味は何でしょうか？ 吊ることによって何が生まれるのですか？

佐々木 最初は吊らずにやる予定でしたが、体育館まで一緒に解くことになったときに、さすがに無理だという結果になりました。

秋吉 柱や壁を落とせば良いのでは？

佐々木 間に風が通るようになっているため、下と上は分離して屋根は本当に浮いているようにしています。

秋吉 一番重要な風はどれですか？

佐々木 かなり海辺に近くてすごくいい風が吹いているので、それを生かしたいと考えました。

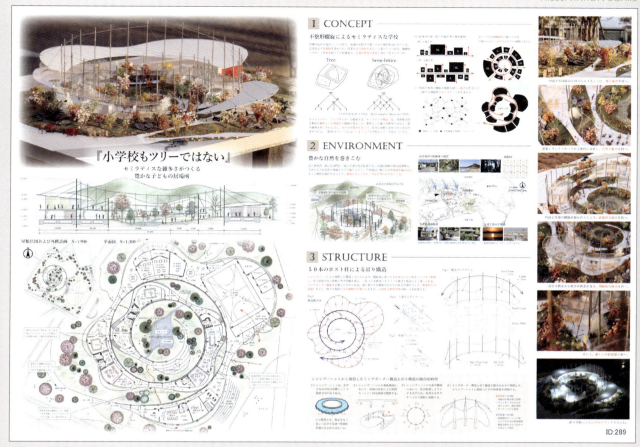

結びの羽衣
-洗濯からはじまる交ざり合いの風景-

洗う・干す・畳むという洗濯行為は、人の営みが多様化していく社会の中でも普遍的な共通の営みである。各住戸内で行われていた洗濯を集合住宅内で開くことで新たな人や環境の交ざり合いを生み出す集合住宅を提案する。大きなキャンバスの上で描き出される人びとは、毎日違う色を見せる交ざり合いの風景と暮らしていく。

ID296
繋藤 大地、野元 那央、
仮屋 翔平、樋口 紗矢
九州大学工学部
建築学科B4、B4、M1、M2

A1. Illustrator、Photoshop、Rhinoceros、Procreate
2. 3万円程度　3. 1〜2ヶ月　4. 文房堂　5. 末廣香織
6. なし　7. ごはん　8. 竹　9. 大学院等へ進学

繋藤　洗濯という行為は昔から人々の共通の営みとしてありますが、最近は住戸内に閉ざされてしまっているため、それを共通の行為とすることで閉ざされた個性を解放し、浄化された生活排水をもとにしたビオトープで周囲の人々との交流を図っていきます。洗濯広場を基盤として、上側には螺旋状に広がるバルコニー動線と住戸、下側には洗濯排水をはじめとした生活排水が向かう浄化槽があります。地面にはビオトープがあります。ここでみんなの洗濯を共有する物干し竿をかけたり、洗濯をかけたり、子どもがバレーをして遊んだりという、さまざまな生活の風景をつくりだしています。

野口　洗濯という行為を拡大解釈して、ここまでもってきているのが面白いです。洗濯を干しているだけに見えますが、その間の行為はどこかで見えるのでしょうか？

繋藤　干すだけでなく、洗濯機に入れたり畳んだりする行為はこういうところにあります。畳む、干す、移動するという行為をしています。

野口　私は勝手にこの水でみんなが洗濯すると思っていたので、そういうのも良いかなと思っていました。この人工芝が強い気がしますが、この意図は何ですか？

繋藤　いろいろな人が混ざり合う空間をつくりたくて、1枚のフラットスラブがあることで、さまざまな人が平等に混ざり合えるようなことを意図してつくりました。

野口　メインパースの描き方が3つありますが？

繋藤　水回りのパイプシャフトと、住戸の中の生活空間、螺旋状にあるバルコニー空間を表したくて3つ違った形でつくっています。一応、このメインパースは1枚のフラットスラブをA1用紙に見立ててその中で広がるという感じです。

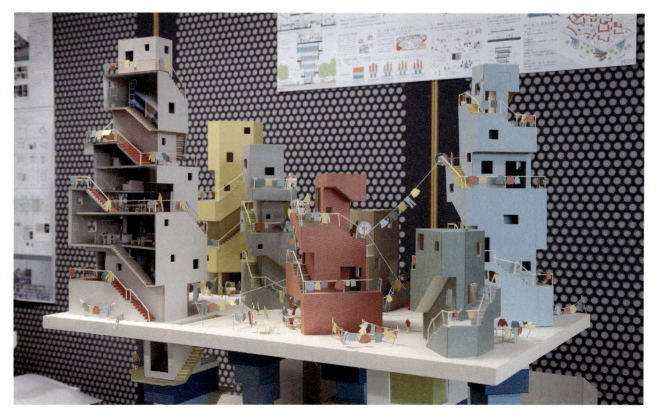

変遷 -ホワイトビルディングが変わるとき-

カンボジアに巨匠ル・バン・ハップによって設計されたホワイトビルディングがスラム化したことにより解体の危機に直面している。特殊な条件が生み出した現象を残すべくコンバージョンを試みる。都市化のシンボルが内戦後に占領され都市を分断する存在となったホワイトビルディングが人々を結節する場所としてプノンペンに残り続ける。

ID308

野村 月咲
日本大学理工学部
建築学科B4

A1. Illustrator、Photoshop、Rhinoceros、AutoCAD 2. 5万円程度 3. 8〜9ヶ月 4. レモン画翠 5. アレハンドロ・アラヴェナ 6. 建築家なしの建築 7. 旅 8. 国際支援 9. 大学院等へ進学

野村 カンボジアのプノンペンに、カンボジアの巨匠ル・バン・ハップが設計した"ホワイトビルディング"と呼ばれる建物があります。カンボジアが辿った歴史によって今この建物は無くなろうとしています。かつては都市化のシンボルとして存在し、人々に新しい近代的な住居を提供しました。しかし内戦後は人々が占領するように住みつき、下層階級を受け入れ住民が建物の隙間に建築的介入を施すことで、この建物は人々と共に生き延びてきました。そこで私は解体されないためのコンバージョンとして第三章を計画しました。"らしさ"を表出させる減築と歴史を刻む増築が象徴的だった第一期、住人が建築に介入した第二期の現象を再読し、転換期を迎えるこの建物に落とし込みました。住宅としての利用者を断定する空間から、スケールを横断した不特定多数の人々を受け入れる空間へと変化させることで、この建物はこれからもこの街に残り続けます。

塩崎 スケールを横断した活動は、たとえば何がありますか？

野村 かつては住宅という小さな空間でしたが、マーケットという大きい規模になったり、この奥の場所が屋外公園として2層だった空間を1層にして屋根を無くすことで大きい空間にしつつ、逆に住宅よりさらに小さく細分化したホステルという1人だけのスペースや、もともと階高が3000mmあったのを1000mmくらいに小さくした空間をつくったりと、それら一期と二期に起こっていた出来事を読み換えて組み合わせた空間がスケールを横断しているという感じです。

塩崎 良いと思ったのですが、一期と二期、減築や増築した部分はどういう用途に変わっていったのかわかりづらかったです。変遷を模型化したらさらに魅力的になるように感じます。ここには立体的なマーケットがあるということですよね？

野村 そうです。

塩崎 かつて密集していた住居が減ったのを、どうアクティブに変えるかが出てくると良かったです。

変遷
- ホワイトビルディングが変わるとき -

鉄の起水とアグリズム
水素製鉄による排出水を用いた未来の製鉄所の在り方

製鉄産業は私たちの生活に欠かせない資材を生み出している反面、地球から大地を奪い、大量の二酸化炭素によって地球を苦しめてきました。世界から失われつつある製鉄所を水素を使って再建し、排出される水によって製鉄所に人を引き込む建築を提案します。

ID329
富永 玲央
日本大学理工学部
海洋建築工学科B4

A1. Illustrator, Photoshop, Rhinoceros, Lumion 2. 6万円程度 3. 2〜3ヶ月 4. レモン画翠 5. なし 6. なし 7. 散歩 8. なし 9. 大学院等へ進学

POSTER SESSION

富永 製鉄所の産業はさまざまな問題を抱えており、二酸化炭素の排出量が多く、休止を迫られる製鉄所が例年増加しています。その原因となる高炉は街のシンボルとして長年愛されていました。敷地は川崎の製鉄所で、ここも工場夜景などで有名です。これからも必要となる鉄をつくり続けるために、水素製鉄という技術を使って高炉を再稼働していきます。鉱石と水素を反応させることで二酸化炭素ではなく水が発生します。この水を使って製鉄所に人を引き込む公共空間を計画していきます。高炉からは、水以外にも余熱や高炉スラグというものが発生します。この余熱を使った銭湯とか、高炉スラグを使った農業施設などを計画しています。この製鉄所でつくられた鉄を使ってこの建築をつくることで、今までブラックボックス化されてきた鉄の価値を再認識していきます。

松山 これは既存の工場ですよね？

富永 はい。こちらが新しいものになります。

松山 敷地がかなり狭いですね。

富永 そうですね。この高炉のスケールに合わせてつくりましたが、こうなった理由としては、上から出てきた水を垂らしたかったので、どうしてもここまで……。これが煙突で、ここから流れてきます。水素製鉄はまだ実用化されていないので、どのくらい水が出るかはわかりません。だから、ある程度溜池をつくって必要な分だけ横に流して使います。

松山 安藤忠雄の"六甲の集合住宅"よりかっこいい。畑はわかるけれど、この用途は何ですか？

富永 このあたりは住宅がなく、畑は小さいものと大きいものといろいろなスケールのものがあり、街の人たちによる週末農業や賃貸農業のようなことを想定しています。その人たちが使えるような銭湯やレストラン、宿泊施設なども設けています。

松山 これはビニールハウスですか？

富永 そうです。余熱が出るのでそれを利用します。

松山 新しくて良いと思います。この線路が中に入っていくのですか？

富永 そうです。製鉄所が広いので、物資を移動させるときにトロッコのようなものを使います。この赤いのは溶けた鉄で、このように運ぶことを表現しています。

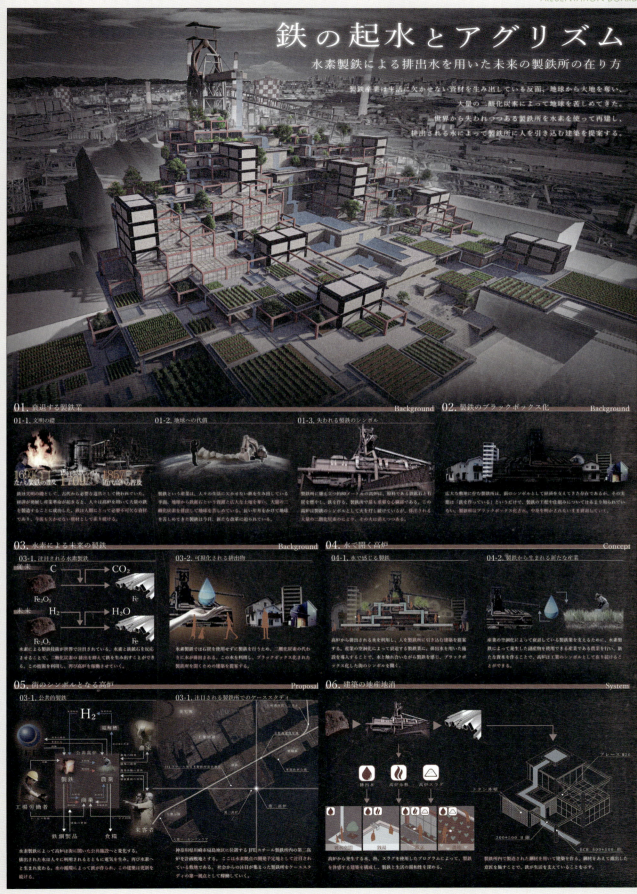

織りひろぐ五重奏

時代を越えて続いた音、一度途絶えた音、日々変化する音、まちに寄り添う音。そんな音の世界で溢れた小倉。クラシックが身近にあった私は18年間過ごしてきた場所を離れた時にこの音の代え難さに気づいた。人々から遠ざかった織物が再び、地域や国境を越えて歴史を渡る音であるクラシックの音が新しく、人々の日常に舞い込む。

ID332
吉本 佑理
大阪工業大学ロボティクス＆デザイン工学部空間デザイン学科B4

A1. Illustrator、Photoshop、Procreate、手描き 2. 5万円程度 3. 1〜2ヶ月 4. カワチ画材、Amazon 5. なし 6. なし 7. 音楽聴く、本読む、映画見る、友達としゃべる 8. 音楽 9. 大学院等へ進学

吉本 福岡県北九州市小倉には、小倉織という織物があります。これが小倉織なのですが、この織物の特徴としてストライプとグラデーションがあります。私はこの織物からクラシックの音とリズム、抑揚を連想して、この街の音とともに小倉織を人々に伝えたいと思いました。街のシンボルであるお城と玄関口であった橋の歴史が分断されているので、場所を人々が糸のように紡ぎ、その空間が1枚の織物となるように歴史・時間・音・街の人の思いが編み込まれることで、ここにしかない織物、小倉織となって広がっていくのではないかと考え設計しました。

野口 起伏のある建築だと思いますが、起伏の工夫のようなことを教えていただけますか？

吉本 織物の特徴として、直交して編み込まれるというのがあるのですが、それを意識しつつ私のクラシックの音である抑揚をいかに絡ませるか。なめらか過ぎても良くないので、織物と音という抑揚のつけ方を工夫してつくりました。

野口 組み合わせ方に織物性というのが出てきて、そこに音の抑揚などを絡ませて？

吉本 そうですね。

野口 屋根なども織物でつくるのですか？

吉本 難しいと思いますが、実際にできたら素敵だと思います。

野口 うまく取り込めるといいですね。それぞれの場所で何が起こっているのか教えていただけますか？

吉本 1つ目は、ここに紫川が流れているのですが、そのせせらぎの音で図書館という機能を置きます。そして、ここに小倉織の工房であったり体験所であったり、歴史を知る伝統系の施設を取り入れ、そしてここに、このあたり一体で行われる小倉祇園太鼓というお祭りの音を取り入れた、地域の人々が触れ合う場所という意味でコミュニティ施設を置いています。次にここが、街の人々の憩いという意味でショッピング施設やご飯を食べる場所という機能を置いています。最後にここが、クラシックという意味で劇場を置いています。

野口 これは外のどこからでも入れるのですか？

吉本 そうです。

野口 あと、お城と言いましたか？

吉本 ここが敷地になっていて、ここがお城、ここが九州の玄関口と昔言われたところです。

野口 そこを繋ぐ感じで？

吉本 はい。

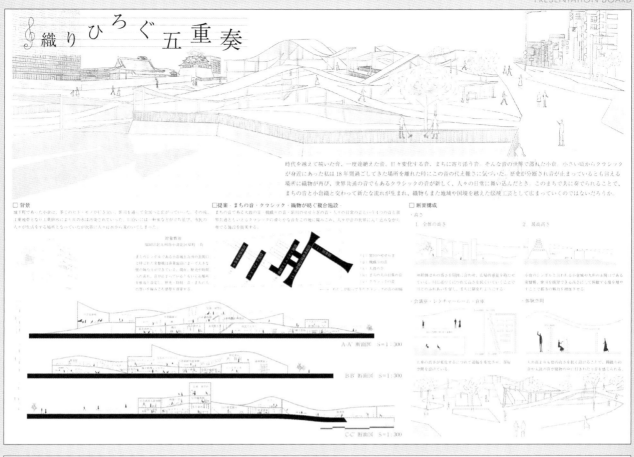
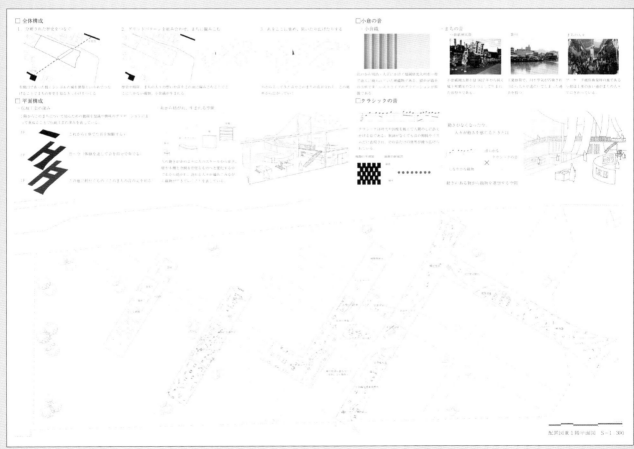

AIR TRANSPORT HUB

2030年代、名古屋にリニア中央新幹線が開通し、エアモビリティのオンデマンド運行が普及する時代を想定した交通拠点と可変式マーケットの複合建築を提案する。新たな交通拠点とマーケットが複合することで、観光客・出店者・地域住民それぞれにとっての体験価値を提供する名古屋の新たなランドマークとなる。

ID 338
服部 廉
名古屋工業大学工学部
社会工学科建築・デザイン分野B4

A1. Illustrator、Photoshop、Rhinoceros、Twinmotion 2. 3万円程度 3. 1ヶ月未満 4. 世界堂、東急ハンズ、ホームセンター 5. レム・コールハース 6. なし 7. 筋トレ、カラオケ 8. ボディビルダー 9. 大学院等へ進学

服部 現在、再開発によってたくさんの高層ビルが建てられていますが、その容積の大半は人々にとって馴染みのない空間となっています。さらに、高層ビル内のテナントは時代の需要に対応しきれず、空室率の上昇に繋がっています。そこで本提案では、エアモビリティの交通拠点と可変式マーケットの複合建築を提案します。従来の高層ビルとは異なり、空の交通拠点としてグランドレベルに限らずさまざまなフロアで人の出入りが起きることで、建築全体が街との接点を持つようになります。さらに、従来のショッピングモールとは異なり、移動販売のモビリティが従来のテナントのような役割を担うことによって、店舗のレイアウトや種類が柔軟に変化し、時代の需要に対応して更新し続けるような空間となります。

秋吉 これはリノベーションですか？

服部 新築です。

秋吉 新築だとすると、自動制御で自由に行き来できる形状で、人間のわかりやすい水平・垂直のスラブで成り立っているのはなぜでしょうか？極端に言うと点の集合でも良いと思います。

服部 今までのモダニズムの形で効率化を求めて高層化していった文脈は残しつつ、ビルの低層部に限らず中高層にも人のアプローチができる点に新規性があると思ったので、このモビリティの動線やモビリティの着陸方法の利便性という部分は、従来のモダニズムに則ったものが良いと考えました。

秋吉 おそらく、そういうことはないと思います。自動運転などもレベル5になると道路は不要だし、こことここの隙間を時速200kmで行ける世界観になる。テーマは面白いけれど、リノベーションなら、今のルールのままこういうものが動かなくてもいい感じがするけれど、新築となると、それにふさわしい形が出てくると思います。あとは、この都市に与える影響として、こういうものができたときに中心市街地がどうなるのかも少し触れていいと思います。

PRESENTATION BOARD

AIR TRANSPORT HUB

01. 背景

移動販売車の増加

新型コロナウイルス感染拡大後、キッチンカーをはじめとする車両を用いた移動販売に参入する事業者が年々増加している。EC化が進み、店舗への集客が困難になる中、車両を用いて顧客がいる場所へ出向き、販売・体験の提供をおこなう新たなマーケティング戦略の一つである。

次世代モビリティ

現在、国内外でエアモビリティ、通称「空飛ぶクルマ」の社会実装に向けた取り組みがおこなわれている。2025年大阪万博では日本初の商用運行が予定されており、2030年代にはオンデマンド運行を中心とした様々なサービスの実装が計画されている。

02. 敷地

名古屋駅西椿町の現状

飲食店や歌舞伎座で囲われた名古屋駅西椿町（以下、駅西）。しかし、タクシーや送迎車の路上駐車など、自動車中心の空間となっている。

計画敷地

名古屋駅前広場・飲食街・住宅地に囲まれた区域。さらに、リニア中央新幹線開通時に広場になる計画がされている。リニアの開通により人通りが激しくなるこの区域は、現在商業施設と分化した事業棟商業ビルが建ち並び、名古屋駅から飲食店街の賑わいを波及する上で壁となってしまっている。

03. 提案

リニア中央新幹線が開通し、エアモビリティのオンデマンド運行が普及する時代を想定したエアモビリティの交通拠点と可変式マーケットの複合建築を提案する。交通拠点とマーケットの複合によりモビリティを利用する通りで物品を実際に触れたり、出店者と交流することで、交通拠点が体験価値の創出の場となる。

エアモビリティの普及とリニア中央新幹線

06. 空間構成

交通拠点としての空間構成

リニアや新幹線で遠方から来た人たちが円滑にモビリティを利用できるようにするために、モビリティの離着陸ポートを積層させ、交通拠点として多くの利用客への対応を可能にする。

また、モビリティポートの積層により低層部から高層部まで人の出入りがおこり、建築全体が都市のような賑わいを生むポテンシャルを持つ。

可変式マーケットとしての空間構成

移動販売モビリティが従来のショッピングモールにおけるテナントの役割を担い、マーケットのレイアウトや店舗の種類はその日出店するモビリティによって変化する。可変式マーケットが作り出す空間はエアモビリティの交通利用者だけでなく、日常的にマーケットに通う地域住民にとっても新たな発見や出会いを生む場となる。

さらに、テナントを借りない出店形態は、企業が抱えきれない幅広い属性の人々の出店を受け入れる。それにより出店者同士の交流の幅が広がり、出店者にとっても体験価値の創出の場となる。

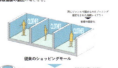

06. 形態ダイアグラム

01. モビリティの動線

モビリティの離着陸ポートは可変式マーケットの搬入口を兼ねる。モビリティの安全な飛行のため、上下階のポート同士が重ならないように配置する。また、出店ブースは夜間モビリティの充電基地として機能する。

02. 人の動線

マーケットとしての回遊性確保のため、上下を縦横状の動線で結ぶ。また、各フロア同士を繋ぐ大階段は、上下のフロアとの一体感を生じると同時に人々の滞留空間となる。

03. モビリティと人の動線を重ねる

04. 周辺の賑わいを引き込むテラスとペデストリアンデッキ

05. テラスとモビリティポートを積層する

1時間あたり各階ごとに最大約900人、全体で約20000人の利用客に対応。
夜間は名古屋駅から40km圏内のオンデマンド運行をおこなうエアモビリティ300機を収容する充電基地となる。

名古屋駅前広場と一体的な賑わい創出のためペデストリアンデッキでテラスと広場を結ぶ

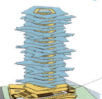

断面図 1:400

173

淡いままで
-個性が混ざり合うパレットのような小学校-

「男の子なのにお姫様が好きなの?」、「女の子なのにサッカーをやるの?」。小さいように思える偏見が性別や人種、年齢や障がいによる差別につながるのではないか。色とりどりの個性を拒む「常識」という、淡さを受け入れない考えは小学校の6年間で形成されるのではないか。あらゆる色が淡く混ざり合うパレットのような小学校。

ID359
村井 あすか
法政大学デザイン工学部
建築学科B3

A1. Illustrator、Rhinoceros、Procreate 2. 1万円程度 3. 1〜2ヶ月 4. レモン画翠 5. なし 6. なし 7. 散歩、睡眠、友達と会う 8. 銭湯、災害対策 9. 大学院等へ進学

村井 "男の子なのにお姫様が好きなの?"、"女の子なのにサッカーをやっているの?"。小さいように思える偏見があらゆる差別に繋がるのではないか。常識と呼ばれる淡さを受け入れられない考えは、小学校の6年間でおおいに形成されてしまうのではないかと考え、あらゆる色が淡く自由に混ざり合うパレットのような小学校を計画します。この地域は高低差により緑道が充実しているため、小学校の中にも張り巡らされています。凹凸の無いコンクリートの緑道によって、芝生がバリアとなる車椅子ユーザーにとっても遊びやすい校庭とします。また、福祉センターを設けて、緑道を介して運動をして小学校へ。そこで混ざり合い、結果として地域ウエルネスが向上していくサイクルを生み出します。学校内では750mmごとのレベルをスロープで繋いでいき、中央のパレットから、自習を行う"段々パレット"、教科の特集がある"教科パレット"、そして教室と学びの動線をつくります。教室のつくりは、タブレットを用いるゆとりのあるものとし、教室の形態は円形にし、いろいろな学習形態に変化させるものとしています。

野口 この形は、どこから持ってきましたか?

村井 やりたいことがいくつかあり、それを組み合わせていくとこの形になったという感じです。今の四角の教室に、学びの形は変化しているけれど戦後から変わらない教室の形に疑問を持ちました。円形にすることで、レールがあったらホワイトボードを回転させたりすることで、このように空間ができるので、この2つを1つのユニットとして使いたかったのと、学びの動線を計画したかったのと、地域の人も入れる小学校なので視線によって交流があるようにしたかったのと、緑道を入り込んでいるようにしたかったため、このような形にしました。

野口 この形の魅力は何だと思いますか?

村井 小学校での活動が地域の人にとって日常になっていくと……小学校に集まることが運動にも繋がる、そういう交流を生むために入りやすい学校を考えました。緑道を介して学校に入りやすいことです。

野口 いろいろな受け皿があって良い建物だなと思いました。

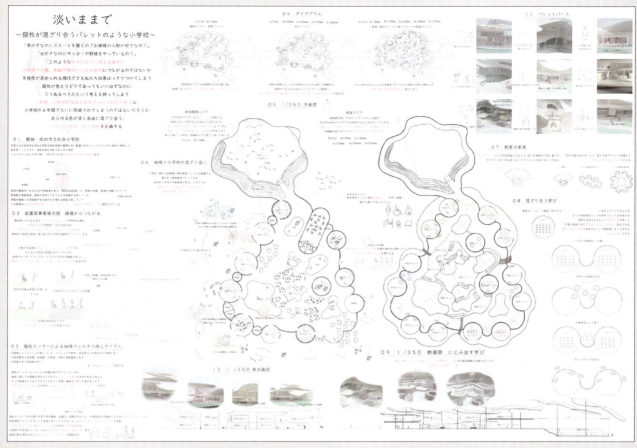

巡り巡る -育つ子ども・育つ植物・育つ建築-

灰色の景色が増え続ける現代社会の中で日常に色を与えるものは何か。それは四季の移ろいであると考えた。この保育園は、室の配置により園庭までの視覚的な抜けが生まれ、さらに室を繋ぐ格子では植物と園児が共に成長する仕掛けを設けた。この園に訪れる人々は建物の境界にとらわれることなく自然に触れ、時の流れを五感で巡る。

ID.372

畠山 桃歌
福岡大学工学部
建築学科B2

A1. Illustrator、Procreate 2. 1万円程度 3. 1～2ヶ月
4. 山本文房堂 5. 磯崎新 6. ハンフリーのあそびばしょ
7. 建築以外の本を読む 8. なし 9. 大学院等へ進学

畠山 2年の設計課題で"記憶に残る保育園"を設計したのですが、記憶に残るとは何だろうと考えたときに、日常に色を与えたいと思い、日常に色を与える操作として自然環境などの変化を色濃くわかるようにしたけれど、最初の設計課題でできたものは自然が飼い慣らされているように感じてしまいました。でも自然は強いはずなのにという自分への疑問により、今回ブラッシュアップし、コンセプトとしてより自然を持ち上げた設計をしました。人、自然、建築とせめぎあってほしいという操作で、建築が溶け出すことでフレームが表れ、そこに自然が巻き付いて自然が侵略していく。そこを遊び場として、子どもが遊びを自由に生み出すせめぎあいの建築を目指しました。

藤村 飼い慣らされて自分で否定していくストーリーは面白いと感じましたが、このフレームは必要ですか？溶けたと言っても、実際に溶けているわけではなく溶けたかのような形をしているということか、それとも実際に溶けているのか？

畠山 もともと溶けているようにつくってはいますが、0歳、1歳児、5歳児でだんだんフレームが表れていくように溶ける操作をしています。0歳、1歳児は守られる存在でしたが、5歳児と成長するにつれて逆に育てる立場になることでフレームでの植物の成長のようなものを手助けするような操作が可能になります。それと同時に自然との関わりが増えることもやりたくて、その何年後かに建築のように朽ちていくことも金輪継ぎのように記憶に留めていきたいという設計です。

藤村 無くてもいいのでは。多少機能は残っているかもしれないけれど、ジェスチャーとして残すのではなく最初から建築のあるべき姿をしているほうが、説得力があるかなと思いました。

PRESENTATION BOARD

巡り巡る
～育つ子ども・育つ植物・育つ建築～

灰色の景色が増え続ける現代社会の中で日常に色を与えるものは何か。それは四季の移ろいであると考えた。従来の建物では壁によって内と外が分離され、室内から外の自然に触れる機会は少ない。建物の中にいるはずの空間に外部を感じた時人々は日常で気にとめていなかった自然の力に魅了される。この園に訪れる人々は内外の境界にとらわれることなく時の流れを五感で巡る。

自然は観賞の対象にとどまらない

I. 時間軸と形状

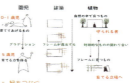

a. 室をつなぐ
各学年の室を繋ぐように2階に庇下が伸びる。年齢ごとに室への道の介入度合いを分け、関わりに差異を持たせる。成長の時間軸により庇下に交わりが生まれ、互いの行動を意識しあう。

b. 時をつなぐ
日の傾きにより空間に異なる影が落ちることで時間の移ろいを五感で感じる。庇や中庭に面した庇下は自然を受け止めながら室をつなぎ、四季の移ろいを教えてくれる。

c. 緑をつなぐ
子供たちは、建物の中で守られる存在から、自ら育てる立場へと成長する。成長過程においての共通点やずれから自らも環境ととらえ、共に同じ場で成長してゆく。

■金輪継ぎを用いた継承
自然が介入すると木のフレームは朽ちてゆく。フレームとしての機能を果たさなくなった木材は家具などに作り変え、新たな機能を与える。子どもたちは建築を体験し風化を記憶として刻み、長期的な巡るを実現する。

□雨を彩る
雨が降るとカーテンのように水が滴り新たな空間が生まれる。子どもはそこに遊びを見出し体験として刻まれる。

II. 人と自然と建築とのせめぎあい

自然に寄り添うように建築は溶け、同時に構造体があらわになる。フレームにはつるが巻き付き建築を呑み込むように自然が襲いかかる。呑みこもうとしてくる自然の意図とは裏腹に園児は自分の居場所を作り遊びを生む。

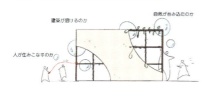

□自然を解く
当初の設計課題に取り組むにあたり、私は共存するということの本質をはき違えていた。課題を見つめ直していく過程でひとつの気づきがあった。四季は日常に色を与えてくれるものであるが、自然は決して観賞の対象にとどまらないのだ。このことを踏まえて再度設計した建築がこの保育園である。自然と共に成長していくこの園において、決して空間は人のための空間になってはならない。人間の手から離れた景観や、不自由さも許容しつつ、人間と自然とがせめぎあう建築を目指す。

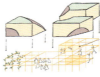
フレームの中で重なり合う人と緑の空間

III. 土に呼吸させる

人間のためだけに整備された道ではなく、山道のように多様な生き物が生息できる道を介入させる。豊かな土が自然と人とをつなぐ。

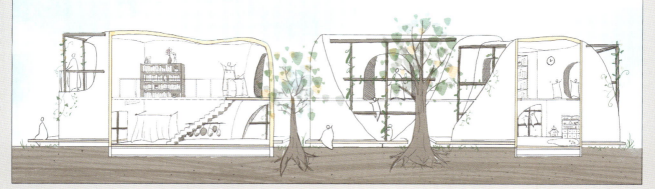

還る家

私の家に残る、私の生きた空間、生きた時間、生きた痕跡。私が死ぬ時、それは「墓」となる。Memento mori＿私は必ず死ぬ、いつ死ぬかわからない。私の死は最も遠く、最も近いところにある。私の「家」が「墓」になる、いや、はじめから「墓」なのである。私が最期の時を迎え、葬られる場所、還る家。

ID376

織田 奈々美
京都工芸繊維大学工芸科学部
デザイン・建築学課程B4

A1. Illustrator、手描き 2. 10万円程度 3. 3〜4ヶ月 4. 大学生協、画材屋、100均、コーナン 5. 内藤廣 6. 空間のちから 7. 鴨川を散歩 8. 絵画 9. 大学院等へ進学

織田 墓としての私の家族のための住宅を設計しました。死を意識しづらくなった現代において、死を実感し生きた実感を得るための住宅です。本来、墓と言えば対局にあるものですが、生きた痕跡としても墓と言えます。これは私の家族の家であり墓です。家の中心に納骨の場を配置しました。ここは部屋の一部ではなく開かれた空間であり、各部屋がこの空間に近づいたり離れたりすることで、生活の延長に死の存在を自覚し生活します。この真下が寝室になっており、寝室がもっとも密接な場所です。私の死後は、この奥のカーテンの中に葬られて家族は私を偲び、心の拠り所にしながらも自分自身の生きる実感を得られます。

塩崎 ここは自分の家族も住むのですか？
織田 そうです。
塩崎 私も昔調べたことがありますが、結構大変ですよね。家に骨壺を置いておくことはできるけれど、骨のまま埋めることは法律的に禁止されているようです。
織田 悲しいですね。
塩崎 死と向き合いながら暮らすというのは結構おどろおどろしい話でもあるので、どういう形を使うかは結構難しいです。小さい吾妻建ち的なものを入れた理由はありますか？ 吾妻建ちは、北陸のほうで見られる形式で妻側が長いのです。
織田 石川県出身なのですが……。
塩崎 石川県でも見られますね。
織田 手法として、下の納骨堂が先にできて、その上に天井が建ってこのような形となりました。
塩崎 なかなか大変なテーマに取り組みましたね。これは卒業設計ですか？

織田 はい。
塩崎 このカーテンはなぜ黒色なのですか？
織田 黒いのは、お葬式が黒だから透明度が低いものを使っています。

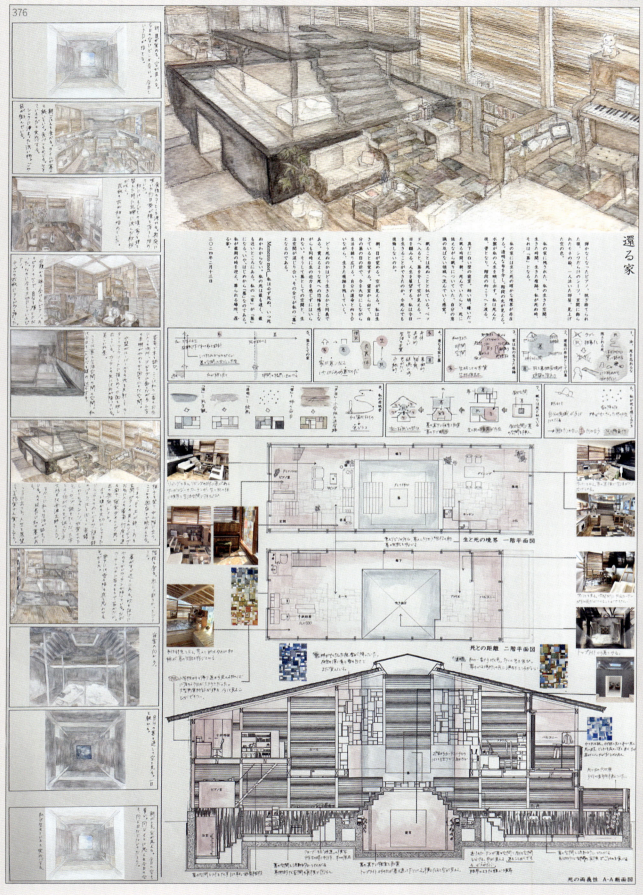

第3のモビリティベース
-自作ワンマイルモビリティを用いた多摩ニュータウンの分断解消-

私は中高6年間、モビリティを自作していた。それは、人でも車でもない第3の存在である。計画上の欠陥から交通弱者が多く存在する多摩ニュータウンの住民に対して、そのようなモビリティがまちへ広がる拠点を提案する。その拠点はモビリティの製造整備から運転練習、地域の物流・医療拠点となり、交通強者へと変貌させる。

ID 377
本村 祐樹
芝浦工業大学建築学部
建築学科B4

A1. Illustrator、Photoshop、Rhinoceros、Archicad、AutoCAD、Twinmotion 2. 6万円程度 3. 3〜4ヶ月 4. レモン画翠 5. 平田晃久 6. ゆっくり、いそげ 7. 過去の写真を見返す 8. 写真 9. 大学院等へ進学

本村 私は中高時代にモビリティを設計し、つくっていました。それは中学生が10万円ほどで制作できる格安な義足と言える第三のモビリティです。もしこれが一般的になれば、体力もない自動車も運転できない交通弱者を救えます。私の地元、多摩ニュータウンにも多くの交通弱者がいます。それは徒歩か自動車かの二者択一的な都市計画によるものです。二者択一性が顕著に現れた箇所を敷地に選定し、上下を結ぶインフラを構築した上でそこに機能を付随させています。団地タクシーや路線バスを乗り換えられる駅的機能、一人ひとりに合わせたモビリティをつくれる製造整理機能、運転する上でリテラシーを高める交通公園機能などです。モビリティを実際に設計し、構成ルールや材料などを用いて必要な空間の分析をして設計しています。

塩崎 このモビリティというのは自転車とバイクの間のようなものですか？

本村 それに近いですね。どちらかと言うと人体拡張のようなもので、ヒューマンスケールでモーターが乗っているので、勾配がきついところも速度自体は速くないですが登っていけます。

塩崎 未来というよりは現代を想定しているものですか？

本村 今からでもできる話なので……。

塩崎 その制作場所と……？

本村 こちらが制作場所で、たとえばタイヤ交換やバッテリー交換などの整備場所や、あるいは練習することができる教習所、乗り換えができる駅のような機能が入っています。

塩崎 モジュールや移動が関係していると思いますが、モビリティをベースとしたスペースをどうやって形にしたのですか？

本村 多摩は斜面地が多いので、斜面地に収める形で上下線を2つに分け、車道から来るのでこちらはどちらかと言うと車的に近い存在、こちらは遊歩道なので人的に近い存在になるため、だんだん狭くなっていったり建築の中を通ることによって少しずつ人的になっていったり、あるいはその逆になっていくイメージの施設になっています。

塩崎 風景の一部になると思いますが、全体でどういうイメージを意識しましたか？

本村 見え方は型をイメージしています。モビリティの型をまずつくらなければいけないと思ったので、少し不思議な形ですが、この狭いモビリティのためだけの勾配や回転半径を用いて型をつくりました。

みせとくらす
-都市の記憶を継承する店舗併用住宅プロジェクト-

築地6丁目は明治時代の雑居地で文化が交わる場所だったが、高層ビルの開発により木造密集地域の連続性が損なわれ、現在ではかつての活気を失いつつある。本プロジェクトでは木密地域のデザインコードを再構成しつつ、観光客、オフィスワーカー、地元住民の交流拠点として再出発するアプローチを提案する。

ID379
青木 仁志
東京理科大学工学部
建築学科B4

A1. Illustrator、Rhinoceros、Procreate 2. 7万円程度 3. 2〜3ヶ月 4. レモン画翠 5. 藤森照信 6. 看板建築 下町商人の粋と見えの建築群 7. 絵を描いています。 8. なし 9. 大学院等へ進学

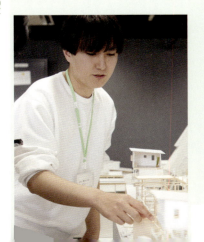

青木 築地6丁目を対象としています。明治時代に日本人と外国人の雑居地となっていて、文化が交わる特徴的な場所だったのですが、築地市場の撤退や高層ビルの開発といった過程で、木密地域特有の連続性が失われて現在では活気も損なわれつつある状況になっています。本プロジェクトでは、木密地域のデザイン構造を再構成しつつ、観光客、オフィスワーカー、地元住民の交流拠点として出発するアプローチを提案しています。具体的には従来の密度を木組みの構造で継承しつつ、新たに交流の中心となるボイド空間を、1階を中心につくりながら計画をしました。1階が商業空間を中心としたパブリックスペースとなっていて、2階が居住空間となっていて、このあたりにコモンスペースのようなものもつくっています。

野口 木造密集地域の課題のようなものは、これに取り込んでいますか？

青木 今までの105角ではなく、150角にすることで燃えづらくなるかなと考えています。あとは、密接しているところにボイドをつくることで逃げやすくなるかなと考えています。

野口 木密の魅力はこういうところで、自分はこういうアイデアを出したというのはどういうものになりますか？

青木 路地空間のひっかかりや出会い、1階の部分がセットバックされていて中間領域のようなものがあるところが魅力だと思い、このような形でデザインコードとして継承しています。

野口 かなり疎な空間になっており、密度が薄くて抜いているように見えますが、意図してやっているのですか？

青木 そうですね。ボイド空間や中間領域を中心にコミュニティをつくってほしいという思いから疎な空間になっています。

野口 もともとあった市場の性格が出てきて、このあたりにいろいろなお店が出てくるといいなと思いました。

PRESENTATION BOARD

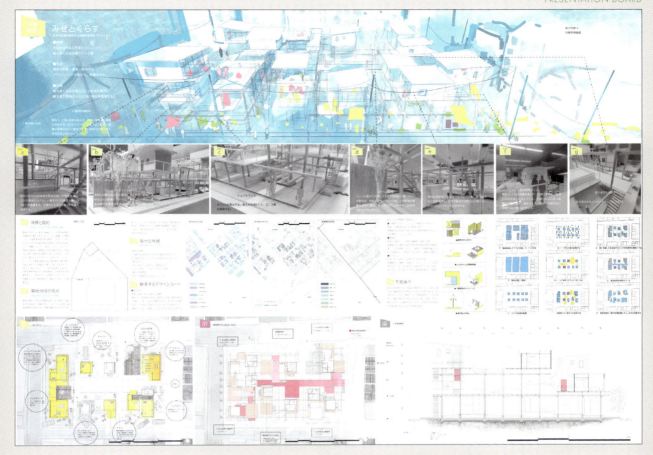

彩色の診療録（カルテット）
-薬局と築くプライマリケア-

薬局は薬をもらうだけの場ではなく、人と向き合う場であるべきではないか。本提案は薬局へバス停の日常性と滞在性を展開することで、日常の中にふるまいが溢れ出し、まちを診合うきっかけとなる場所を計画する。人のふるまいを生む家具と空間を構成する建築の両方の要素を合わせ持つエレメントがこの建築を色付けしていく。

ID386

田邊 琴音
法政大学デザイン工学部
建築学科B4

A1. Illustrator、Photoshop 2. 2万円程度 3. 2〜3ヶ月 4. レモン画翠 5. 冨永美保 6. なし 7. 美味しいご飯を食べに行く 8. なし 9. 大学院等へ進学

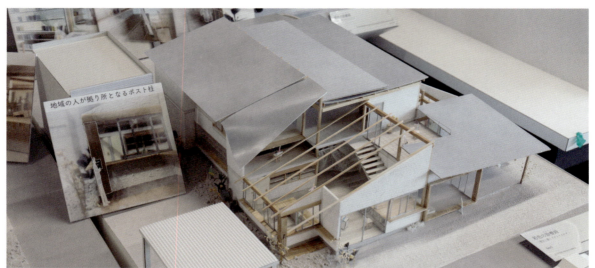

田邊 今後減少していくとされる薬局の新しい在り方として、街の人同士が健康を見合うきっかけとしてプライマリ・ケアの拠点の提案を行います。敷地は医療の街である北海道旭川市の大きなバス通り沿いです。ここでは後継者不足や周辺の住民の高齢化などによってケアが難しくなっている現状があります。そこでケアの細分化のため、主な移動手段であるバスのコミュニティによって3つほど薬局を計画しました。プライマリ・ケアは特別なことではなく身近になって日常化することから始まります。この設計はバス停の日常性と滞在性の2つの要素を薬局へ展開していき、手法としては、ふるまいを生む家具と建築の間に存在している中間エレメントと呼ばれるものから空間を色付けしていきます。実際にサイト1では、風除室的な役割を持つ園芸療法の道を大きな通りから商店街に通し、それらに沿うような形で薬局とプラスアルファのプログラムを配置しました。

塩崎 既に存在するプライマリ・ケアの建築のいろいろなビルディングタイプ的な形式とは異なる、今回新たに加えたところはどこですか？

田邊 まず、建築と家具、中間エレメントに着目しており、今までのような建築をつくって家具を配置するより、人のふるまいが建築に出てくるものを研究していく中で、境界の部分により中間モーメントが使われているのがわかりました。平面の配置では少しずつずらしていき境界を増やすことで、このエレメントによるふるまいが溢れると考えたのと、今まではわざわざ来て診てもらうことがメインでしたが、そうではなく、薬剤師の方と話した際に日常の中により近づくことが必要だとわかったので、バス停の近くに配置したのと、日常に近いふるまいを出すような形でエレメントを取り入れました。

塩崎 すごく理解しやすいです。家具的な要素の配置とそこを包む建築で、普通の部分が廊下的に通り抜けていて、そこがうまくできていると思いました。家具的な要素がすべて室内側にあり、外と中を区別なくデザインしていると思うので、もう少しばらまかれていても楽しいプランになったと思います。面白いプランだと思いました。

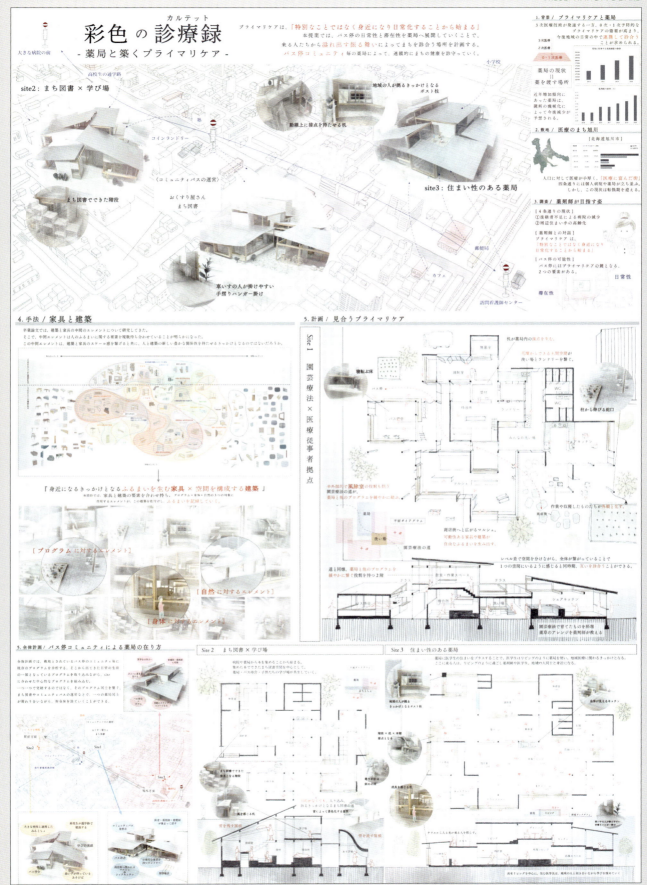

伝統工芸の逆再生シアター
-可視領域分析の演繹的手法による形態導出-

急速な機械化が進む中、取り残された伝統工芸。日本一伝統工芸が集積する浅草に、希少な工芸の技を魅せる工房群を計画した。既存工房の実測調査、Isovist（可視領域）分析し、その結果に基づき、Isovistを先行描写し、形態発生させる分析の「逆再生」プロセスを構築し技を魅せる空間の設計手法と形態を再定義した。

ID393
菊地 瑛人
芝浦工業大学建築学部
建築学科B4

A1. Illustrator、Photoshop、Rhinoceros、Procreate、Grasshopper **2.** 3万円程度 **3.** 9〜10ヶ月 **4.** レモン画翠 **5.** 中村拓志 **6.** 生態学的視覚論 **7.** ラーメンすすっています。 **8.** 認知心理学 **9.** 大学院等へ進学

菊地 急速な機械化により希少化している、伝統工芸士の技を魅せるための工房群を設計しました。敷地は日本一伝統工芸が集積する浅草六区です。浅草にある工房の実測調査を行い、工房空間の"視え"について可視領域分析を行いました。こちらが可視領域のIsovistの領域です。そこから出た問題点に着目し、設計ではあえて分析手法を逆再生しました。都市のスケールからヒューマンスケールまでの横断的な視点場から、こちらの赤色の可視領域を先行描写して形態を与える手法を考案し、従来埋もれてしまっていた工芸のシーンを浅草の複雑ながらも多様な設計敷地の中でシアター体験として創出していきます。こちらの灰色の部分が既存建築となっています。こちらに縫うような形で建築がかかります。具体的には、実測調査と先行描写に基づき、工芸士の手をピンポイントで垣間見せるための躯体や屋根の決定、工芸士の挙動を影として建築スケールに拡張させるスクリーンの位置、角度、大きさを導き出しています。

野口 このリサーチから得られたものは何になりますか？

菊地 まず4つの課題があります。工房自体のプロポーションが道に対して縦長になっていることだったり、作業場が後ろに隠れてしまったりしています。しかし、単純にひっくり返すという問題でもなく、まず設計敷地の視覚的なポテンシャルを図るため、この視点場から描写し、1階のボリュームを置いてから連続的に可視領域を描写して見える位置を絡めている設計です。

野口 進むにつれて見えるところに作業場をもってきているということですね。これはテラスですか？

菊地 ここを下のレベルから見ると、工芸士の手元が3階だと見えづらかったりしますが、工芸士が普段使う作業用調光を当てると、実はここが影になって上階の工芸士の空気感や作業しているシーンが垣間見えるということです。

野口 もともとある照明を使っているのですか？

菊地 はい。なので、工芸士はただ作業しているだけでも、シアター体験にもなるという関係性で解いています。

野口 見ることから空間をつくっていて面白いと思いましたが、断面的な工夫はありますか？

菊地 この断面図を見ていただければ。実際のいろいろなシーンから断面的な繋がりができています。屋根などが特徴的で、最低限視線を誘導するボリュームで屋根を張っています。

風車が廻り続ける
-鳥屋野潟の記憶と風景を読み解き、提案する新たな循環構想-

かつては新潟の地の暮らしを創りあげた「潟」。しかし高度経済成長、効率化社会により見放され、人とのつながりは消えた。調査を進めると見えてくる潟の恵みと人の姿。この地でのみ可能な豊かな暮らしのきっかけになると強く感じる。私の提案するこの風車が廻り続けることが今はなき潟と人、両者の共生を可能にする。

ID 395
成田 駿
法政大学デザイン工学部
建築学科B4

A1. Illustrator、Photoshop、Rhinoceros、InDesign、Procreate、手描き、Lightroom 2. 5万円程度 3. 1〜2ヶ月 4. レモン画翠 5. 小堀哲夫 6. なし 7. YouTubeとNetflixを行き来しています 8. サッカー観戦、コーヒー 9. 大学院等へ進学

成田 私は生まれ故郷の新潟に眠る、潟と呼ばれる小潟に注目しています。かつてはこの潟が暮らしの中心であり、その恵みで人々は生活していました。しかし高度経済成長期の水質悪化により、人との繋がりが衰退してしまったという背景があります。そういった潟を私は卒業論文で調査し、実際に足を運び、自分の目で見たことで潟に魅了され、この潟をどうやって後世により良い形で伝えていくか考えた結果、私は建築を設計するという手段を選択しました。現在課題として挙げられるのは、潟に対して無関心な人々と、広がり過ぎてしまったヨシ原。これらの課題の解決策として、陸地化してしまったヨシ原に水を汲み上げることと、潟と陸の間の人の場になることを考えました。この地にかつて船乗りのシンボルとして存在した一本松などの先代的な記憶を設計に組み込むことで、風車というシンボル的なものと水車という水を汲み上げるものが生まれます。それを軸として、かつて潟沿いに並んでいた工房と納屋をヒントにそれを纏うように配置し、その先に機能を与えるけれど、ただ食事をする場所にすると同じことの繰り返しになると考え、水を汲み上げたからこそできた植物の混生や植物を使った産業、たとえばヨシを糸として使う工房などを機能として与えています。

塩崎 この形態に対して何か伝統的なものはあるのですか？

成田 構法などはありません。はっきり言うと違法建築で、建ててしまえば自分の土地になる時代でした。

塩崎 これらの形をもとに、この形をデザインしたということですよね？

成田 ボリュームのヒントにしました。風景をつくりあげなければいけないと思いましたが、新しく何かをつくるのは違うと思っており、どこか懐かしく感じ、ここにあってもおかしくないように思えるもの、当時の姿を知るわけではないけれど、そう思わせるような建築を目指したので潜在的な記憶をヒントに構成しています。

塩崎 平面形状はいろいろな方向を向いていて、直線要素が道路として近くにありますが、道路側からの見え方で意識したことはありますか？だいたいこちらから来ませんか？

成田 主に人はここを通る形です。あと、遊歩道を新たに設計していて、潟に人を呼び込むことにあたり、既存の橋のレベルから水のレベルまでうまく繋がなければならないことをまず考えました。また、主にこういう風向きで日中はおよそ4〜5km/hくらいなので、風車の向きはこちら側になります。あとは自分が魅せられた潟の風景を伝えるための位置設定をしています。

塩崎 かっこいいと思いました。

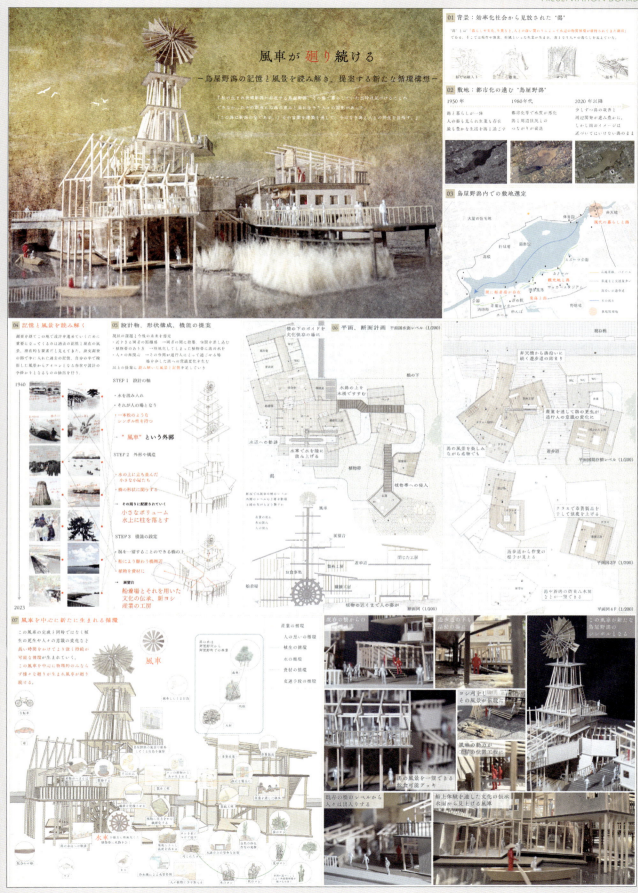

GOCHA-GOCHA TOKYO
-東京の魅力をつめこんだ新しい建築-都市複合体-

396
井上 琴乃
工学院大学建築学部
建築デザイン学科B4

A1. Illustrator、Photoshop、Rhinoceros、Lumion、Procreate 2. 8万円程度 3. 2〜3ヶ月 4. 世界堂、Amazon、レモン画翠 5. クリスチャン・ケレツ 6. なし 7. K-POP鑑賞 8. K-POP 9. 大学院等へ進学

わたしは東京が好きだ。東京の本来の楽しさは、さまざまな境界があいまいになるほどに、人々がそこを"ごちゃごちゃ"させてしまうことだ。しかし近年の再開発によって、東京のまちは"すっきり"とまとめられていく。本提案はそんな再開発に対抗した、人々が密度を高めながらごちゃごちゃさせ続ける、新しい建築と都市の複合体である。

井上 私は東京が好きです。東京の魅力は無数の建物と機能が混在し、街に対して溢れ出すことでゴチャゴチャとした賑やかさがあることです。しかし、近年の再開発は街をすっきりとまとめ、それを割っていると感じます。そこで私は東京の本来の楽しさを引き出すために、東京をもっとゴチャゴチャさせた一つの場所をつくりたいと考えました。本提案は、東京の楽しい魅力を詰め込んだ新しい建築と都市の複合体です。提案エリアは渋谷です。この場所で私は、小さなものが密集して限られた空間を、ある程度秩序を保ちつつも人々が自由に使っていくという東京の魅力を手法化します。その舞台としてアルゴリズムを用いてストラクチャーを生成しました。キューブをランダムに配置してそれらが重なり合うことで空間の繋がりを生んでいます。最終的なボリュームで切り落としていくと、内部が外部に露出します。そして、できあがった構造体の中央にメインの上下動線を配置し、人々が自由にサブの動線を追加していきます。ルーフやスラブには人工的な土地や植栽を配置し、内部は人々が床や壁で自由に仕切っていきます。外壁には機能のサインや情報が表示されて内部にはさまざまな用途が配置されます。

秋吉 二次元的なものがどんどん付いていき、その中でフラクタルみたいにランダムでやるなど、やりようはあったと思いますが、やらなかったのはなぜですか？

井上 東京のゴチャゴチャさは、ある程度の秩序の上に成り立っているものだと思っています。そういう限定された空間のようなものをアルゴリズムでつくり出し、できあがった空間を見て人々が付け足していく、ここにこういう道があると楽しそうみたいな気持から付け足していく、というつくり方をしたかったので、今回はストラクチャーだけをつくって、その空間を見つけていきました。

秋吉 ランダムで出したものを評価することもやっていいと思うけれど、それはどうなんですか？ランダムで生成したパラメータは、どのように何を基準に決めているのですか？

井上 街に対して露出した空間を多くつくりたくて、アルゴリズムのパラメータは1個のキューブを一軒家くらいから雑居ビル程度に変えていて、それをギュッとすることで既存の街区や建物などを集合して融合させたような不思議な形になったので、まずそういうつくり方をして、そこから、露出している面積との繋がり方で面白いものを選びました。

秋吉 数値的なものか感覚的なものかで、感覚的なものだとすると何を基準としているのかとか、説得力がそこにあると良かったです。

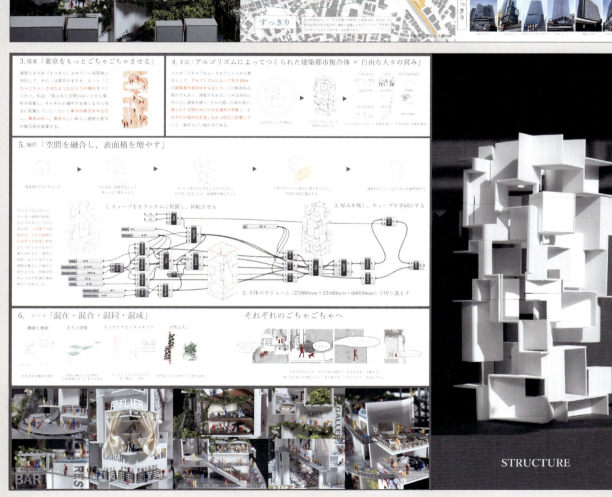

都市を象る
-3段階の設計者による立体資本都市の構築-

都市の建築は再開発ビルなど建物の設計と、内部でお金を生むテナントの設計の2段階である。そこで、①都市の地割に構造体を打設する「立体地割」、②立面的に容積率を制限される「ソフトスケルトン」、③内部体験を司る「内装」、と都市の複雑な更新性を担う3段階の設計者に分け、建築の個性が加速していく立体資本都市を提案する。

398
河本 一樹
芝浦工業大学大学院
理工学研究科建築学専攻M1

A1. Illustrator、Photoshop、Rhinoceros 2. 5万円程度 3. 2～3ヶ月 4. レモン画廊 5. 原広司 6. デザインのデザイン 7. 睡眠をとる 8. ラーメン屋の名刺を集める 9. 未定

02 立面容積図による賃貸構造   01 都市を型枠に構造体を打設する   Site 渋

河本 都市の建築設計は、容積率による建物設計と中にテナントを置いていくテナント設計の2段階になっています。私の提案はそれを3段階に分け、立体地割、ソフトスケルトン、内装と分けます。敷地は渋谷の一角にあり、ホテルを主とした複合施設の再開発があります。この敷地は、江戸からの地主が変わらないまま地割が今なお残っている場所です。まず既存の建物が残っている都市の図と、地が反転したような形で構造体をつくっていきます。次に、この区画に対してテナントが参入するときに無作為に参入すると容積率がオーバーしてしまうため、容積率500％を守る立面的な容積制限を設けました。たとえば5層分の建築では梁せいが太く、1層分の建築では梁せいが変わるような形で梁せいを設計しています。そしてここで重要なのは、ホテル設計者は土地を所有するオーナーに依頼されるため、立体地割を設計した者に最も近い存在であることから、この立体地割をすべて越境できるこの白いボリュームはホテルとして設計しています。

塩崎 これはキャットストリートですよね？こちら側も同じような感じになっているのですか？

河本 ここは谷型になっているのですが、ホテルは谷型と山型を合わせていて、その隙間からテナントが見えるように設計しています。

塩崎 短冊に切りつつあみだくじ状に歪ませたのは、抜けつつも複雑性をつくり込んでいるのでうまいと感じました。一方で、キャットストリートのエリアはどちらかと言うとグランドレベルの活動な気がします。それをここまで立体化したときに、高いところのパビリオン型のテナントが活力を得るのは結構難しいと思いますが、どう考えていますか？

河本 たとえば、このテナントへ行くための動線は、もともとの隙間でかなり太い場所に立体地割上にエレベーターとパイプスペースを設けています。工事中で上のテナントに行けないとなったときに、必ず二方向でエレベーターと接するような区画になっているので、上へ行くことができます。車線制限を設けることで上は特殊な屋根を張るとか屋上緑化されるとか、収益性が高い派手なテナントが入るので、建築が広告として権力を持つような建物が入ってきます。

塩崎 現在はいろいろなビルが、テラスを外に持っているので遠くからの視線の話をしてもいいように感じました。楽しかったです。

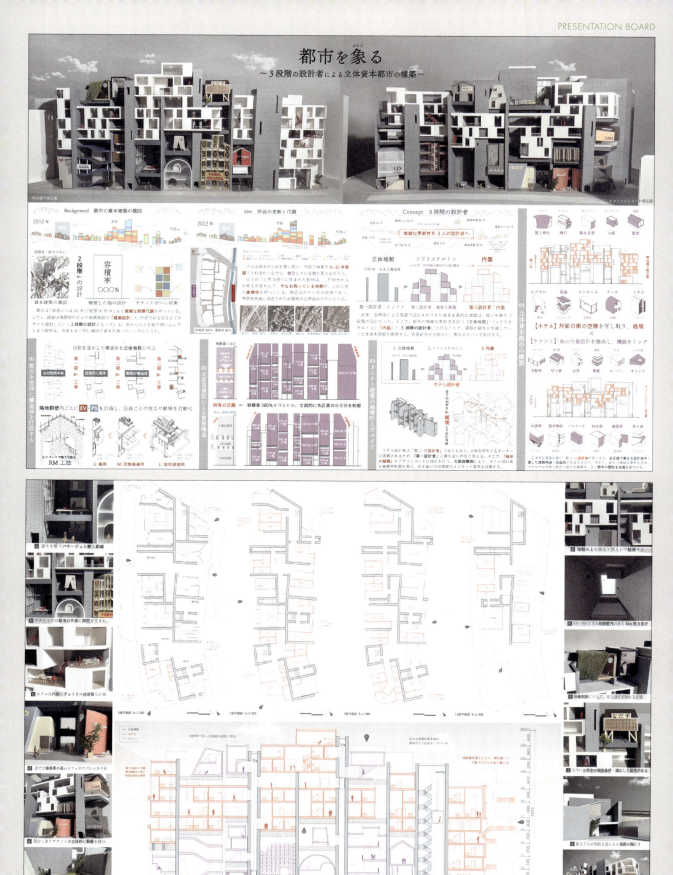

multiple sky
-面の多層内で起こる空の錯綜空間-

現代の都会人は、空を忘れて生きている。街を歩けば高層ビルが閉鎖的に建ち並び、便利になったようでそこはどこか機械的で寂しく、人を窮屈にしているように感じた。そこで現代の都会に、空を見上げ一息つける恣意的な瞬間を取り戻したい。面を多層することでグラデーションをつくり、部材が新たな存在として生き始める。

ID 400
原 琴乃
日本大学理工学部
建築学科B4

A1. Illustrator、Photoshop、Archicad、Twinmotion、手描き **2.** 10万円程度 **3.** 1ヶ月未満 **4.** レモン画翠 **5.** 青木淳 **6.** なし **7.** 一人で自然を感じる、家族や友達と話す **8.** 映画 **9.** 大学院等へ進学

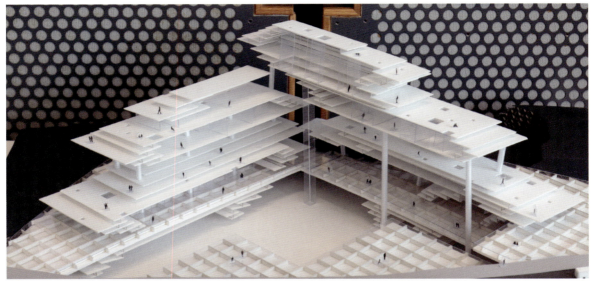

原 現代の都会人は空を忘れて生きています。しかし、空を見上げた瞬間、人はふと自分だけの世界を構築します。設計地の渋谷は、都会の中でも多くの人が行き交いますが、機能的な高層ビルが立ち並び、それは人と空を遠ざけています。そこでは人が寂しく干渉し合い機械的に動かされています。そこで、建築に面の多層で表現したグラデーションを取り入れることで、従来の箱的な高層ビルではない新たな形を提案します。高層ビル建設予定地にテンポラリーな建築を経由し、後にその一部を解体し転用します。面の多層により、内側にさまざまな角度から光が差し込み、部材の反射板や仕切りのガラス板には虚像の空が映り込みます。このような仕掛けをもたらすことで、見上げなければ見えなかった空をさまざまな側面から見られるように工夫しました。空を感じることで、都会の中でも一時的な喧騒から離脱しリラックスできる、そんな豊かな瞬間を取り戻すオアシス的空間を提案します。

野口 この層状の空間に、どのように空が取り込まれるか説明していただけますか?

原 まず、直接見える空に関しては、段差があることで座れるスペースを増やしています。それから、裏の部分に反射板がついているのでそこに映った空を天井から感じられることと、透明度の異なる層が重なっているので中に入ってくる空の光に違いが出たり、地面を歩くときも地面から空を感じられたりできるよう反射させています。また面が多層していることで、いろいろな角度から光が入ってきます。方角的にどこにいても太陽はこのように上がってくるので、1日の空の動きを感じられるようにしています。仕切りはすべてガラス壁でできているので、そこに映り込んだ空が虚像の空として感じられるように設計しています。ガラス壁が連なっていることで同じ時間であったとしても、1枚のガラス壁の間にいるときと、何枚も連なっている先を見たときとでは、空の濃さが変わり景色が変わって見えるよう考えました。

野口 "虚像の空"というキーワードが良いと思いました。平面図的にも断面図的にも、空や光の入り方が見えづらいのでそれを描くととても良くなると思います。

群像建築永遠論

一つの大きな屋根を支える、小さな柱と梁の集合体。形と寸法が持つ機能が与えられたヒューマンスケールの構造体により、社会的弱者が営む商店街のような姿と、ユニバーサルな公園のような姿が映し出される。私たちと彼らが交互に主人公となることで機能的な二面性を持ち、永遠に私たちを包摂する。

□418
山下 将輝
福井大学工学部
建築・都市環境工学科B4

A1. Illustrator、Photoshop、Lumion、Archicad **2.** 3万円程度 **3.** 1〜2ヶ月 **4.** レモン画翠 **5.** 青木淳 **6.** 原っぱと遊園地 **7.** YouTube観賞 **8.** ロボット **9.** 大学院等へ進学

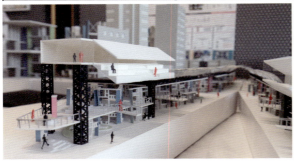

山下　現在の日本は継続的な不景気やAIの急速な発展、大地震などにより目まぐるしく変化しており、人々の不安を煽る要因で溢れています。つまり、屋根のない生活を強いられる可能性は誰もが持っており、それは人間がいる限り永遠に消えない可能性があります。大阪府大阪市の天神橋商店街の南端、このアーケードがかかっていない部分に1つの大きな屋根をかけます。大きな屋根を支える小さな柱と梁の集合体。屋根の下では社会的弱者が持つ根源的な機能である露天商が行われ、商店街のような姿が映し出されます。そして、建築がその機能を失ってからも、形と寸法が持つ機能を与えられたヒューマンスケールの構造体により、ユニバーサルな公園のような姿が映し出されます。私たちと彼らが交互に主人公となることによって、機能的な二面性を持ち群像劇のように建築を紡ぎ、永遠に私たちを包摂します。

秋吉　大阪の天神橋商店街に今アーケードがなくてそれをかけるということですか？
山下　途中まであるけれど、南端の部分だけ屋根がないのでそこにかけます。
秋吉　ここはすべて壊すのですか？
山下　今は建物がありますが、衰退が始まっていたり入れ替わりが激しかったりするため、大胆ではありますが開発します。

秋吉　社会的弱者は何をするのですか？
山下　商店街から溢れ出した余剰物が棚のように陳列され、そこで露天商が行われます。
秋吉　これで商売できるのですか？ 要はこれだけの開発をやるわけだから、この状態になったら使われそうだけど、ファーストステップとして社会的弱者のために市場をつくろうということなのに、そもそも、そこの絵が抜けているのではないかと思います。
山下　どちらかというと機能を失ってからのことを考えています。
秋吉　そちらの話になっているから、本丸がないのだと思います。要は、社会的弱者をどう強くしていくかという計画であり、これによってどのようなメリットがあるのかが計画の強さに紐づいてくると思うけれど、その説明がない気がしました。

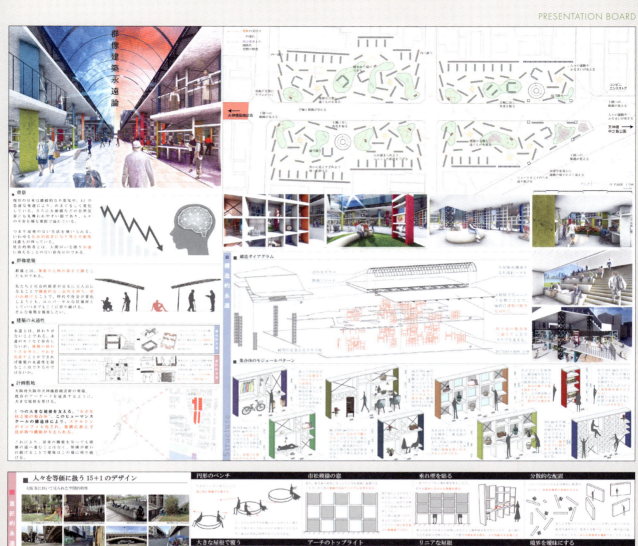
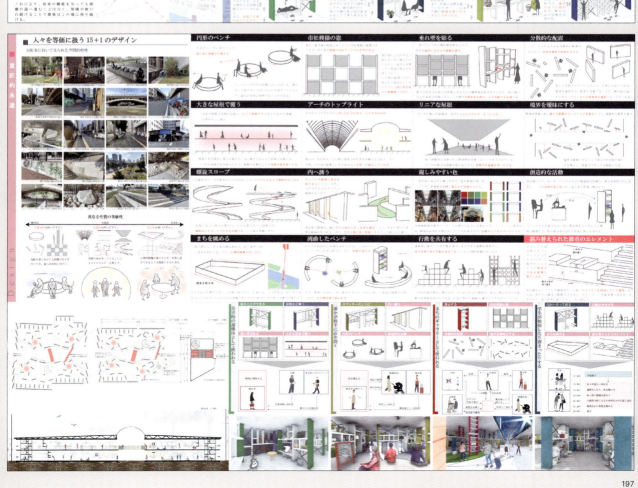

心象のモワレ
-京都市の小中学生と考える次世代の学校-

京都市の小中学生30人と8回に渡るワークショップを行い、学校に対する生の声や内から溢れ出る発想、斬新な着眼点に触発され、ソフトとハードの両面から学校に多層的な心象風景を描くためのフックを設け、それらが有機的に干渉し合う次世代の学校を提案する。これは、未来の学校の原型を考える授業の記録。

ID 432
大坪 橘平、京都市の小中学生30名
京都大学工学部建築学科B3、
京都市の小中学生30名

A1. Rhinoceros, Lumion, 手描き, Affinity Photo, Affinity Designer, Affinity Publisher　2. 3万円程度　3. 2～3ヶ月　4. オレンジ画材　5. 前田圭介　6. 子どもはミライだ!子どもが輝く発酵の世界　7. コーヒーを淹れる　8. コーヒー　9. 大学院等へ進学

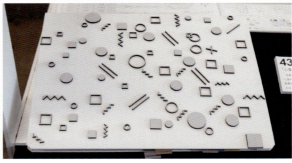

POSTER SESSION

大坪 これは未来の学校の原型を考える授業の記録である。京都市の小中学生30名と計8回にわたるワークショップを行い、学校に対する生きた声を聞くことで次世代に相応しい学校の在り方を模索しました。今の小中学生の学校観に対する素朴な疑問から始まり、前半はソフト、その治験をもとに後半にかけて具体的なハードを考えていきます。ものが人間の行動を規定する力を強制力とするならば、逆にものが人間の感性によってさまざまに解釈される力を触発力と称し、後者を最大化する空間の設え方によって場の多義的な解釈性を高め、建築が情操の涵養に寄与できるのではないかという仮説を立てました。その仮説をもとに、ワークショップ5、6では模型を、7、8では図面に書き込みを行うことを通して、場が多義的に解釈された空間を、シークエンスを意識しながらつぎはぎ的につくっていきます。平面方向には利便性と構造合理性から拠点となるホームベースを中央に設え、その周りに普通教室、特別教室と同心円状に広がり、断面方向には独特な形態を持つ3層の空間が吹き抜けや階段を通して有機的に混じり合うことで予期しない空間の発見を誘発します。

藤村 結構抽象的なワークショップですね。

大坪 最終的に説明をするため抽象的な言葉を使いました。各回のワークショップは極めて具体的で、たとえば、いろいろな使い方がされる空間の在り方とは何か考えることを模型やスケッチを通してやっていて、小中学生との応答の中で得た気付きから次のテーマを決めています。

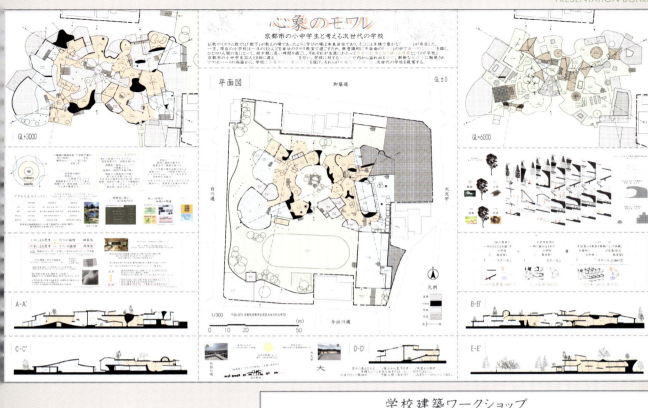

心象のモワレ
京都市の小中学生と考える次世代の学校

藤村　絵はどちらが描いたのですか？
大坪　中学生です。小学生には直感的に操作できる紙粘土などを使ってもらい、両者とコミュニケーションを取りました。
藤村　"モワレ"とは、何に対して言っているのですか？
大坪　特別教室型を"シーン・スクール"とし、それに対して教科教室を"シークエンス・スクール"と定義したとき、時間によってシーンが大きく変わるもの、多層的にシークエンスが定義されているものを考えたときに、一枚一枚をシーンとし、これがシークエンスだとしたとき、この束になっているものがモワレのように干渉縞のように重なって学校生活が体現されるのではないかという意味で、モワレという言葉を使っています。

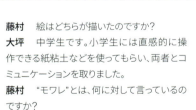

丹波漆伝承物語
-漆の森の再生と伝統を受け継ぐ建築-

かつて漆の一大生産地であった夜久野町では、漆の木の減少や認知度低下などにより、伝統が途絶えようとしている。そこで、漆の森を再生させ、漆の伝統と共に伝承していく建築を提案する。漆が獲れるまでの10年スパンの中で、植樹の景観変化と共に、建築を漆化することで、人と漆と建築が共に成長し共存し続けていく風景を目指した。

c192
菰田 伶菜　出展辞退
京都工芸繊維大学工芸科学部
デザイン・建築学課程B4

A1. Illustrator、Photoshop、Archicad、Twinmotion、手描き、Fresco、Lightroom 2. 5万円程度 3. 8〜9ヶ月 4. 大学 5. フランク・ゲーリー 6. なし 7. 甘いものを食べる 8. なし 9. 大学院等へ進学

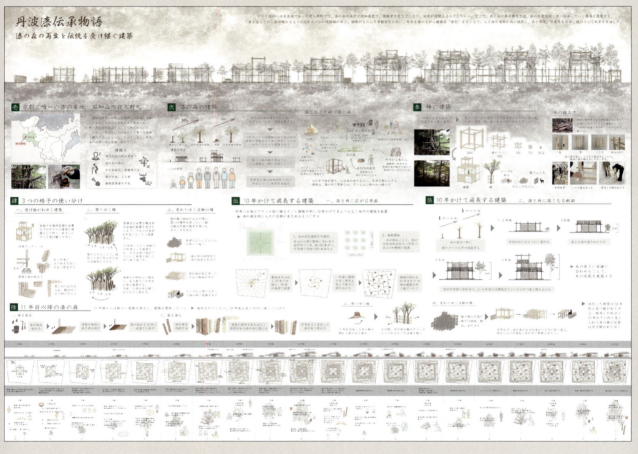

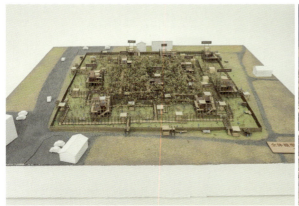

新宿ゴールデン街継承計画
-増殖する依存性-

新宿ゴールデン街は、現在老朽化問題などにより再開発を検討されており消滅の危機に立たされている。そんな、多くの文化人が集まる新宿ゴールデン街の文化、魅力を新たなシステムとともに未来へ継承する計画を提案する。この計画により人々はより新宿ゴールデン街へ依存し、魅了されるだろう。

365
中澤 凌大　出展辞退
名城大学理工学部
建築学科B4

A1. Illustrator、Photoshop、AutoCAD、SketchUp、Twinmotion **2.** 3万円程度 **3.** 1～2ヶ月 **4.** 世界堂 **5.** 中川エリカ **6.** 東京の創発的アーバニズム **7.** なし **8.** なし **9.** 就職

PRESENTATION BOARD

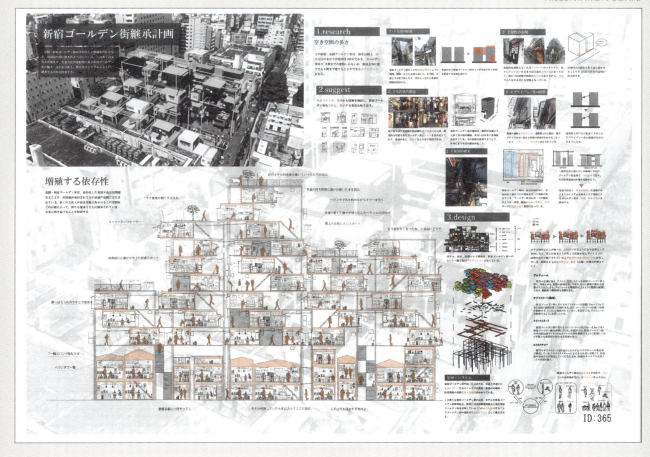

QUESTIONNAIRE RESULTS
アンケート結果

在籍校

大学名	人数
日本大学	8
九州大学	7
法政大学	7
芝浦工業大学	5
京都工芸繊維大学	4
近畿大学	4
福岡大学	3
大阪工業大学	3
工学院大学	3
京都大学	2
佐賀大学	2
広島大学	2
東京理科大学	2
九州産業大学	1
鹿児島大学	1
千葉工業大学	1
慶應義塾大学	1
熊本大学	1
岡山理科大学	1
奈良女子大学	1
名古屋工業大学	1
名城大学	1
福井大学	1
合計	**62**

Q1. 製作にどのようなソフトやツールを使用しましたか？

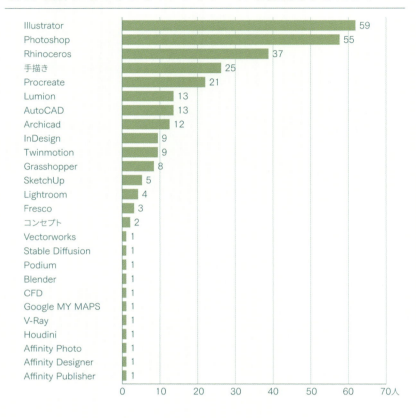

Q2. 作品の製作費用は？

Q3. 作品の製作期間は？

Q5. 好きな建築家は？

- 内藤廣(3名)
- 藤森照信(3名)
- 安藤忠雄(2名)
- 小堀哲夫(2名)
- 佐々木翔(2名)
- 伊東豊雄(2名)
- 石上純也(2名)
- 青木淳(2名)
- 磯崎新(2名)
- 篠原一男
- 伊藤維
- ツバメアーキテクツ
- 能作文徳
- fala
- Bureau Architectures Sans Titre
- 門脇耕三
- 槇文彦
- 島田陽
- 秋吉浩気
- アントニ・ガウディ
- 末光弘和
- アルヴァ・アアルト
- 乾久美子
- 原田真宏
- フランク・ロイド・ライト
- ダニエル・リベスキンド
- studio velocity
- 藤本壮介
- トーマス・ヘザーウィック
- チャールズ・ムーア
- 大西麻貴
- フランク・ゲーリー
- 西沢立衛
- 谷口吉生
- 石山修武
- 吉阪隆正
- 宇野友明
- 千葉学
- カルロ・スカルパ
- 山田紗子
- ピーター・ズントー
- フライ・オットー
- ルイス・バラガン
- 末廣香織
- アレハンドロ・アラヴェナ
- レム・コールハース
- 中川エリカ
- 平田晃久
- 冨永美保
- 中村拓志
- クリスチャン・ケレツ
- 原広司
- 前田圭介
- ※なし(7名)

Q6. 影響を受けた本は？

- 妖怪文化入門
- 1Q84
- 小さな風景からの学び
- イルカも泳ぐわい。
- ノンタン おしっこしーしー
- 空間の経験
- 小嶋一浩の手がかり
- 建築の多様性と対立性
- 建築家の解体
- a+u「建築と都市」
- 有機的建築 オーガニックアーキテクチャー
- 開放系の建築環境デザイン 自然を受け入れる設計手法
- ブレイキング・グラウンド
- 小さな家
- 思考の整理学
- 人の集まり方をデザインする
- 蜜蜂と遠雷
- 建築のあたらしい大きさ
- 吉阪隆正 地表は果して球面だろうか
- セルフビルドの世界
- 野生のエディフィス
- 「しあわせな空間」をつくろう。
- 見たことのない普通のたてものを求めて
- 場所の現象学
- 銀河鉄道の夜
- 0円ハウス
- ミッケ！
- 反建築史
- アイデアのつくり方
- 都市はツリーではない
- 構造と感性
- 自然な構造体
- 動的平衡
- 建築家なしの建築
- 東京の創発的アーバニズム
- ハンフリーのあそびばしょ
- 空間のちから
- ゆっくり、いそげ
- 看板建築 下町商人の粋と見えの建築群
- 生態学的視覚論
- デザインのデザイン
- 原っぱと遊園地(2名)
- 子どもはミライだ！子どもが輝く発酵の世界
- ※なし(24名)

Q8. 建築以外で興味のあることは？

- 音楽(6名)
- 芸術(6名)
- 映画(3名)
- 写真(2名)
- コーヒー(2名)
- 旅行(2名)
- 鉄道(2名)
- 哲学(2名)
- ロボット
- ラーメン屋の名刺を集める
- K-POP
- サッカー観戦
- 認知心理学
- 銭湯
- 災害対策
- ボディビルダー
- 国際支援
- 竹
- 合唱
- 心理学
- 自然の摂理
- 舞台芸術・舞台演出
- イラストレーション
- プロダクトデザイン
- ジブリ
- スポーツ
- 麦芽
- 就活
- 服飾
- 絵本
- 漫画
- 不動産
- 生物学
- 食
- 雲を見るのが好きです
- サブカルチャー
- 大河ドラマ
- Tempalay
- 「すべては建築である」ハンス・ホライン
- 情報系
- ※なし(13名)

Q9. 今後の進路は？

- 未定 4名
- 就職 6名
- 大学院等へ進学 52名

OVERALL COMMENT
全体講評

このような場所にお招きいただきありがとうございました。審査というと、審査員の好みで審査する方も確かにいらっしゃるのですが、それは私が一番したくないことです。ちゃんと分析して、どんな批評性があって、これをこの場で賞に値するべきかということを私が納得するまでは、絶対に投票したくないですし、今日集まっている審査員の方も皆さん建築家で、作家で作品をつくっていて、自分の本も書いて文章も書いていろいろな表現をしている表現者なわけです。なので、あくまで主観的にこれがここで選ばれるべきだという信念に基づいて投票しています。なので、流行っているからとか、この学生は頑張っているからとか、その場の流れで投票しているとかではなく、その人の作家としての全身全霊が1票には込められています。その上で最後に4つに分類し、手法を比べたりした討論は一種の批評だと思っていただければと思います。最後の70番「天泣で紡ぐ」は、2年間これから研究した後、企業に売り込みたいという意思に少し引っかかりました。秋吉さんのようにベンチャーを立ち上げてスタートアップとして、お金を集め実現しますと言っていると、すごく現代的だと思っていましたが、それを彼の言葉で聞けなかったのが残念でした。そのため、共感を得るような言葉の力を持っている276番「モノの住所『我思う、そのたび世界在り。』」の妹尾美希さんの案を推すべきだと思いました。判断のなかの微差や些細な差は影響するのですが、ここで得られた評価や講評を振り返って今後の活動の糧にしていただければと思います。

藤村 龍至 講評
FUJIMURA RYUJI REVIEW

Design Reviewは、学生時代に一度来たことがあり、審査員と学生の熱い議論が衝撃的だった大会です。その印象は10年以上経った今回も違わず、学生同士で積極的に交流する、とても熱量の感じられる大会でした。今回の審査は、建築を語る人とつくる人の視点があり、提案の選び方からも審査員それぞれの価値観を知り、とても学びの多い議論でした。私は仕事柄、建築の先（例えば都市や何百年先など）にまで物語が構想されている提案に惹かれるものが多かったです。そのため議論の中でも特に印象に残ったのは寓話性にまつわる議論で、建築には論理的・技術的側面の他に、共感を得るためのビジョンや物語といった寓話性が必要なのでは、というものでした。最優秀賞の276番「モノの住所『我思う、そのたび世界在り。』」は、「建築をモノ化する」というビジョンを掲げ、家具から建築、街区（さらには都市）にわたるそれぞれの物語を同じ視点で語れる壮大さに心を打たれました。つくり込まれた模型は全体像をつかみづらく、モノとして分解したいという強い信念を感じました。優秀賞の152番「共編の詩」は、要素の役割の転換とそこに付随する物語の可能性に魅力を感じました。例えば「おはよう動線」からは「廊下は人と人をダイレクトに繋いでもいいのかもしれない」、「階段のような廊下」からは「階段に上ることは、暮らしを劇場的に見渡すことなのかもしれない」といった具合に、もとの意味に加えて本当はこうだったのではないかと、新しい思考を巡らせることができました。優秀賞の70番「天泣で紡ぐ」は、ファンタジックなビジョンとビジュアルを纏いつつ、ペットボトルを用いた自力施工可能な建築とメッシュを用いた取水システムが用いられ、実験によってその効果を裏打ちするというリアリティを求める姿勢が好印象でした。その他に興味を覚えた提案は、5番「百鬼夜行」のモノコトや空間・時間の隙間に「歪＝妖怪」を見つけて空間化する提案、42番「感性の眼と知性の眼」の多層的に感覚できる空間を模索した提案、88番「内窓の家」の厚い窓というシンプルな操作で家のさまざまな場所性を反転させる提案などが素晴らしかったです。とても学びと気づきが多く楽しい大会でした。結果を残せた方、おめでとうございます！　心残りのある方、ぜひ「悔しい」をポジティブな力に転化してください。また大会を支えてくださったみなさま、熱い大会をありがとうございました。

前年の2023年に「赤れんが卒業設計展」、さらに前年の2022年に「せんだいデザインリーグ」の審査員を務めた関係で、全国区の卒業設計の審査に3年連続で関わったことになります。2023年は緑一色の環境系の提案が多く、2022年は社会課題に挑む提案が多く見受けられました。

2024年の今年はというと、それぞれが生き生きとした視点で世界観を語っている提案が多かったように思います。社会課題から地球環境へと主語が肥大化していった2年間を経て、今年は「私」から始まる個人の世界観へと回帰してきたように思います。

そんな背景もあって8選の選出においては、外発的動機軸（社会／地球軸）から4作品（70番、132番、218番、329番）、内発的動機軸（私軸）から4作品（158番、272番、276番、295番）ずつ選びました。前者は今すぐにでも社会実装ができそうなくらい地に足のついた洞察・検証がなされており、後者は今すぐにでも作家として創作活動を行えそうな優れた表現力・信頼感がありました。

特段感銘を受けたのが70番の谷さんの作品です。水問題という昨今のスタートアップ業界が血眼に研究開発に勤しんでいる中、①建築的提案による解法と②それによって生まれる美しい風景の提示、さらにその風景に連動した③人類の新しい生活様式までを描いている点にいたく感心しました。

最終の質疑で"自分が"社会実装します」と言い切れなかったのが勝敗を決定づける要因になりましたが、これから実践を積み重ねていけば自信や覚悟は次第に備わってくるものだと思います。これから始まる大学院での展開に期待しています。

今後卒業設計に取り組む方々に向けて伝えたいのは、社会性か私性かという二項対立に囚われないで欲しいということです。例えば目先の興味感心を無邪気に探索しているうちに、気づいたら社会を変えうる可能性を発見してしまった。あるいは、気になる社会課題に向き合い無我夢中で試行錯誤しているうちに、気づいたら新しいデザイン領域を開拓してしまっていた。そんな風に、ピュアに物事を探究していれば「社会性と私性」は自ずと繋がってくるものだと思っています。

だから無理に社会課題を捏造したり、先達に習って小手先の手法をでっちあげないでください。何が評価されるのか気になるだろうけど、大事なのは自分自身と向き合うことです。そういう意味でも、他人からの評価なんて本当はどうでも良くて、自分が思うようにやり切れたか、その先にまだまだ探究すべき道が拓けたかということのほうが、この先よっぽど重要です。だから審査員というのは、もっと先の可能性に導く役目（メンター）だと思っているので、厳しく鋭い問いを投げ続けたわけなのでした（怖がらせてたらごめんなさい）。

野口 理沙子 講評
NOGUCHI RISAKO REVIEW

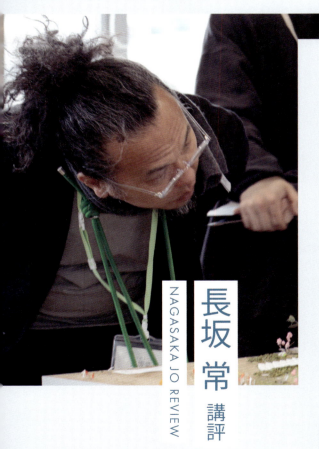

長坂 常 講評
NAGASAKA JO REVIEW

ここ数年、どこかしらからこのような卒業設計展に呼んでいただいており、年に一回若い人たちが建築を通してどのように社会や都市を見ているのかを感じ、考える機会をいただいています。これはミラノサローネなどに足を運んで世界の若者がデザインを通して何を考え伝えようとしているのかを感じるのと同様、私には非常に貴重な機会です。まずはそんな機会に立ち合わせていただいたことを、ありがたく思います。おそらく、NO課題かつNOクライアントで自分自身と向き合って考え課題を自らつくり、それを建築にする機会はこの卒業設計や修士設計くらい。もしかしたら、幸福にもキャリアを積んでそのはるか先にクライアントの共感を得て再び考えさせてもらうこともあるかもしれない、そんなきっかけを得る大事な機会です。そんな機会に、生まれてこの方20数年離れることなく姉を中心に育まれた家族関係。そこに自分としてのアイデンティティと未来の家族を見出し、それに止まらず新しい建築観を見出した竹原佑輔くんの152番「共編の詩」、何がきっかけだったのか？ もしかしたら、朝見たニュースだったのか、水の輸入とモンゴルの砂漠化の関係を知り、その一端の責任を感じ、それを建築を通して解決できないかと考え取り組む谷卓思くんの70番「天泣で紡ぐ」。それまで馴染めなかった東京などの都市が、あるきっかけで身近な、自分を囲うモノたちと等価に見え親しみやすく感じた経験から、その頭にできあがった関係図にさらに踏み込んで実際のものにすべく取り組み、新しい建築のあり方を提案する妹尾美希さんの276番「モノの住所『我思う、そのたび世界在り。』」。その他、書き連ねたらきりがないほどの価値ある「知」が詰まった展示でした。建築をやり続けるに十分たり得る問題意識と希望、そしてそれを伝える表現力を得られた彼らは、それを大事にし、さらに育むことで、実際に社会の中で取り組む機会を得る可能性を手にしたのだと思います。おめでとうございます。ただ、この手の卒業設計展の傾向が空間表現やプランニングなどの評価に繋がりづらいことからか、その要素を感じる作品が少ないのもこの卒業設計展の弊害かなと思っており、その後を受け入れる我々としてはそこの技術もぜひ大学教育の中で行ってほしいなと思うのでした。

塩崎 太伸 講評
SHIOZAKI TAISHIN REVIEW

予想のとおり、藤村さんが最終選考の作品たちをひとつの軸に乗せるところからクリティークは始まります。それを壊したほうが議論としては良かったのかもしれないのですが、ふりかえると非常にまやかしに満ちた軸だったのが面白くて、その流れに乗ったのもあながち悪くなかったように思います。何がまやかしか、当日聞いていたみなさんにしかわからないかもしれませんが少し話してみます。

藤村さんは最初に個々の作品テーマのひとつの側面での類似による対比の組を並べました。それはテーマの内容です。そしてその並びに対して左端をビジョン、右端をモデル、と軸をつくりました。実はこれは形式です。テーマの内容をそのまま軸に載せるなら、おそらく、左端を他律的テーマ、右端を自律的テーマと位置づけるほうが自然なのですが、たまたま集まった作品に、他律的なテーマにおいてビジョンすなわち全体のイメージからつくり出す作品が、自律的なテーマにおいてモデルすなわち部分を組み上げてつくりだす作品が多かったので、半ば強引に内容軸と形式軸を重ねてしまいます。案の定、実はいくつかほころびがあります。たとえば「障碍のある家族との対話」というテーマは建築にとってはかなり他律的なので、本来の目の付け所としては大地の保水力とゴミを絡めたモンゴルの作品と近しさがあります。仮に障碍のある家族と暮らす家のハウスメーカービジネスモデルなんてものを提示していれば（形式側の説明でなく内容側の説明を深めていたら）、もうすこし別の評価に乗ったかもしれません。また、この形式軸はある程度、演繹（ディダクション）と帰納（インダクション）の軸でもあることを考えると、最優秀賞を取った物／世界の行き来をする作品がちょうどそのどちらにも行ったり来たりしようと試みている作品であることが分かります。

途中、建築を広げるスタートアップ派と同じものを繰り返し生産し続ける大学教員派の軸に巻き込まれてしまいましたが、実はその時にも不思議な軸を藤村さんは重ねます。モデル側は複雑で好きだと。単純・複雑というのは本来はまた独立しています。けれどこれらの軸が重なりえたこと（まやかしが批評的だったこと）が今回の集まった作品に対するひとつのクリティークになっていたように思います。

福岡・九州の先生方、学生運営委員のみなさまの圧倒的な組織力とホスピタリティに感動いたしました。楽しい会に参加させていただきありがとうございました。

今年のDesign Reviewは司会という立場で参加しましたが、2日目の決勝戦では予期せぬ展開となり、この議論は一体どこに向かうのか。司会を忘れてしまうほど議論がめまぐるしく変わっていく状況を拝見しながら、私自身も楽しく参加させていただきました。近年では最も白熱した議論が展開されたと思います。これもひとえに5名のクリティークの方々が学生と真剣に向き合っていただいた成果であり、クリティークを務めていただきました秋吉浩気さん、塩崎太伸さん、長坂常さん、野口理沙子さん、藤村龍至さんに、改めて心から感謝申し上げます。

非常に限られた時間で作品を読み込む眼力と洞察力は、さすが第一線で活躍されているだけあり、学生たちもその凄みを感じた事でしょう。楽屋の控室で藤村さんが、何かメモ書きされているのを横目で見ていました。まさかあの短時間で決勝戦に残った作品を分類し、批評を湧き起こすネタ帳をつくっていたとは。なんとも司会泣かせの恐ろしい人です。それに負けず劣らず秋吉さんが建築教育への批評まで論じた時点で、もうコントロール不能な状況に陥ってしまいました。さらに塩崎さんがその議論に拍車をかけ、野口さんは終始マイペースを貫き、長坂さんは何事にも動じず。といった状態で繰り広げられた最後の討論は、会場の誰しもが息をのむような空気感が漂っていました。この5名を人選した学生実行委員会に称賛を贈りたいと思います。

1日目のクリティーク全員へのポスターセッションを終え、その後の懇親会で学生たちがクリティークを捕まえ、作品の批評に耳を傾けている健気な姿を見て胸が熱くなりました。君たちのその情熱がこれからの建築界の未来を切り開いてくれると確信しています。ここで過ごした2日間の体験を糧に、これからもその情熱を持ち続けてください。

そしていつか、今度はクリティークとしてDesign Reviewに帰って来てくれる事を楽しみにしています。

松山 将勝 講評
MATSUYAMA MASAKATSU REVIEW

EXECUTIVE COMMITTEE MEMBER

実行委員会

総務部

部長	西岡 樹	福岡大学3年
副部長	下川 楓翔	福岡大学3年
副部長	中村 絵美莉	福岡大学2年
	野見山 隼任	福岡大学3年
	森下 朱莉	福岡大学3年
	吉冨 美代	福岡大学2年
	畠山 桃歌	福岡大学2年
	黒瀬 菜々子	福岡大学2年
	内田 菜那	福岡大学2年
	牛島 元香	福岡大学1年
	寺田 梨世	福岡大学1年
	石村 彩惠	福岡大学1年
	黒田 礼菜	九州産業大学2年
	柴田 瑞季	九州産業大学2年
	今里 光希	九州産業大学1年
	石井 詩恵瑠	近畿大学1年

運営部

部長	辰本 桂	福岡大学3年
副部長	福山 空	福岡大学2年
副部長	菅原 亜弓	近畿大学2年
	立野 結菜	福岡大学3年
	三留 歌乃	福岡大学3年
	松本 陽成	福岡大学3年
	橋本 虎太朗	福岡大学2年
	蛇嶋 野乃華	福岡大学2年
	高柳 眞琴	福岡大学2年
	外尾 翠	福岡大学1年
	髙木 颯真	九州産業大学2年
	猪股 凜	九州産業大学1年
	半田 健人	近畿大学2年
	森 日向	近畿大学2年
	渡辺 結花	近畿大学2年
	横山 大翔	近畿大学1年
	植田 希望	近畿大学1年
	上原 光加里	近畿大学1年

財務部

部長	添田 慧佳	福岡大学3年
副部長	吉崎 優希	福岡大学3年
副部長	関 流星	九州産業大学2年
	小林 明日音	福岡大学2年
	永末 充夢	福岡大学3年
	牛島 ちひろ	福岡大学3年
	森田 歩花	福岡大学3年
	江崎 皆寿	福岡大学2年
	森 亮太	九州産業大学3年
	木山 翔太	九州産業大学2年
	小川 凌空	九州産業大学2年
	森 萌生	九州産業大学2年
	木稲 将希	九州産業大学1年
	石塚 桜子	九州産業大学1年
	福岡 真	近畿大学3年
	小島 美玖	近畿大学1年

広報部

部長	濱高 志帆	福岡大学3年
副部長	冨吉 脩馬	九州産業大学3年
副部長	越野 平十郎	近畿大学2年
	大池 岳	九州大学3年
	野中 彩花	九州大学2年
	池本 梨乃	福岡大学3年
	濱田 香音	福岡大学3年
	森田 真帆	福岡大学2年
	上村 リリ	福岡大学2年
	大平 陽菜	福岡大学1年
	松尾 結	福岡大学1年
	寺山 ちはる	九州産業大学2年
	浦田 大翔	九州産業大学1年
	甲斐 崇人	近畿大学3年
	石原 鈴太郎	近畿大学1年
	川崎 文太	麻生建築&デザイン専門学校3年

記録部

部長	井上 賢太	近畿大学3年
副部長	音成 太樹	九州産業大学2年
	大塚 玲緒	福岡大学1年
	久保田 照瑛	九州産業大学2年
	内村 雅也	九州産業大学2年
	中村 琳音	九州産業大学2年
	諸戸 汰地	九州産業大学2年
	山下 大輔	近畿大学2年
	吉牟田 琴美	近畿大学2年
	平井 稜久	近畿大学2年
	柳 諒尚	近畿大学2年

社会人実行委員

委員長	池浦 順一郎	DABURA.i 株式会社
	川津 悠嗣	かわつひろし建築工房
	谷口 遵	有限会社 建築デザイン工房
	豊田 宏二	トヨダデザイン
	吉瀬 公惠	公益社団法人 日本建築家協会 九州支部事務局

NIKKEN

EXPERIENCE, INTEGRATED

日建設計

代表取締役社長		大松　敦
執行役員 九州オフィス代表		廣瀬元彦

東京オフィス	東京都千代田区飯田橋 2-18-3	Tel. 03-5226-3030
大阪オフィス	大阪市中央区瓦町 3-6-5	Tel. 06-6203-2361
名古屋オフィス	名古屋市中区栄 4-15-32	Tel. 052-261-6131
●九州オフィス	福岡市中央区天神 1-12-14	Tel. 092-751-6533
北海道オフィス	札幌市中央区大通西 8-2	Tel. 011-241-9537

支社・支所　　東北、神奈川（横浜）、静岡、長野、北陸（富山）、京滋（京都）、神戸
中国（広島）、熊本、沖縄（那覇）
上海、北京、大連、成都、深圳、ソウル、ハノイ、ホーチミン
バンコク、ドバイ

https://www.nikken.jp

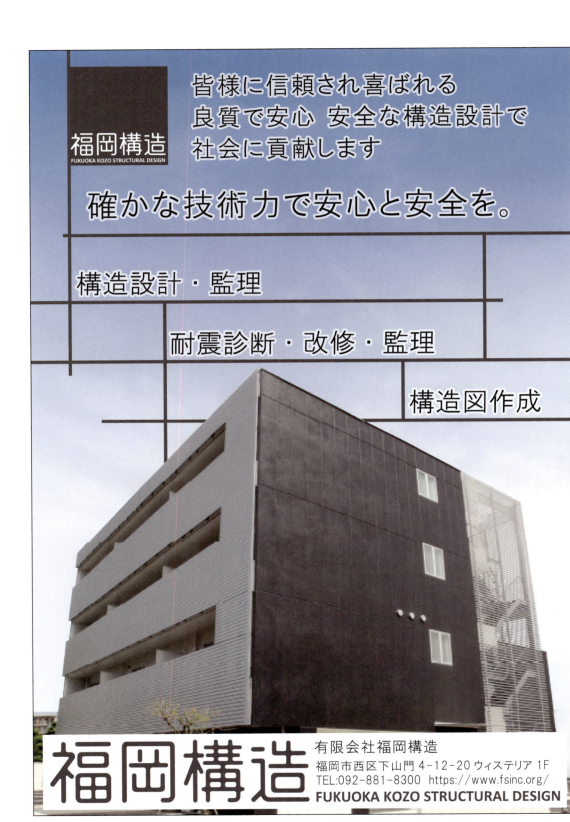

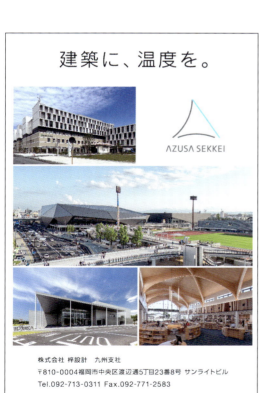

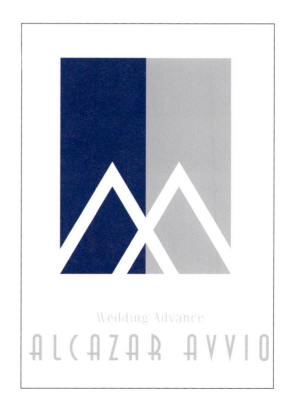

株式会社 甲斐建設

http://www.kaikensetsu.com
tel : 092-673-2828　　FAX : 092-673-2894
〒813-0003　　福岡市東区香住ヶ丘 3-31-17

環境に配慮した建築を学ぶ

公 立 大 学 法 人
北 九 州 市 立 大 学
建 築 デ ザ イ ン コ ー ス
大 学 院 生 募 集

○ 空間デザイン
○ 構造・施工
○ 建築環境エネルギー
○ 材料デザイン

案　内　　入試情報

推薦選抜　　　：出願6月、試験7月頃
夏期一般選抜　：出願7月、試験8月頃
冬期一般選抜　：出願12月、試験1月頃

「模型が作れる」
建築系レンタルワークスペース

コノコノアトリエ

高速Wi-Fi完備　全席コンセントあり　スプレーBOXあり　A3・A1プリンター使い放題

料金表（税込価格）

学生プラン　　　　　　　一般プラン
1テーブル 5,000円/週　　1席(1/2テーブル) 5,000円/週

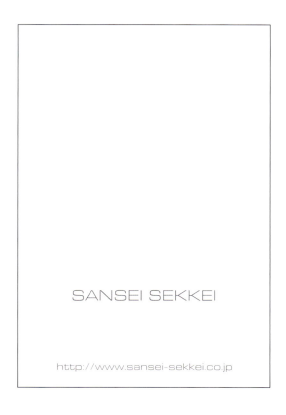

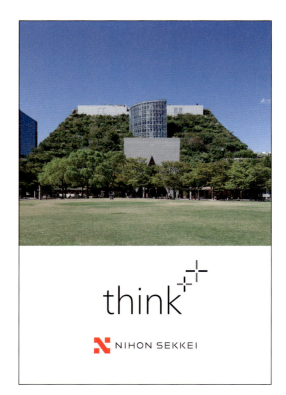

空間創造によって
人々に「歓びと感動」を届ける

株式会社 乃村工藝社

本社　東京都港区台場2丁目3番4号　TEL：03-5962-1171(代表)
九州支店　福岡市中央区天神1丁目15番6号綾杉ビル4階　TEL：092-781-1433

「建築士登録は建築士会へ」

 公益社団法人
福岡県建築士会

会　長　鮎川　透

〒812-0013
福岡市博多区博多駅東3-14-18
福岡建設会館6F

 ←士会の情報はこちら
からご覧ください！

Te:092-441-1867 / Fax:092-481-2355
E-mail:shikaifu@crocus.ocn.ne.jp
URL:http://www.f-shikai.org/

MATSUYAMA
ARCHITECT
AND
ASSOCIATES

ARCHITECTURAL DESIGN INTERIOR DESIGN PRODUCT DESIGN

株式会社　松山建築設計室

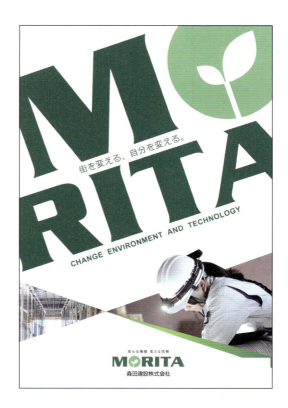

代表取締役社長　藤田　秀夫
執行役員九州支社長　笠木　修
九州支社 福岡市博多区御供所町3-2-1 TEL:092-291-8030

rhythmdesign

rhythmdesign Ltd.
2-1-18-3F,Akasaka,Chuo-ku
Fukuoka-shi,Fukuoka,
810-0042,Japan
TEL:+81-92-741-8750
FAX:+81-92-741-8760
http://www.rhythmdesign.org
mail@rhythmdesign.org

私の選択は間違ってなかった

選んだのは、合格者の50%以上が進んだ王道ルートでした。

1級建築士 合格実績 No.1

平成26～令和5年度
1級建築士 設計製図試験
全国合格者占有率 [10年間]

54.8%

他講習者利用＋独学者 ／ 当学院受講生

全国合格者合計 **36,470名** 中 ／ 当学院受講生 **19,984名**
（令和5年12月25日現在）

★学科・製図ストレート合格者とは、令和5年度1級建築士学科試験に合格し、令和5年度1級建築士設計製図試験にストレートで合格した方です。　※当学院のNo.1に関する表示は、公正取引委員会「No.1表示に関する実態調査報告書」に基づき掲載しております。　※全国ストレート合格者数・全国合格者数

総合資格学院
東京都新宿区西新宿1-26-2
新宿野村ビル22階
TEL.03-3340-2810

合格実績No.1のヒミツを公開中！

スクールサイト
www.shikaku.co.jp
総合資格 [検索]

コーポレートサイト
www.sogoshikaku.co.jp

田中 道子♡
令和4年度 一級建築士合格
総合資格のおかげで人生変わりました.

総合資格学院イメージキャラクター
令和4年度 一級建築士試験合格
当学院受講生・俳優
田中 道子さん

令和5年度
1級建築士 学科+設計製図試験
全国ストレート合格者占有率
51.8%
他講習利用者・独学者 / 当学院当年度受講生
全国ストレート合格者 1,075名中 / 当学院当年度受講生 557名
(令和5年12月25日現在)

令和6年度
1級建築士 学科試験
当学院基準達成 当年度受講生合格率
90.1%
全国合格率 23.3%に対して 約4倍
8割出席・8割宿題提出・総合模擬試験100点以上達成
当年度受講生332名中 / 合格者299名 (令和6年9月4日現在)

令和6年度
1級建築施工管理 第一次検定
当学院基準達成 当年度受講生合格率
80.5%
全国合格率 36.2%に対して 2倍以上
8割出席・8割宿題提出
当年度受講生257名中 / 合格者207名 (令和6年8月23日現在)

は、(公財)建築技術教育普及センター発表に基づきます。 ※総合資格学院の合格実績には、模擬試験のみの受験生、教材購入者、無料の役務提供者、過去受講生は一切含まれておりません。

X ⇒「@shikaku_sogo」
LINE ⇒「総合資格学院」
Instagram ⇒「sogoshikaku_official」で検索!

開講講座 1級・2級 建築士/建築・土木・管工事施工管理/構造設計1級建築士/設備設計1級建築士/宅建士/インテリアコーディネーター/建築設備士/賃貸不動産経営管理士

法定講習 一級・二級・木造建築士定期講習/管理建築士講習/第一種電気工事士定期講習/監理技術者講習/宅建登録講習/宅建登録実務講習

あとがき
Afterword

今年で29年目を迎えたDesign Reviewは、私も予選クリティークと本選の司会を務めさせていただきましたが、改めてこの事業の素晴らしさを実感した2日間となりました。開催に際しご支援をいただきました関係者の皆様、また会場をご提供いただきました矢作昌生先生をはじめ九州産業大学の関係者の皆様に、共催者を代表して厚く御礼申し上げます。

予選を通過した62作品の模型やプレゼンボードで埋め尽くされた会場で繰り広げられるクリティークと学生とのポスターセッションは、まさにDesign Reviewの醍醐味でもあります。希望に満ち溢れた学生生活はコロナ禍によって制限を余儀なくされ、悔しい経験もたくさんあったでしょう。そうした中でも建築と向き合った膨大な時間は、学生の皆さんのこれからの人生に大きな原動力となって、確かな成果をもたらしてくれると思います。

そして、第一線で活躍する建築家と本気で議論を重ねた時間は、これから社会に出ていく皆さんにとって糧となるかけがえのない経験であったと思います。さまざまな困難が訪れた時、この瞬間の事を思い出して自分の可能性を信じ、力強く歩んで行ってください。ここから将来、建築界を牽引する人材が出てくる事を期待しています。

本選のクリティークを務めていただきました、秋吉浩気様、塩崎太伸様、長坂常様、野口理沙子様、藤村龍至様に改めて深く感謝申し上げます。

また、応募数338作品の予選審査を務めていただきました、岩元真明様（九州大学）、四ヶ所高志様（福岡大学）、中原拓海様（中原拓海建築設計事務所）、渕上貴代様（近畿大学）、吉野太基様（アーキペラゴアーキテクツスタジオ）にも重ねて御礼申し上げます。

未来の建築界を牽引する人材育成はとても重要な活動です。私たち公益社団法人 日本建築家協会九州支部はこれからもDesign Reviewをサポートして参ります。関係者の皆様には引き続きお力添えいただけましたら幸いに存じます。

公益社団法人 日本建築家協会
九州支部長　松山 将勝

当学院は、建築の道を志す学生の皆様のお手伝いとして、全国各地で開催されている学生設計展など、建築系のイベントを積極的に支援しています。本年も、Design Reviewをはじめとした全国の卒業設計展への協賛や、それらの作品集の発行をいたしました。

本書では、出展者の皆様の熱意の込められた作品を詳しく紹介しているほか、1日目のポスターセッションから2日目のトーナメント、最終討議といった2日間の貴重な議論を収録しており、資料としても大変価値のある、有益な内容となっております。また、出展者とクリティークによるライブ感溢れるリアルな対話が収められた本書は、これから学校の課題や卒業設計などに取り組む学生の方々にとって非常に参考となる一冊です。

本書が社会に広く発信され、より多くの方々に読み継がれていくことを、そしてDesign Reviewの今後の益々の発展を願っております。本設計展に参加された学生の皆様、また本書をご覧になった若い方々が、時代の変化を捉えて新しい建築の在り方を構築し、高い倫理観と実務能力を持った建築家そして技術者となって、将来、家づくり、都市づくり、国づくりに貢献されることを期待しております。

総合資格 代表取締役
岸 和子

編集後記

Editor's note

はじめに、Design Review 2024の開催にあたり、共催、後援、協賛いただいた多くの企業、団体、個人の皆様、出展者の皆様、予選・本選のクリティークの皆様、JIA九州支部の皆様、今年度も無事に大会を終えることができましたことをこの場を借りて深く感謝申し上げます。

第29回Design Review 2024のテーマは「日の出」です。新型コロナウイルスの荒波を乗り越え、少しずつ当たり前の日常が戻ってきました。自分を表現できる機会も元に戻りつつあります。Design Reviewで互いに行う議論が、自分の建築観について深く考える機会になるとともに、新しい考え方に出会える場となりました。本大会はここから躍進する学生たちの未来を明るく照らす"日の出"となることを願って開催されました。若き建築家たちがその創造力と技術を存分に発揮し、建築が社会にどのように貢献できるかを再考する契機となりました。記録誌を手にした皆様が、この精神を共有し、学生たちの作品から明日の建築を形づくる原動力となれば、という思いを込めて制作しております。

出展者である学生たちが自身の設計思想やアイデアをプロの建築家と共有し、そのフィードバックを受けることは、学生たちの学びや成長に大きく寄与します。このような議論を通じて、学生たちは自身のアイデアをより深く考察し、表現する方法を学ぶことができます。ただ技術的な知識を共有するだけではなく、倫理的な考え方や社会的な役割についても考える機会となりました。この記録誌を通じて、そのような交流の瞬間と、学生たちの創造性に溢れた作品を多くの人々に伝えられることを光栄に思います。

私は、Design Reviewの存在を知ったのも今年度が初めてで、実行委員も1年目ですが、記録誌の制作に関わらせていただきました。大会の概要や運営含め、わからないことづくしでしたが、昨年度の記録部長の森亮太さんをはじめとするDesign Review実行委員の皆に支えてもらいました。この場を借りて心より感謝いたします。実行委員としてこの大会に関わることができたことは、大変貴重な経験でした。運営の裏側での多くの仕事は、見えない努力と時間を要するものでしたが、その全てがこの大会を成功に導くための重要な要素であったと実感しています。学生たちの創作活動を支援し、彼らの才能が広く認められる機会を提供することの重要性を、改めて感じました。

最後になりましたが、本誌を制作するにあたり、本誌デザイン及び編集作業にご尽力いただいたゴーリーデザイン大川松樹様、写真撮影においてご尽力をいただいたarchitect photo office graphy中村勇介様、木原丈様、データ提供にご協力いただいた出展者の皆様、予選・本選クリティークの先生方に心より御礼申し上げます。また、本誌制作をお引き受けいただいた総合資格 出版局の金城夏水様をはじめとする総合資格の皆様、そしてDesign Review 2024に関わっていただいた全ての方々へ重ねて御礼申し上げます。

Design Review 2024実行委員会
記録部 部長　井上賢太

協賛リスト
Sponsor

共催

公益社団法人日本建築家協会（JIA）
九州支部

特別協賛

株式会社総合資格　総合資格学院

助成団体

公益社団法人日本建築家協会（JIA）
九州支部 福岡地域会協力会

公益社団法人日本建築家協会（JIA）
九州支部 大分地域会

協賛団体

一般社団法人日本建築学会九州支部
福岡支所

公立大学法人北九州市立大学大学院
建築デザインコース

公益社団法人福岡県建築士会

福岡大学高山研究室

企業協賛

高砂熱学工業株式会社 九州支店

株式会社日建設計

有限会社福岡構造

株式会社一原産業

株式会社キャリア・ナビゲーション

九州第一工業株式会社

株式会社醇建築まちづくり研究所

株式会社谷川建設

株式会社のあ建築設計

株式会社梓設計 九州支社

アルカーサルアヴィオ

株式会社甲斐建設

鹿島建設株式会社

株式会社コノコノアーキテクツ 一級建築士事務所

株式会社三省設計事務所

株式会社志賀設計

立川ブラインド工業株式会社

株式会社傳設計

株式会社豊川設計事務所

株式会社日本設計

株式会社乃村工藝社

株式会社松山建築設計室

森田建設株式会社

株式会社山下設計 九州支社

株式会社リズムデザイン

個人協賛

鮎川 透　株式会社環・設計工房

有吉 兼次　有限会社ズーク/一級建築士事務所

池浦 順一郎　DABURA.i 株式会社

板野 純　板野純アトリエ

伊藤 隆宏　合同会社サイト・ラボ

上田 眞樹　有限会社祐建築設計事務所

遠藤 啓美　有限会社小嶋凌衛建築設計事務所

川津 悠嗣　かわつひろし建築工房

小嶋 健晴　有限会社小嶋凌衛建築設計事務所

近藤 富美　一級建築士事務所やどり木

重田 信爾　有限会社アトリエ間居

白川 直行　株式会社白川直行アトリエ

末廣 香織　九州大学

高木 正三郎　設計＋制作／建築巧房

田中 俊彰　有限会社田中俊彰設計室

田中 康裕　株式会社キャディスと風建築工房

谷口 遵　有限会社建築デザイン工房

豊田 宏二　トヨダデザイン

中俣 知大　一級建築士事務所数奇楽舎有限会社

根本 修平　福山市立大学

福田 哲也　株式会社アーキタンツ福岡 一級建築士事務所

古森 弘一　株式会社古森弘一建築設計事務所

堀田 実　有限会社堀田総合設計

松岡 恭子　株式会社スピングラス・アーキテクツ

村上 明生　アトリエサンカクスケール株式会社

柳瀬 真澄　柳瀬真澄建築設計工房

山澤 宣勝　てと建築工房 一級建築士事務所

和田 正樹　株式会社和田設計